PARIS LIBERTÁRIA

OS AVENTUREIROS DA ARTE MODERNA (1931-1939)

Livros do autor publicados pela **L&PM** EDITORES:

Paris boêmia: os aventureiros da arte moderna (1900-1930)
Paris libertária: os aventureiros da arte moderna (1931-1939)
Paris ocupada: os aventureiros da arte moderna (1940-1944)

DAN FRANCK

PARIS LIBERTÁRIA

OS AVENTUREIROS DA ARTE MODERNA (1931-1939)

Tradução de Gustavo de Azambuja Feix

www.lpm.com.br

L&PM POCKET

Coleção **L&PM** POCKET, vol. 1251

Texto de acordo com a nova ortografia
Título original: *Libertad!*

Este livro foi publicado pela L&PM Editores em formato 14x21cm, em 2015
Primeira edição na Coleção **L&PM** POCKET: julho de 2017

Tradução: Gustavo de Azambuja Feix
Capa: Ivan Pinheiro Machado. *Ilustração*: iStock
Preparação: Jó Saldanha
Revisão: Simone Diefenbach

CIP-Brasil. Catalogação na publicação
Sindicato Nacional dos Editores de Livros, RJ

F912p
Franck, Dan, 1952-
Paris libertária: os aventureiros da arte moderna (1931-1939) / Dan Franck; tradução Gustavo de Azambuja Feix. – Porto Alegre, RS: L&PM, 2017.
408 p. ; 18 cm. (Coleção L&PM POCKET, v. 1251)
Tradução de: *Libertad!*
ISBN 978-85-254-3626-9
1. Guerra Mundial, 1939-1945 - Campanhas - Normandia (França). 2. Guerra Mundial, 1939-1945 - Narrativas pessoais francesas. 3. França - História - Ocupação alemã, 1940-1945. I. Título.

15-22353 CDD: 940.5344
CDU: 94(100)'1939/1945'

Rua Comendador Coruja, 326 – Floresta – 90220-180
Porto Alegre – RS – Brasil / Fone: 51.3225.5777 – Fax: 51.3221.5380
Pedidos & Depto. comercial: vendas@lpm.com.br
Fale conosco: info@lpm.com.br
www.lpm.com.br

Impresso no Brasil
Inverno de 2017

Sumário

Para Olivier Nora

Transformar o mundo, disse Marx; mudar a vida, disse Rimbaud: para nós, essas duas palavras de ordem formam uma.

André Breton

Sou cidadão do mundo. O camarada Sol brilha para todos.

Eugène Dabit

Na noite de 5 de setembro de 1936, dois homens jantam em um restaurante da Place des Victoires, em Paris. Um tem 67 anos, o outro, 35. O mais velho volta da União Soviética, onde foi recebido com toda a deferência devida à sua posição de intelectual engajado, consciência em seu país.

O mais moço retorna da Espanha: é coronel no exército republicano, chefe de uma esquadrilha que ele mesmo fundou.

Ambos são aplaudidos por uma parte da opinião pública, vaiados por outra, que acusa o quase septuagenário de ser comunista, fornicador, homossexual, e o mais moço, de saqueador, infiel, revolucionário.

André Gide, André Malraux.

Dois homens extraordinariamente corajosos, símbolos de sua geração, que regressam das duas cidades que vão dar um novo rumo para o século XX: Moscou, Madri. Como, para um romancista, não sentar à sua mesa, ouvir, descrever, viajar com eles e com todos aqueles que fizeram a travessia?

Trinta anos antes, as cortinas da grande cena artística se abriram em Montmartre e Montparnasse. O Bateau-Lavoir, o Dôme, a Rotonde, a Closerie des Lilas receberam as penas e os pincéis dos gênios do mundo contemporâneo. Jarry, Picasso, Apollinaire, Cendrars, Modigliani, Soutine – e muitos outros –, extraordinárias figuras, animaram a calçada da arte moderna até os anos 20. São os heróis de *Paris boêmia**.

Os de *Paris libertária* não seguiram os mesmos caminhos. Os pintores desertaram. Com exceção de Picasso e

* Tradução de Hortencia Lancastre. Porto Alegre: L&PM.

de Dalí, Masson e Miró à margem, os pintores boêmios do passado silenciaram. Deixaram o megafone aos escritores. A época se presta ao discurso literário. Ela é aventureira. É militante. É terrível.

Ao contrário do tempo de *Paris boêmia*, o de *Paris libertária* pertence à epopeia. Em 1914, os artistas se alistaram para defender a França. Vinte anos depois, se retomam o combate, não é mais apenas para salvar um povo e um país, mas também para defender uma concepção do mundo. O fascismo ronda às portas da Europa. Paralisa a Alemanha. Inflama a Espanha. Para uns, Moscou é um sólido bastião; para outros, o símbolo de uma desilusão e até de uma traição. Diante do perigo, nasce uma arte da guerra. García Lorca, Malraux, Gide, Capa, Hemingway, Picasso... todos, com suas penas, seus pincéis, seu olhar, criaram obras-primas sobre essas terras em chamas. Seus irmãos do começo do século chegavam. Eles, ao contrário, partem. Paris não é mais a capital do mundo. Ela se tornou o cruzamento do mundo. Escritores e poetas de todas as nações passam por ali para chegar às cidades e aos países que os chamam.

Os artistas não têm senão um grito: Liberdade, Igualdade, Fraternidade. Não são mais o que eram. Sua época os pegou pela mão. Eles deixaram as torres de marfim caras a Murger para descer à arena da vida. Boêmios ontem, tornaram-se modernos.

DF

I

Paris – Moscou

Voo noturno

> Temo pelo meu povo, por seu enorme corpo preguiçoso, por sua alma repleta de talento, mas estranha à vida.
>
> Máximo Gorki

No trem internacional de alta velocidade que cruza a noite europeia, um homem busca o sono. Normalmente, ele dorme como uma criança: em qualquer canto, sem demora. Entrega-se ao torpor do cansaço e desmorona, em qualquer lugar, nos canapés, nas poltronas, nos tapetes, às vezes até mesmo dentro do elevador.

Nesta noite, nada adianta. As fronteiras são como linhas tranquilas que ele contou uma a uma. A natureza mudou ao longo de cada país. Alguns funcionários da alfândega vieram, policiais, e ele, nessas ocasiões, levantou-se, estendeu os documentos, depois retornou para o beliche, silhueta pesada sob o halo fraco da lamparina. Ele fechou os olhos. Abandonou-se às brumas dos devaneios.

Em vão.

Ele não vai dormir.

Não tem a ver com as viagens: ele voltou do rio Mekong, morou durante anos em Buenos Aires, sobrevoou a África, os Andes, a França, os mares e os desertos.

Não tem a ver com a angústia das situações novas, com o medo dos acidentes: seu corpo carrega as incontáveis cicatrizes das quedas da infância, dos acidentes da idade adulta, todos ocorridos em circunstâncias improváveis.

Talvez esteja perturbado pela missão que lhe foi confiada, inusitada para ele. Ou porque se aventura em um continente que não conhece. Pelo trem, também, e por esse balanço tão tranquilo que o diferencia dos ímpetos de um Caudron ou do peso do Laté 293, esse hidroavião lança-torpedos com o qual ele mergulhou no golfo de Saint-Raphaël alguns meses antes...

Cansado, o viajante se levanta, desliza seu corpo de 1 metro e 83 para fora do beliche, abre a porta do compartimento e sai. Dentro em pouco, invade-o essa impressão misteriosa que sentiu cada vez que se aventurou no corredor. Uma sensação de isolamento total. De impermeabilidade absoluta.

Nenhum barulho atravessa as divisórias de madeira. As cortinas estão fechadas, as rendas, dobradas, os tecidos de seda, intocáveis. As maçanetas, em cobre, brilham como novas.

O viajante põe as mãos nos tapetes grossos, imaculados. Faz uma primeira porta deslizar. Depois uma segunda. Uma terceira. As camas estão desocupadas. O vagão está vazio. Ele é o único ocupante de suntuosidades desertas. Sonha que ocupa essa parte do trem como o único hóspede de um arcaico palácio brilhante de ouro da Riviera. Ele é o morador exclusivo de um trem fantasma que vai para Moscou.

Ele segue pelo corredor, balança na articulação de passagem, atravessa um vagão vazio, depois outro, e mais outro, nova articulação de passagem, deixa os compartimentos de primeira classe, empurra a porta dos de terceira e ali se detém sufocado.

Diante dele, amontoados uns ao lado dos outros, alguns sobre bancos de madeira, a maioria no chão, com a cabeça apoiada em malas ou em cobertas enroladas, braços e pernas jogados ao acaso, repousam centenas de operários poloneses, mulheres, crianças, que voltam para casa. Aqui não há mais o silêncio, o cheiro de couro, o suave fru-fru da renda, mas as queixas, os gritos, as interjeições. Os eixos não suspiram: rangem. Um bebê mama no peito de sua mãe adormecida. Um homem de cabeça raspada, atordoado pelo cansaço, choca-se contra o vidro sujo. Os olhos, quando se entreabrem, estão vidrados.

Aqui, o paraíso soviético tem um aspecto bem distinto daquele da primeira classe.

O viajante compreende de súbito de onde vem esse mal-estar que gera a insônia: o périplo tem algo de falso.

É uma hora da manhã deste dia 27 de abril de 1935. O homem dá meia-volta. Torna a se deparar com o silêncio, o luxo e uma voluptuosidade sem partilha.

Nos vagões de primeira classe, a porta de um compartimento se encontra aberta. O viajante entra. Procura outros fantasmas. Não encontra ninguém. Mas reconhece um cheiro. O de uma passageira que sumiu. Uma mulher que nunca conheceu, mas de quem reconhece o perfume. Trata-se daquele que Guerlain pegou emprestado do título de seu último livro publicado: *Vol de nuit*.

Na Praça Vermelha

> Não acredito no pitoresco. Sem dúvida, viajei muito para não saber o quanto ele engana.
>
> Antoine de Saint-Exupéry

Alguns dias antes, Antoine de Saint-Exupéry está sentado a uma mesa da Brasserie Lipp, no Boulevard Saint-Germain. Pierre Lazareff, o grande figurão do *Paris-Soir*, acaba de lhe pedir para cobrir as manifestações de 1º de maio em Moscou.

Os dois homens se conhecem desde 1934. Lazareff adora escritores e poetas. Ele já empregou Colette, Jean Cocteau e Blaise Cendrars. Para esta viagem à URSS, pensou em seu amigo porque este é popular. Além disso, seu ponto de vista a respeito da URSS não é conhecido. Em tempos em que posições a favor ou contra a pátria do socialismo desabrocham em toda a imprensa, o escritor nunca manifestou opinião sobre a questão. É considerado apolítico. Ao contrário de seu amigo Mermoz, ele não frequentou a associação Croix-de-Feu do coronel de La Rocque. Se a esquerda o atrai um pouco mais do que a direita, também é ela que frequenta seu amigo Henri Jeanson, roteirista e cronista no *Canard enchaîné*, antimilitarista de base e pacifista enérgico, próximo do livre-pensador Gaston Bergery. Nada muito marcado e nada que se saiba.

Por seu lado, Saint-Exupéry precisa incrementar a renda de fim de mês. Desde que a Compagnie Générale Aéropostale passou a integrar a Air France e ele trocou a cabine de piloto pelos gabinetes do serviço de propaganda da companhia, sua situação é modesta. Os direitos autorais de *Voo noturno*, prêmio Femina de 1931, foram gastos há muito tempo. O Bugatti no qual passeia com sua mulher está caindo aos pedaços. O aluguel de seu apartamento na Rue de Chanaleilles custa caro. Por isso, no fundo, esta viagem é bem-vinda.

Porém, Saint-Exupéry não conhece nada da URSS. Nem a região, nem a língua, nem os povos. É sobre isso que está pensando nesta noite, sentado em um banco da Lipp. Pergunta-se como poderia saber mais, quem deveria encontrar. A esta altura, na entrada da brasserie, surge um personagem que St-Ex conhece bem por ter comido queijo em sua companhia e bebido incontáveis saideiras nos balcões dos bares parisienses: o poeta Léon-Paul Fargue. A guimba está imóvel entre os lábios, o olhar vago, por conta da miopia e do estrabismo, o terno xadrez azul-marinho coberto de cinzas; a mecha castanha sob o chapéu de feltro esconde a calvície. O homem exibe a condecoração da Legião de Honra. Verdadeira ou falsa? Paul Léautaud alega que ele obteve a verdadeira usando a falsa, porque um de seus amigos, querendo protegê-lo de um processo por porte ilegal, teria feito com que se desfizesse da cópia após ter obtido para ele a original.

Fargue é um poema *per se*. Incorrigível tagarela, sempre atrasado, eterno errante, de uma preguiça lendária. Pega adiantamentos de Gaston Gallimard, mas nunca cumpre seus contratos. Certo dia, cansado, o editor o convidou para sua casa de campo e o confinou em uma peça:

– Você tem aqui uma mesa, papel, caneta. Escreva.

À noite, o poeta havia escrito diversas dezenas de páginas.

– Dá para ler?

Em cada folha, com uma caligrafia caprichada, Léon-Paul Fargue copiara a mesma frase: "Eu sou um capitão de corveta".

Gaston Gallimard deu de ombros: que combate seria possível contra semelhante figura? Um homem que, muito tempo antes, fizera um escândalo na *Nouvelle Revue Française* (*NRF*) porque haviam imprimido seus poemas acompanhados de reticências.

– Eu não quero três pontos – gritava. – Quero dois!

Mandou que reimprimissem a obra...

Fargue deita-se tarde da noite e levanta-se antes do meio-dia. Chama um táxi e vai para um dos inúmeros cafés da capital que ele adora. Bebe um traguinho. Depois sai, passeia por Paris e visita outros bistrôs. Escuta as pessoas. Às vezes, quando passa da dose, ele as insulta:

– Ei, estou me lixando para você! E para você também!

Quando o cansaço chega, faz um desvio até as edições Gallimard, salvo se escolher *Les Nouvelles littéraires*, onde as poltronas são mais confortáveis. Ali pousa e adormece. O último empregado a sair o acorda. Então, Léon-Paul Fargue se dirige para um dos inúmeros salões parisienses que frequenta. É adorado por ser brilhante e culto. É detestado porque está sempre atrasado.

Torna a sair à noite. Continua suas perpétuas errâncias por Paris. Com frequência, dá uma passada na Brasserie Lipp, onde seu pai desenhou os azulejos de faiança.

É ali que encontra Antoine de Saint-Exupéry. Senta-se na frente do escritor, pede um Pernod e se lança em um ditirambo a respeito de seu gato Léopion, que ficou em casa. A seguir, dá ao amigo o endereço de um açougue cujo presunto de York permanece lendário a qualquer estômago que deseje comer bem e disserta, o tempo de um copo enchido duas vezes, sobre a Avenue des Gobelins, a Rue de Turenne e a Passage d'Enfer.

– Conhece a URSS? – pergunta Saint-Exupéry.

– Nadinha. Mas posso me informar.

Foi assim que, alguns dias antes da partida, Saint-Exupéry conheceu na Lipp o príncipe Alexander Makinsky, russo branco exilado que lhe contou as façanhas e as servidões de seu povo.

Mas em que acreditar? Quando chega à estação de Niegorelov, na fronteira russo-polonesa, o enviado especial do *Paris-Soir* descobre um universo sereno e tranquilo onde as plantas verdes e uma orquestra de ciganos acolhem os viajantes. Até os funcionários da polícia são amáveis.

Uma dúvida assalta o escritor: essa doçura não seria apenas uma fachada? Pois, se a URSS for isso, um paraíso de folhas e de músicas, por que a questão é debatida com tanta violência? Por que os irredutíveis duelam sem descanso contra seus opositores?

Prossigamos...

Moscou ao amanhecer. “A primeira imagem que me ocorre é a de uma enorme colmeia em plena vitalidade, sob o enxame de abelhas.”[1]

É que a cidade se prepara para a Festa dos Trabalhadores. Nas ruas, nas casas, nas usinas, os costureiros de Stalin estão trabalhando. Eles penduram guirlandas, flores, peças de tecidos com as cores da URSS. Sobre a fachada dos imóveis, prendem silhuetas gigantes de madeira que mostram trabalhadores felizes, o rosto erguido para sóis brilhantes, as mãos segurando martelos de ouro e foices de prata. A Praça Vermelha está escarlate, cercada de bandeiras, de auriflamas, de estandartes cujas nuances vão do púrpura ao carmesim. Os operários instalam microfones, projetores, alto-falantes. Alguns contramestres severos afastam os curiosos que perturbam. Guardas velam o repouso do Paizinho dos Povos, repelindo os importunos que se aproximam muito dos altos muros do Kremlin. Se quiserem ver Stalin, basta olhar em volta. Ele está por todo lado: nos muros, nas vitrines das lojas, nos restaurantes, nos cartazes de teatro, atrás dos capotes...

Na multidão, todos os homens estão bem barbeados. Saint-Exupéry fica espantado e procura se informar. Trata-se de uma ordem de Stalin. O Novo Homem Soviético se mantém empertigado e exibe o rosto imberbe daquele que honra assim seu país, seu trabalho e a si mesmo. Nas usinas, lojas e universidades, os mandatários receberam a prescrição de expulsar de seu território todos os que não passaram pelo fio da navalha.

Saint-Exupéry volta ao hotel Savoy. Escreve seu primeiro artigo e liga para a redação do *Paris-Soir*.

Ele dita.

Na Rue Réaumur, paira a emoção. O estilo do autor, sua humanidade tão sensível, a profundidade de suas descrições provocam lágrimas na sra. La Rosa, a datilógrafa. No dia seguinte, por sua vez, os leitores serão conquistados.

Em 30 de abril, o jornalista descobre que não poderá assistir ao desfile de 1º de maio na Praça Vermelha. Era preciso ter pedido antes, porque existe investigação prévia. Não se aproxima de Stalin quem quer.

A embaixada, os amigos, Georges Kessel, irmão de Joseph e correspondente da revista *Marianne* em Moscou, não podem fazer nada contra essa medida. A Praça Vermelha é o centro de um círculo cujo raio mede um quilômetro. Para além, tudo é permitido. Mais perto, só os *apparatchiks* são bem-vindos.

Saint-Exupéry se enfurece. O edifício começa a balançar. Ele virá abaixo quase definitivamente no dia seguinte.

É o dia da Festa dos Trabalhadores. O escritor se levanta cedo para não perder nenhum detalhe do espetáculo. Um quilômetro, apesar dos pesares, é melhor do que nada. Ele se veste. Pega o bloquinho e a caneta-tinteiro. Deixa o quarto. Caminha em um corredor deserto. Cumprimenta a górgona que, como em todos os hotéis soviéticos, guarda o andar. Aventura-se nas escadas. Passa sob os lustres do térreo. Nenhum funcionário parado diante da porta. Ele leva a mão à maçaneta e empurra. A porta não se move. Está trancada. O hotel está fechado. Saint-Exupéry liga, busca informações, esbraveja. Nada funciona. Está prisioneiro. O hotel Savoy fica perto da Praça Vermelha e do Teatro Bolshoi, logo, dentro do perímetro protegido. Não se pode sair. As portas só abrirão às cinco horas da tarde.

O repórter volta para o quarto. Está ressentido e decepcionado. Uma hora passa. E outra. De repente, um barulho sobe das profundezas, um barulho que ninguém saberia reconhecer melhor do que ele. É como uma tormenta se aproximando, uma tempestade vinda do céu. Aviões. O desfile.

Saint-Ex salta da cama, deixa o quarto e, sem que se saiba como, encontra-se do lado de fora. Talvez tenha subornado a górgona. Ou o ascensorista. Ele olha. Mil aviões passando. Esquadrilhas esplêndidas. Um paredão de aço por cima dos tetos.

Logo, enquanto a onda armada se afasta, as comportas se abrem ao redor da Praça Vermelha. Outras formações se aproximam: as do povo. Longas colunas cinza e negras dominadas pelos estandartes vermelhos do stalinismo em curso. “Aqueles foram apanhados até a raiz, nas roupas de trabalho, na carne, no pensamento.” Quatro milhões de manifestantes sob o olhar do Kremlin. Entretanto, tão logo eles se afastam, surgem na multidão os orfeãos e os acordeões. Então, a alegria natural volta a triunfar.

Por quanto tempo? Alguns dias serão o suficiente para Antoine de Saint-Exupéry descobrir a realidade do sistema soviético. Menos a situação das facções rivais que se afrontam ao longo de processos concluídos de antemão do que a dos homens, que se tornaram “montes de barro”.

A URSS ele viu. Não voltará mais lá. Vai se recusar a participar das assembleias organizadas por seus colegas escritores a fim de debater a realidade do país ou defender a cultura vista naquele lugar. Antoine de Saint-Exupéry nunca foi nem nunca será um escritor engajado. É um escritor-aviador.

Quando regressa à França, passa para apanhar seu cheque na sede do *Paris-Soir*, paga algumas dívidas e planeja um novo projeto que poderia lhe render 50 mil francos: bater o recorde de voo entre Paris e Saigon. Todavia, para isso, ele teria de trocar seu Farman 402 por um Caudron Simoun: 180 cavalos, 1.200 quilômetros de autonomia, velocidade de cruzeiro, 280 quilômetros por hora.

Um sonho.

O Grupo Outubro

> Nos preparamos para entoar a "Internacional" obrigatória [...] Mas me deu um branco. Não tinha jeito de eu me lembrar do segundo verso. Perguntei a meu vizinho. "De pé, famélicos da terra", ele respondeu. E acrescentou, feroz: "Todos eles vão se erguer".
>
> Marcel Duhamel

Moscou, para muitos artistas do pré-guerra, é o Eldorado do proletariado mundial. A capital de um país de abundância onde o homem novo chegou. Diante do perigo nazista crescente, uma esperança gigantesca.

Por isso, vão para lá.

Já em 1934, de Londres, um navio se faz ao mar. Por que Londres? Porque nessa época precedente à Frente Popular os navios russos não tinham autorização para ancorar nos portos franceses.

O cargueiro leva para as margens soviéticas inúmeras trupes de teatro vindas de toda a Europa para participar da Olimpíada do Teatro Operário. Os marinheiros vermelhos do *Cooperatzia* descobrem os negros saltimbancos. As balalaicas vindas do Leste respondem aos orfeãos, às harmônicas, aos acordeões dos alegres companheiros do Oeste da Europa.

O Grupo Outubro comanda o show. Vem dos subúrbios proletários de Paris. Passou pelas festas organizadas pelo jornal *L'Humanité*, pelo Muro dos Federados, por reuniões, assembleias, manifestações de toda ordem em que seus agitadores soltaram a voz: Raymond Bussières, Yves Allégret, Marcel Duhamel, Suzanne Montel, Maurice Baquet, Roger Blin, Max Morise, Jean-Louis Barrault, Marcel Mouloudji, Fabien Loris, Lou Tchimoukow, Jacques e Pierre Prévert... Um grupo de amigos. Eles não se apresentam apenas para públicos populares. Os intelectuais também vêm – como André Gide, atraído por Yves Allégret.

Eles engrenaram nos anos 30, participando em um primeiro filme produzido pela Cooperativa do Ensino Laico, fundada por um pedagogo progressista: Célestin Freinet. Depois, cresceram. Jacques Prévert escreveu *Vive la presse*, contra a corrupção do papel-jornal, *Negócio feito* (com Julien Carette, rodado por Pierre em oito dias), *Le Chômeur*, para o dançarino Georges Pomiès, *Sauvez les nègres de Scottsborough*, para se insurgir contra a iníqua condenação de nove negros nos Estados Unidos.

Em 1933, o grupo manifestou-se na Citroën, cujos operários estavam em greve havia dois meses por conta da redução salarial. Certo dia, revoltado pela situação, Raymond Bussières telefonou para Jacques Prévert. Eram duas da tarde. Às quatro, o grupo se encontrou na sede sindical para decorar o coro falado escrito por Prévert. Às nove da noite, o grupo se unia aos grevistas.

> Citroën... Citroën... [...]
> E lá vai ele passear em Deauville
> Lá sai ele, do cassino de Cannes
> Lá em Nice se exibindo na Promenade des Anglais
> Com um terninho claro
> Lindo dia hoje!
> Lá vai ele passear... tomar um ar...
> Tomar o ar dos operários
> Tomar deles o ar, o tempo, a vida...

Em 1932, na mesma verve, Prévert escrevera *La Bataille de Fontenoy*, contra os militares, os policiais, o clero, as duzentas famílias – isto é, os duzentos maiores acionistas do Banque de France durante o entreguerras... Essa peça foi montada no II Congresso da Federação do Teatro Operário da França, mas também diante dos franco-maçons do Grande Oriente. Trata-se da obra aguardada por Moscou que o Grupo Outubro ensaia no convés do *Cooperatzia*.

Dá para distinguir com facilidade os atores franceses de seus companheiros: eles usam um macacão azul e o boné dos proletários, o cachecol vermelho da revolução em curso. Comunistas, talvez, mas de modo algum financiados por Moscou ou seus servidores. São transgressores acima de tudo. Malvistos pelos stalinistas incondicionais, que não apreciam nem o trotskismo de Yves Allégret nem as bobagens anarquistas dos outros.

Certamente, alguns, como Raymond Bussières, abriram a porta do Partido. O camarada Louis Bonin, que se encarrega do figurino e da mise-en-scène, escolheu se chamar Lou Tchimoukow em homenagem à URSS e propôs o nome "Grupo Outubro" a seus camaradas, em homenagem aos dias de outubro de 1917.

Mas e os outros?

O pior é Jacques Prévert. Este é insubordinado a tudo. E o escreve. Ou melhor, antes de escrever, diz. É um tagarela incorrigível, genial, criativo, mesmo quando busca as palavras, mesmo quando por vezes gagueja. Uma ideia leva a outra. As frases se fundem e levantam voo. Elas atacam as proibições, as misérias, as injustiças.

Jacques Prévert é um homem do imediato: imediatamente cômico, imediatamente insolente, imediatamente colérico. Grita forte, bate forte, ironiza forte. Desde sempre.

Aos dezesseis anos, foi vendedor do Bon Marché. A loja é grande, o que permite um aperfeiçoamento nas confusões. Por exemplo, ao se entregar pedidos falsos a clientes verdadeiros. Ou ao sincronizar todas as campainhas dos departamentos nas horas mais movimentadas: quando os clientes se descontrolam na loja, alguns achando que se trata de um alerta, outros de um princípio de incêndio, e os responsáveis saem correndo atrás das campainhas pelos andares, é só rir sozinho e por dentro.

No Bon Marché, Jacques Prévert se apaixonou por uma moça de sua idade que trabalhava três departamentos adiante. Os pais se queixaram à direção, que reagiu com vigor: rua. Como o jovem empregado não estava com pressa, foram chamar a polícia. Prévert fugiu antes de ser pego pelos agentes.

Correu até os surrealistas, que lhe abriram os braços. Ele aceitou dar uma ajudinha, nada além disso. Cada um na sua. André Breton morava na Rue Fontaine, na *rive droite*, em um apartamento burguês. Do outro lado do Sena, na Rue du Château, Prévert dividia um falanstério com seus companheiros Yves Tanguy e Marcel Duhamel. Bebidas, festas, garotas e jazz norte-americano em todos os andares. Um pouco de cocaína de vez em quando, algumas brigas controladas e viva o socialismo! Eles insultam o freguês, disparam tiros de revólver ao atravessar as cidades ao volante de um velho Torpedo, brincam de sátiros nas praias...*

Certa noite, na companhia de André Breton e Benjamin Péret, Jacques Prévert entra em uma fila em frente ao cinema. A espera é insuportavelmente longa, e os indivíduos que aguardam, desesperadamente pequeno-burgueses. Os três galhofeiros decidem se distrair inventando uma primeira parte para o espetáculo que tarda: apanham os guarda-chuvas que os senhores carregam debaixo dos braços e os quebram sem mais nem menos. Logo as três batidas se multiplicam, tornam-se equimoses, e os policiais acabam intervindo na desordem geral, pegando com certa dificuldade o trio.

Outra vez, Prévert está passeando por Paris ao lado de Benjamin Péret. Diante de um pároco que se aproxima, Péret prepara sua lama verbal. Quando o eclesiástico chega perto, ele o insulta, o ofende, provoca o ímpeto e a fúria dos transeuntes, as bofetadas e os socos, e foge com Prévert, que não deixou de dar o que podia de *uppercuts*. Pai Nosso que estais no céu, permaneça aí.

Rixa e pugilato número três: certa noite, Prévert sobe no palco do Théâtre du Vieux-Colombier e esbofeteia um ator que teve a audácia de ler versos de Éluard, Apollinaire... e Jean Cocteau. Como se este, o Ariel dos salões (versão André Salmon), a coqueluche das velhas senhoras (versão

---

* Ver *Paris boêmia*, *op. cit.*

Francis Carco), pudesse ser comparado com os dois mestres da poesia moderna!

Um pouco mais tarde, Prevért se consola no balcão de um bar. Exibe o boné que seu irmão e ele adotaram na juventude a fim de se diferenciar dos integrantes da Croix-de-feu, que usavam boinas. Está com seu companheiro Marcel Duhamel. Não distante dali, em um banco, está sentado um mendigo. Duhamel chama um garçom e pede que uma cerveja seja levada para ele. Diante da recusa do empregado, os dois homens apanham a bebida, levantam-se e vão oferecê-la ao sem-teto, ao lado de quem, que pavor, chegam até a sentar.

O tumulto foi grande. Mais tarde, os generosos doadores tentaram explicar em vão que se importavam com as pessoas humildes, as pessoas estranhas, aquelas sem eira nem beira. Não adiantou: passaram a noite na delegacia.

Prévert não suporta a intolerância. Venha ela de onde vier. Ele gostou de Breton enquanto este atacava os conformismos. Porém, quando o homem se tornou um papa e exigiu que as pessoas se ajoelhassem diante do seu altar, Prévert recusou se curvar. Ele defendeu Roger Vailland e muitos outros excluídos. Recusou o opróbrio lançado contra os homossexuais. Não aceitou ser avaliado nem julgado por seus gestos, maneiras e opiniões. A vida era sua. Demonstrou isso deixando o barco quando os ideais de outrora começaram a soçobrar. Participou então da redação de um panfleto escrito em 1929 contra Breton, *Un cadavre*, depois virou as costas à capela surrealista e partiu com seus novos camaradas do Grupo Outubro.

Os anos se passaram, mas o gosto pela liberdade permanece intacto. Embora Prévert aceite vender o jornal *L'Huma*[*nité*] na entrada dos mercados, embora dê as caras com seu cigarro e seu chapéu nas reuniões da Associação dos Escritores e Artistas Revolucionários (AEAR), embora, neste dia de 1934, acompanhe seus companheiros do Grupo Outubro à URSS, ele não é – nem nunca será – membro do Partido. "Eles me colocariam na prisão", dizia.[1]

E é justamente aí que o sapato aperta. É aí que o Grupo Outubro se diferencia dos outros, que também embarcaram em Londres a bordo do *Cooperatzia*.

Os franceses não se sujeitam a nenhuma disciplina. Não sabem se conter. Dormem nos porões, ensaiam no convés, invadem a primeira classe quando descobrem que não foram impedidos pelos soviéticos. Correm atrás das garotas. Fazem gracinha. Nos portos alemães onde o navio faz escala, martelo e foice sobre o fundo vermelho exibidos com orgulho diante das cruzes gamadas tremulando ao vento, eles deixam a embarcação, uns para fazer contato com os comunistas alemães perseguidos, outros para invadir os bordéis. Alguns vão à piscina. Descobrem com horror que os jovens que entram e saem da água usam trajes de banho ornados de suásticas... A pequena trupe volta a subir ao *Cooperatzia*, menos alegre que na descida.

Contudo, logo chegam a Leningrado, e todo mundo desce. No amanhecer cinzento, sob uma chuva tímida, os visitantes aguardam pela opulência da Fortaleza de São Paulo e São Pedro, pela agitação do rio Neva e pelas cores pastel do Palácio de Inverno. Deparam-se com a orquestra dos sapateiros. Proletários de pé, rosto ao vento, pulso em riste para uma "Internacional" heroica, depois de tão longa viagem. A primeira estrofe é cantada com paixão, a segunda, com vigor, na terceira paira um silêncio: esqueceram-se da letra. Um oficial pega a deixa, no alto de um estrado oscilante. Bem-vindos à terra dos soviéticos.

Tudo bem, mas quando é que vamos comer?

Em fila de dois, a malvada trupe é levada até o hotel Outubro, lugar duplamente célebre dos tsares depostos. Os banheiros são em mármore, mas a água tem gosto: ela não é potável. Quanto ao alimento, não é muito melhor. Mas pelo menos dá para comer...

Na primeira noite, uma recepção oficial é organizada no salão. Jacques Prévert, Marcel Duhamel, Lou Tchimoukow e Yves Allégret sentam-se à mesa, ao lado de uma senhora muito maquiada, antiga professora de francês das crianças do tsar. Ela está encarregada de traduzir as palavras trocadas e de explicar o sentido das festividades. Entretanto, o sentido é claro e não se presta a nenhum erro de interpretação. Trata-se de uma manifestação débil expondo a riqueza do dedilhado soviético sobre a balalaica nacional, a vivacidade dos berros cossacos, a profunda suavidade dos coros folclóricos – em suma, um cartão-postal para os turistas de passagem. Teriam esquecido que todos os artistas convidados romperam com esse tipo de espetáculo, considerado por cada um deles como o pior do horror acadêmico?

À mesa de Prévert, os sorrisos se desfazem. Os maxilares se crispam. Os copinhos de vodca correm pelas gargantas. Um arquejo. Um arroto. A antiga explicadora torna-se melíflua. Virando-se para os convidados, sussurra:

– Gostariam que convidássemos lindas dançarinas para a mesa?

– Só faltava essa! – resmunga Prévert.

Yves Allégret faz uma réplica, e Lou Tchimoukow também. O tom sobe. Um homem de pincenê se aproxima.

– Quem é este? – pergunta Prévert.

– O camarada comissário do povo das Belas-Artes – responde a guia.

Logo Marcel Duhamel se levanta, pega o oficial pelo colarinho e o agita em toda as direções. Depois disso, a lição será aprendida: no plano artístico, apenas serão apresentados aos convidados espetáculos escolhidos; no plano político, os membros do Grupo Outubro hão de se ver enquadrados por acompanhantes que ficarão na sua cola. Quanto a Jacques Prévert, vai se esquivar o máximo que puder quando se tratar de fazer uma visita a uma usina-modelo, a um kolkhoz-modelo*, a um ateliê-modelo... E os sinos-modelo, badalando como na Basílica de São Pedro em Roma, contribuirão muito para distanciá-lo da pátria-modelo dos trabalhadores. "É pior do que na Rue du Vieux-Colombier", constatará.[2]

* Típica propriedade rural coletiva na antiga União Soviética. (N.T.)

O Grupo Outubro apresentou *La Bataille de Fontenoy* em teatros lotados, diante de públicos entusiasmados. Isso não foi fácil porque, por não ter economizado o suficiente, apenas metade da trupe pudera bancar a viagem. Foi preciso substituir os ausentes. Porém, eles tinham a prática: já em Paris os atores interpretavam vários papéis. Eles deixavam o palco, buscavam o novo figurino no cesto coletivo, vestiam às pressas roupas oferecidas pelos amigos ou trapos comprados no mercado de pulgas e voltavam com outra aparência para interpretar diante de cenários que eles próprios confeccionavam com materiais e objetos comprados na loja de departamentos Bazar de l'Hôtel de Ville. Até mesmo a espingarda era utilizada duas vezes e, quando não a encontravam, Lou Tchimoukow, escondido nos bastidores, gritava um "pam!" assassino e dos mais convincentes.

De Leningrado, os passageiros do *Cooperatzia* vão para outras cidades, atingindo o mesmo sucesso. Jacques Prévert explicava o significado das cenas que o Grupo Outubro ia interpretar e, ao longo do espetáculo, o público seguia com extraordinária concentração. Depois bebiam, dançavam, cantavam a "Internacional" endiabrados...

Em Moscou, o camarada Stalin esperava os artistas no Grande Teatro. Todas as trupes se apresentaram diante dele. *La Bataille de Fontenoy* foi a derradeira e ganhou o primeiro prêmio na Olimpíada Internacional do Teatro Operário. Contudo, as láureas não eram reconhecidas facilmente. Quando lhes estenderam um bilhete para assinar – pelo qual eles admitiriam o gênio político, artístico e outros do camarada Stalin –, Jacques Prévert, Yves Allégret, Lou Tchimoukow e Marcel Duhamel recusaram-se a fazê-lo.

O Grupo Outubro não sobreviveria à ascensão da Frente Popular. Em 1935, Jacques Prévert adaptou *O retábulo das maravilhas*, de Cervantes. No começo do ano, a trupe ensaiou no ateliê de um jovem ator ainda desconhecido: Jean-Louis Barrault, primeiro diretor de *O retábulo das maravilhas* (seguido por Lou Tchimoukow). O lugar também não tinha renome, que ganhará quando Picasso colocar ali seus cavaletes. Trata-se de um amplo duplex com vigas à mostra situado na Rue des Grands-Augustins, ao fundo de um pátio pavimentado. Uma estufa ardia no fundo da peça, perto da única riqueza do local: um telefone. Uma grande mesa montada sobre cavaletes recebia os víveres que cada um trazia quando o anfitrião organizava um jantar coletivo ou um baile à fantasia. Colchões espalhados pelo chão amparavam os pândegos cambaleantes demais para voltar para casa.

Outros atores se juntaram à trupe para interpretar *O retábulo das maravilhas*, rico em figuração, sobretudo os irmãos Mouloudji. A obra foi encenada na prefeitura de Montreuil, na loja de departamentos La Samaritaine, nos Studios Francœur e em um grande número de usinas em greve. Infelizmente, essas apresentações custavam caro, e as receitas foram insuficientes.

Aliás, os membros do grupo sempre recusaram se comprometer com instituições ou mecenas que pudessem ser um entrave à sua liberdade. Por esse motivo haviam rejeitado uma oferta de Fernand Léger – que se propusera a produzir os cenários –, considerando que semelhante colaboração tolheria sua independência. Em dificuldade financeira, para eles estava fora de cogitação bater a uma porta onde precisassem trocar sua autonomia por um favor qualquer.

Após uma interrupção de alguns meses em 1935, o Grupo Outubro retomou suas atividades. Estas cessarão em definitivo em maio do ano seguinte, não apenas por questões financeiras como também por razões políticas. Algumas desavenças haviam nascido dentro do grupo. Desavenças que dentro em pouco dividiriam toda a sociedade francesa e que passavam por uma linha que ligava Paris a Madri, e Paris a Moscou.

A ALMA ERRANTE

> Raymond Queneau: Nenhuma mulher poderá me satisfazer nem me tornar monógamo. E também que se dane!
>
> André Breton: Protesto contra esta última palavra.

Enquanto Saint-Exupéry muda de ares, deixando a política em outras mãos, enquanto Jacques Prévert e sua trupe se afastam de seu público popular, um grupinho de amigos sobe o Boulevard Montparnasse.

A noite deste 14 de junho de 1935 é agradável. Os terraços do Dôme e da Rotonde avançam negligentemente sobre a rua. Os Torpedo e os Bugatti passam soltando leves estouros que encantam os consumidores. Os veículos de tração animal desapareceram com os postes a gás. O bairro não cheira mais a esterco, e sim a gasolina. Também não cheira mais a terebintina: os pintores boêmios que, depois de Montmartre, fizeram a fama de Montparnasse, dispersaram-se para lugares menos caros e menos turísticos. Foram para locais como Denfert ou Plaisance. Muitos trocaram Paris pelo céu azul do Sul. Aqueles a quem a celebridade chegou junto com a fortuna encontram-se nos terraços do Flore ou do Deux-Magots. Montparnasse não pertence mais aos artistas malditos. Agora é dos visitantes.

André Breton conhece bem o bairro. Com seus amigos, ou seus ex-amigos, defendeu com frequência a bandeira do surrealismo. Em alto e bom som. Com os punhos e os pés. Éluard, Aragon, Péret, Desnos formavam como uma guarda pessoal. Do La Coupole ao Closerie des Lilas, entre o fim da guerra precedente e o começo da que desponta, os poetas distribuíram o que dava de tapas e palavrões. Contra os tristes costumes, sucedendo generosamente a Alfred Jarry – que atirava nos pedestres ou nas vidraças dos restaurantes – e a Guillaume Apollinaire, sempre pronto para um exercício escatológico. Quantos estragos os artistas não causaram ali, nas linhas da burguesia esclarecida?

André Breton caminha pelo bulevar. Veste um de seus eternos ternos verde-garrafa, uma camisa de veludo grená e uma gravata combinando cuidadosamente. Não falta elegância ao conjunto, embora o tecido dos cotovelos e das costas esteja puído: o poeta não tem dinheiro.

Amigos e uma mulher acompanham-no: Vítězslav Nezval, surrealista tcheco, fundador do movimento em seu país e tradutor das obras do mestre; Benjamin Péret, que precisa se acalmar, pois acaba de cruzar com uma batina; Jacqueline Lamba, que Breton conhece há apenas um ano.

Ele a conheceu em 29 de maio de 1934, em um café da Place Blanche. Ela entrou, sentou-se a uma mesa e pediu papel para escrever. Ele a observava, tão loira, tão jovem. Ela parecia-lhe "escandalosamente bela".[1] Seu olhar, no entanto, perambulava pelo teto, pelas paredes, pela folha branca, sem nunca encontrar o dele.

Ele saiu antes dela, escondeu-se na sombra. Depois, quando ela também deixou o café, ele a seguiu. Caminharam um longo tempo, um atrás do outro, pelas ruelas de Montmartre. No momento em que ele temia perdê-la para sempre, ela se virou de súbito. Disse que a carta que escrevia no café era destinada a ele. Em seguida, de chofre, ela propôs um encontro à meia-noite daquele mesmo dia no Café des Oiseaux.

Lá ficaram por duas horas. Conversaram sobre muitos temas, com alegria e facilidade. Logo retornaram para as sombrias ruas de Paris. Breton pegou-se contando banalidades. Iam de braços dados, descendo rumo aos Halles, aos estandes das frutas e das carnes. A seguir passaram pelo Quai aux Fleurs. De vez em quando, paravam. Breton segurava o rosto de sua nova paixão entre as mãos. Ao amanhecer, ele a conduziu a seu hotel. Era paixão, amor louco. Breton estava convencido de que o encontro fora obra de um acaso que tilintava nele como uma espécie de predestinação. Ignorava ainda que Jacqueline já viera antes àquele café da Place Blanche – onde ele aparecia com frequência – justamente para vê-lo. Ela havia lido sua obra. Admirava-o.

Quase em seguida, ela se mudou para a casa dele. Ela tinha 24 anos, ele, trinta. Era pintora e ganhava a vida como dançarina. Eles não se desgrudaram mais.

Breton adora a paixão, os amores à primeira vista, os acasos milagrosos, os sinais que lhe aparecem como os de um destino inevitável. Dentro do grupo surrealista, sempre defendeu a linguagem imediata das inclinações que não se controlam. É contra o adultério burguês, os segredos de alcova, as portas secretas pelas quais o amante entra tão logo o marido vira as costas. Quando morava com Simone Kahn, sua primeira esposa, ele a mantinha informada acerca de todos os movimentos de seu coração. Ela, tão inteligente, tão culta, nada ignorava de certos ardores amorosos que o animaram no decorrer de seus anos de vida conjugal. Nem da declarada inclinação não correspondida de seu marido por Lise Meyer, uma bela mundana rica que ele amou com paixão. Nem, sobretudo, da chama que o incendiou, e com ele todo o movimento surrealista, quando André conheceu a famosíssima Nadja.

Ele avistou-a pela primeira vez em 4 de outubro de 1926, na Rue La Fayette, perto da estação Poissonnière. Reparou nela porque, ao contrário dos outros transeuntes que andavam cabisbaixos, ela caminhava de cabeça erguida. Um leve sorriso iluminava seus traços. Ela estava maquiada de modo estranho, como se tivesse começado a pintar de preto as pálpebras e então suspendido a ação. Sua pupila resplandecia de um brilho que fascinou André Breton.

Ele logo a abordou e a convidou para beber algo em um café próximo à Gare du Nord. Ela aceitou. Ele observou-a enquanto ela desenhava sobre a toalha de papel.

Estava vestida de maneira miserável. Tinha 24 anos. Afirmou – lábia poética – que escolhera o nome Nadja porque abria a palavra russa *nadejda*, que significa esperanças. Ela vinha de Lille. Lá, deixara a família e um pretendente.

De início, havia procurado trabalho em uma padaria e em uma casa de carnes. Tinha uma saúde frágil. Um médico a havia aconselhado a deixar Paris, mas ela não conseguira. Continuava ali, vivendo como podia de atividades passageiras. Ia seguido ao hotel Claridge, onde encontrava amantes transitórios que lhe davam algumas moedas (o que fará Breton). Certa feita, fora à Holanda, de onde trouxera dois quilos de cocaína. Na descida do trem, fora presa, mas graças à intervenção de um de seus amigos de alto escalão soltaram-na rapidamente. Assim ela ia levando.

Quando deixaram o café nesta primeira noite, Nadja havia fascinado Breton pela liberdade de suas palavras, também pela incoerência delas. A moça padecia de certo desequilíbrio, o que não havia de desagradar o ex-médico-psiquiatra. Acima de tudo, ela testemunhava um dom incontestável para a adivinhação. Na hora em que se preparavam para se despedir, e como Breton confessasse que era casado, Nadja sentiu um momento de decepção, depois do qual, fechando os olhos, descreveu Simone e o lugar onde eles moravam com uma precisão assustadora. Breton ficou muito tocado. Ele perguntou: "Quem é você?". E ela, sem hesitar: "Eu sou a alma errante".[2]

No dia seguinte, reencontraram-se em outro café. Dessa vez, ela estava vestida com elegância. Usava chapéu e meia-calça de seda. Os cabelos estavam cuidadosamente penteados. Ele lhe ofereceu dois de seus livros: *Les Pas perdus* e o *Manifesto surrealista*. Ela leu um poema de Alfred Jarry, e lágrimas vieram a seus olhos. Essa naturalidade perturbou Breton.

Ela propôs jogos, dos quais alguns cruzavam os centros de interesse mais essenciais do surrealismo. Assim, na Place Dauphine, para onde ele a levara, ela lhe pediu para observar com atenção uma janela e disse: "Em um minuto, essa janela vai se iluminar. Vai ficar vermelha". Um minuto depois, uma luz iluminou as cortinas vermelhas estendidas por trás do vidro.

Nadja manifestava um dom de poesia sobrenatural que impressionou Breton. Ela era capaz de descrever uma imagem que o marcara em outro lugar, quando ele estava longe dela. Ela contou que adorava pegar o metrô à noite e tentar adivinhar, pelo rosto dos passageiros, em que estavam pensando. Sem dúvida, não se enganava. Premonitória, anunciou ao poeta que ele escreveria um livro sobre ela. Tudo isso pertencia ao campo da magia.

Esse encontro foi tão forte que Breton teve enxaquecas: "Tão pura que ela é, livre de todos os vínculos terrestres, pelo pouco, porém maravilhoso, apego que tem à vida".[3]

Ao longo de suas caminhadas, Nadja revelou ao poeta que ele exercia grande poder sobre ela. Suplicava que ele não abusasse disso. No instante seguinte, enrijecia-se e afastava-se.

Ela tinha medo. Dele, sem dúvida, mas também de um passo, de uma sombra, de uma paisagem desconhecida, do timbre de sua voz quando ele recitava um poema de Baudelaire, da lembrança do primeiro beijo deles. André era como um mentor que a guiava, cigana amedrontada.

Viram-se durante exatos sete dias. E, durante esses sete dias, quando não estavam juntos, ele sofria com sua ausência. Provavelmente ainda estivesse apaixonado por Lise Meyer, mas Nadja lhe oferecia uma linguagem feita de sinais e de incríveis acasos que, para ele, tinham um sentido superior. Como naquele dia em que estava sentado em um táxi com Simone e uma amiga. Ele pensava nela. Como atravessam a Rue Saint-Georges, teve a impressão de avistá-la. Sem demora, mandou parar o carro e se precipitou. Ele correu. Era ela.

Levou-a para jantar em um restaurante do Quai Malaquais. Não foi o único a ficar fascinado por ela. O próprio garçom não conseguiu se desgrudar da mesa. Inventava mil desculpas para não se afastar: precisava limpar a toalha, ajeitar os pratos... Ficou tão perturbado que esqueceu o pedido deles. Derramou vinho na mesa. Quebrou um prato. Depois, outro. André Breton contou onze ao fim da refeição.

Na noite de 12 para 13 de outubro, Breton acompanhou Nadja a Saint-Germain-en-Laye. Hospedaram-se em um quarto de hotel e passaram sua primeira noite juntos. A primeira e a última. Voltaram a se encontrar depois, porém mais ocasionalmente. Parece que a relação física os afastara um do outro. Todavia, Nadja será para sempre a encarnação mais perfeita deste "gênio livre" que os surrealistas, Breton em primeiro lugar, veneraram.

Em 1927, enquanto ele revisitava sua história, escrevendo o livro epônimo que permanece uma de suas obras-primas, Nadja era presa em um hotel onde havia feito um escândalo. Ela foi internada (morreu em 1941 em um hospital psiquiátrico). No mesmo ano, Breton conhecia uma mulher que foi sua última paixão antes de seu encontro com Jacqueline. Uma paixão total e devastadora.

Ela se chamava Suzanne Muzard. Tinha 27 anos, era linda, loira e amante oficial de um homem que marcara encontro com Breton no Café Cyrano, na Place Blanche, a fim de conversar com ele sobre um projeto editorial, Emmanuel Berl. Na época, Berl ainda não era muito conhecido no mundo literário, embora fosse considerado um dos melhores amigos de Drieu la Rochelle. E, a bem dizer, Breton não estava nem aí para as relações de seu interlocutor. Só lhe interessava aquela moça que acompanhava Berl e lançava para ele um olhar penetrante pelo qual era impossível não se deixar fisgar.

Aragon, que apresentara Berl a Breton, conhecia muito bem Suzanne Muzard: ela trabalhava em um bordel da Rue de l'Arcade, do qual Berl e ele eram frequentadores habituais. Talvez tenha sido lá que ela aprendera os encantos do amor que dentro em pouco enfeitiçariam seu novo amante.

De fato, Breton roubou a bela Suzanne de Emmanuel Berl. Eles partiram para a região do Midi da França, passando por um hotel, e outro, e mais outro... Segundo as confidências feitas a Simone, Breton deu duro. Ele quis continuar se arriscando por livre e espontânea vontade quando eles retornaram a Paris, mas Suzanne tomou outra decisão: sentia falta de Emmanuel Berl e voltou para os braços dele. Para grande pesar do rejeitado, o casal decidiu ir à Tunísia. Breton convocou os amigos e foi à estação para impedir a viagem. Entretanto, Suzanne não cedeu. Breton ficou arrasado. Perdendo as rédeas de seu costumeiro rigor, desfez-se em invectivas contra seus camaradas surrealistas (o que é normal) e desabou certa noite em um café, vencido pelo haxixe (o que é menos normal para um homem que condenava o uso de entorpecentes). Ele a amava, ele a amava loucamente.

Por sorte, ela voltou.

Depois, se foi.

Então voltou.

Passava de Breton a Berl em um pingue-pongue de corações que consumia os dois homens. Queria-os só para si. Tanto um quanto outro. Alternadamente. E, como Breton se desespera, ela propôs um negócio: ficaria com ele se pedisse o divórcio. E, como Berl se desespera também, fez-lhe a mesma proposta.

Berl separou-se primeiro. Breton em seguida, com mais dificuldades. Simone exigia uma parte dos bens acumulados pelo casal durante sua vida conjugal.

Certo dia, suprema traição, a sra. Breton confessou o que todos sabiam de longa data, com exceção do marido: Max Morise era seu amante. André Breton explodiu: Simone não respeitara o código de transparência que ele seguia. Chamou seus amigos para testemunhar, mas estes defenderam Simone até mesmo com mais afinco. O golpe de misericórdia foi dado em 1º de dezembro de 1928, quando soube que a srta. Suzanne Muzard se casara com Emmanuel Berl.

Ele não morreu por conta disso. A recém-casada, na verdade, não renunciou às idas e vindas que a levavam da cama de seu marido ao colchão de seu amante.

Na Rue Fontaine, logo estourou a guerra entre Suzanne, que desejava deixar sua marca, e Simone, que não pretendia que a sua fosse totalmente apagada. No círculo surrealista, eclodiu a guerra entre o Breton do *Segundo manifesto surrealista* e os ex-amigos excomungados: Bataille, Artaud,

Daumal, Vitrac, Limbour, Desnos, Masson, Soupault... Profundamente desestabilizado, Breton resolvia suas contas. Seriam necessários três anos para saldar as de Suzanne, que há de se divorciar de Berl pouco depois.

Nadja abrira o livro das paixões. Suzanne, sem ser nomeada, desempenhou seu papel: "Tu, é claro, idealmente bela. Tu, que tudo leva ao romper do dia, e que por isso mesmo eu talvez jamais volte a ver..."[4]

Porém, foi Jacqueline, afinal, que o arrebatou: "Uma intuição muito vaga, desde os primeiros instantes, permitira--me considerar que o destino dessa moça pudesse um dia, e por mais fraco que fosse, entrar em harmonia com o meu".[5]

Três meses depois de conhecê-la, André Breton levava Jacqueline à subprefeitura do 9º arrondissement. Paul Éluard e Alberto Giacometti eram as testemunhas.

A bofetada

> Não vejo que outra revanche eu poderia ter tido contra esse difamador profissional que, alguns anos depois, defenderá publicamente que *O silêncio do mar*, de Vercors, é um veneno que não pode ter origem senão na oficina dos serviços secretos alemães.
>
> André Breton

Neste 14 de junho de 1935, André Breton está, portanto, caminhando pelo Boulevard Montparnasse, alguns passos à frente de seus amigos Péret e Nezval. Jacqueline vai de braços dados com ele, que de repente estanca. Uma exclamação surda contorce seu lábio inferior. Ele passa uma mão nervosa nos cabelos ondulados, desculpa-se em um resmungo com seus amigos, depois, em boa velocidade, atravessa o bulevar.

Dirige-se até um homem um pouco curvado, de cabeleira hirsuta, que anda na calçada oposta. Um cachorro, mistura de *basset* e de *scotch-terrier*, urina atrás do dono. O sujeito usa boné, um terno manchado e pita um pequeno cachimbo. André Breton aborda-o frontalmente.

– Eu sou André Breton. E o senhor?

– Ilya Ehrenburg.

É mais um murmúrio do que uma fala espontânea.

Ilya Ehrenburg é o correspondente do *Izvestia* na França, grande amigo de seu protetor Bukharin e representante europeu da cultura soviética.

– Eu sou André Breton – recomeça o escritor surrealista. – André Breton, o pederasta.

Ele levanta a mão e baixa-a com violência na face do outro.

– André Breton, o fetichista.

Outro tapa.

– André Breton, o exibicionista.

Mão que sobe.

– André Breton, o onanista.

Mão que desce.

– André Breton, que vive à custa das mulheres.

Ilya Ehrenburg está muito estarrecido para responder. Alguns transeuntes param e contemplam o espetáculo.

– André Breton, que detesta a União Soviética porque lá as pessoas trabalham.

A cena termina com essas palavras. O papa do surrealismo atravessa o bulevar e se afasta.

O trovador da cultura soviética tem a face escarlate. Abaixa-se, apanha os cachimbos que caíram do bolso, chama seu cão e retoma seu caminho. Ele havia saído para comprar tabaco. Retorna tremendo de raiva. Tudo bem que escrevera que os surrealistas eram "degenerados capazes apenas de se dedicar a sua pornografiazinha, [...] verdadeiros alienados que estariam em seu devido lugar em clínicas apropriadas [...], fanáticos da ociosidade"[1], preguiçosos que vivem do dote de suas mulheres e outras futilidades do mesmo quilate.

Ainda assim, palavras são palavras. Um pugilato é outra história. Dali em diante, não era só mais uma questão de ideologia. Se cai uma chuva de pancadas, há de se responder. E Ilya Ehrenburg sabe como vai responder a André Breton.

Com o cão Buzu atrás de si, o embaixador cultural desce a avenida rumo à estação. Ele, que é considerado generoso, sutil e divertido, no momento está perdido em pensamentos indecorosos. Uma meia hora antes, ainda experimentava a satisfação do dever cumprido. Enviara ao *Izvestia* seu artigo do dia, no qual anunciava a abertura, em Paris, do Congresso Internacional dos Escritores pela Defesa da Cultura. Esse congresso era obra sua. Financiado pela seção cultural do Comitê Central do partido soviético, apoiado pelos intelectuais franceses e pelos artistas de Montparnasse, de quem é amigo de longa data, Ehrenburg convidou as maiores penas internacionais para o evento em Paris: Bertolt Brecht, Robert Musil, Anna Seghers, Aldous

Huxley, Edward Morgan Forster, Tristan Tzara, Heinrich Mann (o irmão de Thomas), Klaus Mann (seu filho, jovem talentoso, ofuscado pelas sombras do pai e do tio)... Todos chegam em alguns dias. Todos vão falar sobre a questão do nazismo crescente, da intolerância e da censura. Até mesmo os surrealistas. Ou melhor, um deles. Estava subentendido que André Breton falaria em nome de todos os seus companheiros. Ilya Ehrenburg espera colocar esse acordo em xeque. Para ele, o boxe, a luta livre e as artes marciais são instrumentos fascistas. As bofetadas também. Os tapas que acaba de receber são de essência ideológica.

Ele passa em frente à estação, chega à Rue du Cotentin, onde mora com a esposa, artista plástica, e a filha. Sobe as escadas. A chave está na fechadura, como sempre, sinal de que a porta está aberta a quem quiser entrar. No corredor estão penduradas as telas de sua mulher e os inúmeros chapéus que ele coleciona – boinas, chapéus-coco, panamás, de palha, bonés, cartolas, gorros... Juntou-os de suas viagens, de suas incontáveis idas e vindas entre Paris e Moscou. Ilya Ehrenburg é alerta como uma presa. É judeu, russo, escritor: três boas razões para cair nas garras stalinistas. No entanto, nunca foi apanhado. Por isso, muitos se perguntam: como ele consegue?

Ele empurra a porta do gabinete, senta-se à mesa e levanta o telefone. Sem precisar consultar a agenda – sabe o número de cor –, liga para aquele que, nesse caso, vai apoiá-lo como um irmão: Louis Aragon.

A TRAIÇÃO DE KHARKOV

> Julgamos necessário reconhecer certos erros cometidos anteriormente por nós em nossa atividade literária, erros que nos comprometemos a não repetir no futuro.
>
> LOUIS ARAGON

Louis Aragon e André Breton, uma memorável história de amor. Uma soma de paixões, cóleras, fardos e discussões calorosas que marcaram muitos anos desse século. Inicialmente unidos como os dedos da mão surrealista, os dois homens atracaram em lados opostos do grande dique comunista: um reverenciará Trotski, o outro escolheu Stalin. A energia que manifestaram solitariamente contra os soldados, os burgueses, os velhos costumes e a arte afetada, devia enfim se romper em alvos diferentes.

A guerra e a medicina os unem. Esta ameniza aquela: Breton prepara seu PCN* em Val-de-Grâce quando, em 10 de maio de 1916, ferido, marcado, perfurado, desembarca o poeta mais admirado pelo rapaz: Guillaume Apollinaire. Também em Val-de-Grâce este apresenta Philippe Soupault – filho de médico – ao estudante de medicina revoltado contra a guerra. Soupault não é menos severo em relação às armas, embora nunca tenha estado atrás das trincheiras: ele foi promovido a cobaia, forçado a experimentar uma vacina contra a febre tifoide que o envenenou.

Por isso, Philippe Soupault nunca recebeu medalha alguma, ao contrário do elegante dândi que André Breton e ele conhecem, ainda em Val-de-Grâce, onde o recém-chegado alterna também os períodos militares e os ciclos de estudo.

---

* Certificado de estudos preparatórios obrigatório para o ingresso em faculdades e escolas de medicina francesas. (N.T.)

Louis Aragon é lindo, mulherengo, fascina pela cultura... Ele conhece André Breton em um manicômio, onde ambos trabalham voluntariamente, pois, ainda que seja um serviço penoso durante o dia, à noite, com os doentes trancados e as transferências inexistentes, os dois podem se deitar nas macas e recitar Rimbaud e Lautréamont. E isso gritando a plenos pulmões, enquanto, do outro lado das divisórias, os loucos insultam-nos com violência.

No Caminho das Damas*, Aragon começou a escrever seu primeiro romance: *Anicet ou le Panorama*. A guerra permitiu-lhe descobrir o segredo de seu nascimento, do qual pouco fala. Ele não leva o sobrenome de seu pai. Este se chama Louis Andrieux. É advogado, mas foi deputado, chefe de polícia, embaixador e senador. Louis Andrieux tinha uma amante, Marguerite Toucas-Massillon, 33 anos mais nova: a mãe de Louis Aragon, registrado desse modo pelo pai, que faz constar dos registros que a criança nascera de pai e mãe desconhecidos, a fim de confundir as pistas. Por que Aragon? Talvez em homenagem a uma antiga amante espanhola do funcionário de alto escalão. Ou quem sabe porque seja possível que a criança tenha sido concebida em Aragão. Seja como for, para guardar bem o segredo, o pequeno Aragon viveu entre duas mulheres: uma delas a sua avó, que se passava a seus próprios olhos e aos dos outros por sua mãe; a outra, a própria mãe, que se tornou sua irmã. Quanto a Andrieux, foi nomeado padrinho e tutor. Até 1917, ano em que a verdade foi enfim revelada para a criança que crescera: a guerra podia levar o combatente, e o pai fazia questão que o filho soubesse antes de morrer – se tivesse que morrer.

Será que nos recuperaríamos algum dia de semelhante teatro de sombras, ainda mais quando ele desponta sobre um cemitério de 8 milhões de cadáveres? Ao sair da guerra, assim como Breton e Soupault, Louis Aragon estava convencido de

* Estrada situada em local que foi palco de várias batalhas importantes, disputado por franceses e alemães na Primeira Guerra Mundial. (N.T.)

que apenas uma revolução total permitiria apagar a vergonha da ignóbil carnificina.

Breton, Aragon e Soupault, aos quais logo vão se juntar Paul Éluard e Benjamin Péret, ergueram o surrealismo dos campos de batalha da Primeira Guerra Mundial, onde Dadá lançara as escaramuças originais. Nos anos 20, foram solidários em todos os combates, escândalos, invenções dos jogos, criação de revistas, manifestações surrealistas. Condenaram Barrès, rejeitaram Tzara, Vailland, Artaud, Soupault (e os demais), defenderam Roussel com punhos em riste, esmagaram Cocteau, deram um tapa no cadáver de Anatole France, adotaram Man Ray, aclamaram Duchamp, Ernst, Chirico (e os demais) antes de lançar mais de um (e os demais) na berlinda.

Aragon era o único do grupo de quem Breton aceitava as infrações à disciplina surrealista. Algumas infrações. Perdidamente apaixonado por Nancy Cunard, a bela herdeira da Cunard Line, Aragon às vezes cabulava as aulas dadas pelo papa em seu Café du Cyrano, no Boulevard de Clichy, ou em sua casa, na Rue Fontaine.

Isso ocorria em 1928. O escritor e a milionária formavam um casal cuja elegância fascinava Paris inteira. Ela com seus braceletes lendários, um véu misterioso; ele envolto em uma ampla capa, exibindo uma de suas magníficas bengalas, que colecionava. Ela atirando seu dinheiro das sacadas dos hotéis de luxo e das janelinhas dos transatlânticos que os levavam para lá e para cá, pelo vasto mundo. Ele mais enigmático ainda devido a uma pequena obra publicada secretamente, *Le Con d'Irène* [A boceta de Irène], ilustrada por Masson.

Ela escolhera-o em Londres, onde se conheceram em 1926. Mas não permanecia com os homens. Ela os apanhava, os levava para cama e os rejeitava pouco depois. Aragon ficou um pouco mais do que os outros. Estava a seus pés.

Em Veneza, ela o traiu com um pianista de jazz americano. Aragon tentou se suicidar. De volta a Paris, foi morar na Rue du Château, no falanstério que se tornou o antro do surrealismo, onde André Thirion e Georges Sadoul tinham sucedido a Jacques Prévert, Yves Tanguy e Marcel Duhamel.*

Depois de Nancy Cunard, foi a vez de uma dançarina, Léna Amsel, que morreu em um acidente de carro. André Breton ainda fazia vistas grossas aos escândalos e, sobretudo, às ausências de seu camarada. Admirava sua cultura. Escutava-o mais do que muitos outros. Tinha por Aragon uma preferência discreta. Porém, isso não duraria. O edifício balançou em 1928. Dois anos depois, na esteira dessa grande viagem a Moscou que Louis Aragon fez antes de Saint-Exupéry e Jacques Prévert, tudo ruiu. Haja vista que Aragon não partia sozinho: Elsa Triolet o acompanhava. Elsa, musa, abre-te, Sésamo, amor voraz, paixão insaciável, primeira guia rumo à URSS e ao comunismo...

Em 4 de novembro de 1928, o grande poeta russo Maiakovski está sentado a uma mesa do La Coupole. Ele é grande, curvado, cabelo escuro, olhar doce. Uma moça de dezoito anos está sentada a seu lado: Tatiana, uma dançarina de quem é amante. Outros amigos, pertencentes ao grupo de Ilya Ehrenburg, encontram-se ali. Elsa Triolet está rondando por perto. Foi ela quem convidou Maiakovski para vir a Paris. Ela o conhece de longa data. Na juventude, foi perdidamente apaixonada por ele, antes que sua irmã por sua vez o conquistasse. Sem ter podido entregar seu coração, Elsa deu a mão ao sr. Triolet, um francês de passagem por Moscou. Ele a levou a Paris e em seguida voou para longe.

Neste dia de novembro, Aragon empurra a porta do La Coupole e recebe o convite de Maiakovski para sentar à sua mesa. Os dois homens só se conhecem de ouvir falar. Ambos se estimam. Aragon convida o poeta russo a uma festa que dará dentro de dois dias, na Rue du Château, em sua homenagem.

No fim da tarde do dia 5, Aragon está outra vez no La Coupole. Dirige-se para o balcão do bar quando Roland Tual,

* Ver *Paris boêmia*, *op. cit.*

companheiro surrealista, chama-o: quer lhe apresentar uma amiga. Esta veste um casaco de pele e uma touca preta. Ela é ruiva, baixa, de pele branca. Deseja, e há muito, Aragon. A seu pedido, Roland Tual conduziu o poeta à mesa dela.

Ocorre uma química entre eles. Aragon convida a moça para a festa organizada em homenagem a Maiakovski, no dia seguinte. Ela vai, ataca, conquista. Contudo, Aragon ainda não está amarrado. Prefere Léna a Elsa. Talvez tenha cedido a esta para se vingar daquela, que flerta com outros. A André Thirion confessa que desconfia da russa, importuna, indiscreta, quem sabe até informante, encarregada pela polícia de espionar os simpatizantes comunistas.[1] Entretanto, Elsa se revela mais forte. Provoca um encontro com a jovem dançarina e a convence de que o poeta não é para ela. Assim assume o seu lugar, primeiro por uma noite, depois para sempre.

Seu principal negócio é o amor. O segundo, a venda de joias. Elsa abre um ateliê na Rue Campagne-Première. Cria anéis e colares que seu novo amante vende, como um representante comercial, nas butiques especializadas. Como o vendedor revelasse qualidades ímpares, logo o casal pode se presentear com duas passagens para a URSS. Em 1930, munido de seu melhor viático – Elsa Triolet –, o poeta ainda surrealista embarca para Moscou.

Na chegada, o casal é muito aguardado. Os mais impacientes para recebê-los são a irmã de Elsa, Lilya, e seu marido, Ossip Brik. Ambos ainda carregam o luto que acaba de atingi-los e que também não poupou Louis e Elsa: a morte de Volodia, ou Vladimir Maiakovski.

O maior poeta russo do período pré-guerra suicidou-se alguns meses antes. Para a família, uma tragédia total. E família é a palavra. Elsa apresentara Volodia à irmã e ao cunhado, que experimentaram um extraordinário amor à primeira vista. Até a morte do poeta, Ossip o protegeu, Lilya o venerou, e o boato correu solto: viviam os três debaixo do mesmo teto, um no papel de amante, o outro no de marido e ela no de musa, que cuidava dos dois homens – na verdade, a sexualidade não tinha mais importância naquele excepcional amor-amizade.

Lilya Brik sempre recusara se deixar devorar pela paixão, e de nada adiantava Maiakovski se esforçar, suplicar, ameaçar, discutir: ela nunca lhe concedera mais do que aquilo que ela queria. Isto é, muito, desmedidamente – mas não tudo, o tempo todo, na violência e na loucura.

Ambos tinham amantes. Ossip não se importava, Maiakovski se desesperava. Não só porque Lilya, quinze anos depois do primeiro encontro deles, não se entregava de corpo e alma, como também porque o público dava mostras de se cansar. Volodia fora o fundador da escola futurista russa, que pretendia pôr a poesia nova ao serviço do povo e do proletariado. O arauto da Revolução de Outubro. Seus versos haviam inflamado o povo, que, agora, vinha a ele em menor número. Maiakovski estava sozinho.

Em fevereiro de 1930, Ossip e Lilya Brik deixaram a URSS para fazer uma viagem que deveria durar diversas semanas. Em 15 de abril, o poeta pôs fim a seus dias.

> A todos!... Eu morro, não ponham a culpa em ninguém.
> E sem falatório. O defunto tinha horror disso.
> Mamãe, minhas irmãs, meus camaradas, perdoem-me,
> isto não é um meio (não o aconselho para ninguém),
> mas não tenho outra saída.
> Lilya, ame-me.

Sob tais palavras, pungentes, terríveis, Elsa e Aragon desembarcam em Moscou.

Lilya os recebe e os leva a Rue Guendrikov, onde mora. Contudo, a casa dela é também a casa deles: Ossip está ali, empurrando pesadamente sua aflição, e Volodia está presente em todos os cantos dessa pequena casa velha onde também morou. Pouco importam os amantes de um, as amantes dos outros, que Elsa tenha censurado a irmã por no passado ter-lhe roubado sua paixão de juventude, que Lilya amaldiçoasse Veronica Polonskaïa por não ter detido Maiakovski em sua cama na manhã do trágico dia... Até Aragon está perturbado. O quarto que ocupa é o de Maiakovski. São os amigos do poeta russo que ele visita nos dias seguintes, lendo seus próprios poemas ou ouvindo os deles, em quartos reservados dos apartamentos comunitários... Em Moscou, nos meios confinados da literatura, a sombra de Maiakovski desenha uma silhueta negra em todas as paredes.

Até que chega Georges Sadoul. Embora este amante de cinema tenha ingressado no surrealismo depois de Aragon, isso não o impediu de ter dominado rapidamente o modo de uso. Ele foge da França, onde corre o risco de pegar pena de prisão por conta de seu antimilitarismo público. Certo dia em que se aborrecia com um de seus amigos em uma cidade do interior, Sadoul entrou em um café para ler um jornal local. Deparou-se com um artigo que apresentava os resultados do concurso da academia militar de Saint-Cyr. O primeiro da lista, promovido a major, chamava-se Keller. Sadoul decidiu parabenizá-lo. À maneira surrealista, isto é, com muitos insultos, lançados ao mesmo tempo contra o brilhante major, seus superiores, o exército, a bandeira nacional...

Keller cumpriu seu dever de soldado: transmitiu os cumprimentos. De modo que Sadoul foi obrigado a pular algumas fronteiras para salvar a pele. Ele combinou com André Breton que daria uma mão a Aragon, que representará o movimento surrealista no Congresso de Kharkov. Este deve reunir uma série de escritores de todos os países em torno de um tema a transcender: a literatura proletária.

Depois de quinze anos de uma guerra incessante, comunistas e surrealistas vão enfim fumar o cachimbo da paz? A disputa perdura já há tanto tempo... Ela começou bem cedo, em um céu bastante claro que parecia de um azul político. Foi depois da hecatombe de 1914-1918, quando os pacíficos dadá reuniram os antigos soldados revoltados pelo massacre e tornados surrealistas, inimigos das guerras e da coroação dos ex-combatentes: André Breton, Louis Aragon, Paul Éluard, Philippe Soupault, Benjamin Péret.

Em julho de 1925, no primeiro andar da Closerie des Lilas, os surrealistas lançaram suas primeiras granadas políticas. Naquele dia, abriram as janelas de Montparnasse para um ar que os artistas haviam até então desprezado bastante. Era a ocasião de um banquete dado em homenagem ao poeta simbolista Saint-Pol Roux. "Pessoas de letras", de quem os surrealistas têm horror, estavam sentadas ao redor de uma "mesa de honra", que os surrealistas menosprezam, e se preparavam para celebrar a poesia "nacional", termo que os surrealistas vilipendiam. Na verdade, ainda que Breton e suas tropas tivessem vindo para prestar homenagem a Saint-Pol Roux, esperavam a primeira ocasião para atacar a plateia, importunar Paul Claudel – Sua Excelência, o embaixador, não acabava de declarar que o surrealismo era de essência pederasta? –, defender, por princípio, o amigo Max Ernst, naqueles tempos em que os alemães eram detestados pela burguesia nacional, e, enfim, criticar o mais violentamente possível o envio de um contingente francês a Marrocos, contra as tropas rebeldes de Abd-el-Krim.

Dava para ouvi-los de longe. O peixe ao molho foi atirado nas paredes. Philippe Soupault fez acrobacias com o lustre. André Breton e Max Ernst praticaram arremesso de frutas, carnes e garrafas. Michel Leiris urrou "Abaixo a França!", e Robert Desnos, "Viva os rifenhos!". Vidros foram quebrados. Elsa Triolet, que passava por acaso por aqueles lados, ficou loucamente apaixonada por Louis Aragon, visto apenas de passagem. Os policiais levaram todo mundo. A Société des gens de lettres, a Association des écrivains combattants, a Action française abriram fogo contra os surrealistas.

Estes foram apoiados pelos comunistas. Nesse primeiro combate político, havia um inimigo em comum: o colonialismo. Mas também, e não foi preciso esperar muito para se entender, muitos pomos da discórdia: a psicanálise; a visão e o papel da arte; o peso de Moscou; o stalinismo, de que Breton, visionário nesse caso, percebeu depressa as escórias.

E não parava por aí.

Última desavença, dez anos depois, e não a menor: os surrealistas têm direito de invocar a revolução? Estava aí o sentido profundo da crítica de Ehrenburg: como pequeno-burgueses preguiçosos por vocação, homossexuais por vício, oportunistas por natureza puderam chamar uma de suas revistas de *Le Surréalisme au service de la révolution*?

Erros, respondem Aragon e Sadoul no Congresso de Kharkov.

Antes mesmo de fazer uso da palavra, eles assinam aquele papel que Jacques Prévert recusara rubricar. Eles se desculpam – prometem e voltam atrás. Nós nos enganamos sobre tudo. Criticamos o materialismo dialético? Inconsciência! Defendemos teorias idealistas como o freudismo? Loucura! Vagamente flertamos com essa "ideologia social-democrata e contrarrevolucionária" que é o trotskismo? Desvario! Daqui para frente, trataremos de combatê-la em todas as linhas de frente. E nunca mais atacaremos os camaradas escritores devotados ao Partido. Melhor: para evitar os erros, faremos o que deveríamos ter feito sempre e do que hoje nos arrependemos com amargor: submeteremos, nós mesmos e nossos escritos, ao controle e à benevolência do Partido.

Ao mesmo tempo em que trai a palavra surrealista, assinando no papel o que o ideal dadá sempre negou, Aragon envia telegrama e mais telegrama a Breton: tudo está indo bem.

Sim, tudo está indo bem. Ele está aprendendo russo, agradando Elsa (que detesta Breton, para quem a recíproca é verdadeira), descobrindo uma nova família, dedicando-se ao martelo político e à foice ideológica. Ao colocar sua assinatura, ele precipita sobretudo a ruptura definitiva entre comunistas e surrealistas. Aragon escolhe seu lado. Emancipa-se.

No entanto, as rupturas não se resolvem sempre com uma assinatura posta em baixo de uma errata. Ainda mais quando se trata de apagar sua juventude e os combates de então.

Quando deixa a URSS, Aragon inicialmente envia Sadoul como batedor. Ele fica na defensiva enquanto seu amigo vai a Rue Fontaine. Diante de um Breton prostrado, o enviado especial confessa. A traição é ainda mais terrível porque atinge não só o movimento surrealista no todo como também seu fundador nos raros contemporâneos que admira. Breton, de fato, venera três homens, o que, para ele, é muito: Duchamp, Trotski e Freud. Ele conheceu e ainda se encontrará com os dois primeiros. Com o terceiro esbarrou em Viena, em 1921. Simone Kahn, que esperava o marido em um café, viu-o retornar abatido: a conversa com Freud fora breve e decepcionante. Nem por isso Breton deixou alguma vez de defender a psicanálise. Sem Freud, sem seu trabalho sobre os sonhos, o id, o ato gratuito, o surrealismo provavelmente não teria existido. E Aragon acaba de condená-lo.

Quando, por sua vez, chega, o homem de Kharkov confirma e atenua com uma mentira: eles assinaram em 1º de dezembro, em outras palavras, depois da realização do congresso. Era menos grave. Se tivessem assinado antes, teriam de fato escolhido, portanto traído. Depois, era apenas para fazer graça. Acima de tudo, eles não tiveram escolha: a assinatura lhes foi arrancada. Era possível entender. Era NECESSÁRIO entender. O poeta jura que suas relações com seus amigos surrealistas são para ele a coisa mais importante do mundo. E provavelmente é verdade, ou ainda verdade, já que ele consente em coassinar um texto com Sadoul no qual, depois de atacar a psicanálise em Kharkov, passa então a defendê-la. Aragon aceita tudo para não ver publicada a retratação de Kharkov, com que Breton o ameaça. De acordo com Éluard, "ele esconde sua má-fé debaixo de uma chantagem emocional crescente".[2] Ele chora, anuncia que vai se matar.

Breton deixa para lá. Esquece, ou tenta esquecer, que os congressistas de Kharkov condenaram em alto e bom som o surrealismo como "uma reação das jovens gerações de intelectuais da elite pequeno-burguesa, provocada pelas contradições do capitalismo na terceira fase de seu desenvolvimento".[3] Chega até a organizar a defesa de Aragon quando este, depois de publicar o poema "Frente vermelha" (primeiro em Moscou, depois em Paris), é acusado de "incitação ao assassinato com intuito de propaganda anarquista".

O que diz "Frente vermelha"?

Fogo em Léon Blum
Fogo em Boncour Frossard Déat
Fogo nos sábios ursos da social-democracia
Fogo, fogo, ouço passar
A morte que se lança sobre Garchery
Fogo lhes digo eu
Sob a orientação do Partido Comunista.

É demais para o governo. Aragon corre o risco de pegar cinco anos de prisão. Os surrealistas lançam uma petição exigindo o fim das perseguições contra o autor do poema. Braque, Brecht, García Lorca, Le Corbusier, Léger, Magritte, Matisse, Picasso e cerca de trezentos artistas assinam. Signac se recusa. A André Thirion, que vai procurá-lo, explica que está disposto a esconder Aragon em sua casa, a levá-lo para a Inglaterra em seu próprio barco, mas que não apoia a petição porque não apoia o poema: é demasiado violento.

Isso é o que muitos pensam no seu íntimo e o que Breton, embora solidário a Aragon, ousará escrever com clareza. Para ele, "Frente vermelha" é um texto circunstancial "poeticamente regressivo". Quanto aos comunistas, pegam a deixa, aproveitando a ocasião para atacar pelas costas Breton e seus amigos. *L'Humanité* se insurge: "Denunciamos com vigor a utilização desse caso pelo grupo surrealista para se autopromover".

Seguem-se nova troca de farpas entre as duas formações e uma espécie de desfecho com o caso Dulita, nome de uma menina de doze anos que assombrou Salvador Dalí no quarto número da *Surréalisme au service de la révolution*. Os comunistas criticam com violência esse texto, freudiano e pornográfico. Os quatro surrealistas membros do Partido – Louis Aragon, Pierre Unik, Maxime Alexandre e Georges Sadoul – são convocados pela comissão de controle político na sede da organização, na Rue La Fayette, nº 120. São introduzidos em um gabinete minúsculo, em frente a dois *apparatchiks* – um sentado em uma cadeira, o outro de pé – que lhes pedem para assinar uma confissão tão desonrosa quanto aquela de Kharkov. Eles recusam. A discussão fica calorosa. Aragon acaba batendo a porta, berrando que vai enviar pessoalmente um telegrama a Stalin.

Embora não faça nada disso, conta a Breton a pressão que acaba de sofrer. Este reage publicando uma brochura, *Misère de la philosophie, L'affaire Aragon devant l'opinion publique*, que deixa Aragon furioso, pois ele não autorizou Breton a citar a reunião da Rue La Fayette. Quando descobre o que considera uma traição, Aragon rabisca algumas palavras que Paul Vaillant-Couturier veio buscar na casa do escritor. No dia seguinte, *L'Humanité* divulga uma nota em que Aragon informa que condena o conteúdo da brochura de Breton, seus ataques sendo "incompatíveis com a luta de classes" e "objetivamente contrarrevolucionários".

É a ruptura. O Congresso de Kharkov foi a primeira gota de um copo que se encheu desde então, até transbordar. Ela é dolorosa para os dois homens. Eles não vão mais se dirigir a palavra, salvo uma única vez, que deixará a ambos um gosto amargo na boca. Será em 9 de fevereiro de 1934. O Partido Comunista convocara uma manifestação em resposta àquela que a extrema direita organizara em 6 de fevereiro. A segurança pública atacou as barricadas da esquerda. Os comunistas e os surrealistas estavam lado a lado. Aragon reconheceu Breton, que caminhava pelo bulevar. Trocaram algumas palavras. Nada além. Anos mais tarde, Aragon confessaria que a desavença com seu amigo de juventude foi para ele um golpe de que não se recuperou nunca. Ainda mais porque outras separações se sucederam àquela de Breton.

Char, Crevel, Dalí, Éluard, Ernst, Péret, Tanguy, Thirion e Tzara assinaram um texto coletivo intitulado *Paillasse*, que recordava a atitude sinuosa de Aragon desde Kharkov, condenava sua "incoerência ideológica" e sua "covardia intelectual". Enfim, em 23 de março de 1932, era a vez de

Paul Éluard atacar "essa imundície que choramingava, que nos ameaçava de se matar etc... o homem de terno, o homem da 'Moscou gagá'*, o contrarrevolucionário de boné".[4] Ele assinava sozinho um opúsculo intitulado *Certificat*, que dispensava o antigo amigo como um doméstico que serviu mal:

> A incoerência torna-se cálculo, a habilidade torna-se intriga. Aragon torna-se outra pessoa e sua lembrança não pode mais se ligar a mim. Tenho em minha defesa uma frase que, entre ele e mim, não tem mais o valor de troca que durante tanto tempo lhe empreguei, uma frase que guarda todo o seu sentido e que faz jus, em relação a ele como a tantos outros, a um pensamento que se tornou indigno de ser expressado: "Nem toda a água do mar bastaria para lavar uma mancha de sangue intelectual" (Lautréamont).

Aragon se consolou como pôde, e onde pôde melhor foi outra vez nos braços de seus novos amigos. Retornou a Moscou, onde ficou por quase um ano. Elsa Triolet traduzia *Viagem ao fim da noite*, de Céline, que dentro em pouco seria publicado em Moscou.

Quando regressou a Paris, Aragon entrou para o *L'Humanité*, onde ganhava salário de operário. Alguns meses depois, garantiu com Paul Nizan o posto de secretário de redação da revista *Commune*, órgão oficial da Associação dos Escritores e Artistas Revolucionários. Essa associação, patrocinada por Moscou, retomava uma ideia desenvolvida inicialmente, mas não levada a cabo, por André Breton. Este foi membro do gabinete da seção francesa até 1934. Foi dispensado do serviço pelo secretário-geral, Paul Vaillant-Couturier.

---

* Em 1924, dentro do cáustico panfleto surrealista *Un Cadavre*, endereçado ao recém-finado Anatole France, Aragon fizera inúmeras críticas a este literato, "saudado ao mesmo tempo pela toupeira Maurras e pela Moscou gagá". (N.T.)

Neste ano de 1935, a alguns dias da abertura do Congresso Internacional dos Escritores, Louis Aragon não trabalha mais no *L'Humanité*. Foi liberado dessa atividade para se dedicar à organização do congresso.

Na noite de 14 de junho, recebe um telefonema em horário tardio de Ilya Ehrenburg. Este pede uma reunião urgente do comitê organizador: uma medida deve ser adotada contra André Breton, que acaba de ofender gravemente um membro da delegação soviética.

– Quem? – pergunta Aragon.

– Eu – responde Ehrenburg.

A morte difícil

> Uma infusão no fogão; a janela bem fechada, abro a válvula do gás; esqueço de colocar o fósforo.
>
> René Crevel

A decisão do comitê organizador, reunido às pressas na casa de Elsa Triolet e Louis Aragon, cai no dia seguinte como uma bomba: André Breton foi riscado da lista dos oradores.

Essa medida o atinge menos do que a um de seus ex-tenentes, René Crevel, que trabalhara e até batalhara para que os surrealistas pudessem ter voz naquele congresso que reunirá artistas antifascistas do mundo inteiro. Crevel conseguira que um membro do grupo se expressasse livremente, sem qualquer censura por parte dos organizadores. Breton fora eleito pelos seus para representá-los.

Breton acabava de ser excluído.

Tudo precisava ser refeito.

Durante os poucos dias que lhe restam de vida, René Crevel vai se dedicar a reparar a tela rasgada. Será este seu último combate. O I Congresso Internacional dos Escritores pela Defesa da Cultura será aberto diante da morte trágica desse poeta que todos amavam e que dedicara os últimos meses de sua existência para erigir um edifício que ele não conhecerá.

René Crevel é um homem de 35 anos que preservou as maçãs do rosto e o olhar da infância. É lindíssimo. Fala com a língua presa. Conforme o descreve seu amigo Eugène Dabit, há "tanto frescor, generosidade, paixão nele; desgosto pelas coisas baixas, violências contra um mundo burguês...".[1]

É homossexual, um defeito tanto para os comunistas quanto para os surrealistas. Entretanto, ambos os grupos o aceitaram como é. Mesmo Breton nunca condenou uma tendência que continua sendo para ele inqualificável, já que Crevel introduziu nos surrealistas as sessões de sono, das quais se revelou o maior especialista, ao lado de Robert Desnos. Graças a faculdades mediúnicas excepcionais, ele provou ser capaz de adormecer em um piscar de olhos e depois, confinado em sua sonolência, pronunciar palavras que seus colegas sempre consideraram como da mais elevada poesia. Permaneceu solidário a Breton até o momento em que ingressou no Partido Comunista, do qual se retirou rapidamente. Ainda assim, uma vez que continuasse próximo dos dois movimentos, não tinha senão um desejo: reconciliá-los.

Crevel é muito ligado a Paul Éluard e a alguns dos sustentáculos do surrealismo. Escreve para a revista *Commune*, para *Monde*, o periódico de Barbusse, e milita na associação Secours Rouge, criada pelos comunistas, que presta apoio aos refugiados políticos. Considera-se um intelectual revolucionário e acredita que seu primeiro dever é combater o fascismo.

Quando Breton esbofeteia Ehrenburg, Crevel retorna da Espanha, onde visitou líderes socialistas. Infelizmente, precisou fazer um desvio em Davos, na Suíça, onde segue tratamentos regulares que supostamente o curariam de uma tuberculose endêmica que ele trata à custa de pneumotórax e frenicotomias. Desde a infância, Crevel padece dessa doença, que já corroeu um pulmão, ataca o outro e ameaça os rins.

Sua vida é uma corrida permanente entre melhoras, ataques, esperanças, prostrações. Ele parte para a Suíça abatido. Volta vibrante de energia. Ele se consome com os amigos, com o ópio, com um sonho de revolução.

Quando Crevel fica sabendo da ameaça que pesa sobre André Breton, está aguardando o resultado de exames decisivos.

Tenta inicialmente aplacar Ehrenburg. Debalde. O correspondente do *Izvestia* lhe oferece um argumento a seu ver irrefutável: a agressão física é um ato de caráter fascista, o congresso reunirá antifascistas, logo, aquele que utiliza argumentos fascistas não tem lugar entre eles... Crevel tenta em vão objetar que se pode acusar o surrealismo de muitos males, mas não de ser fascista ou antirrevolucionário, que uma reunião de artistas e escritores engajados que não contasse com os surrealistas perderia todo o valor. De nada adianta: Ilya Ehrenburg jura e assegura que, se André Breton aparecer na tribuna do Palais de la Mutualité, os representantes soviéticos vão se retirar.

Crevel dá meia-volta e vai bater à porta de Aragon. Esbarra em uma oposição semelhante. Insiste, alegando que o próprio escritor distribuiu tantos golpes, bofetões e argumentos de mesma natureza ao longo de sua louca vida surrealista que não pode considerar o gesto de Breton mais do que uma reação impulsiva a um ataque, no fundo vergonhoso, aplicado contra o movimento surrealista.

Aragon mantém sua posição.

Crevel envia Éluard, depois Valentine Hugo, para falar com Breton: poderia fazer algo para apaziguar a situação com os soviéticos?

Breton não protesta.

Crevel se encontra com Malraux, membro do comitê organizador, que responde que, como os soviéticos eram os ofendidos, caberia a eles a decisão. Crevel vai até a casa de Jean Cassou, membro do mesmo comitê, próximo dos comunistas e respeitado por eles devido a seu amor pela arte, sua aguçada inteligência e sua capacidade diplomática. Naquele dia, o doente recebe os resultados de seus últimos exames: a tuberculose atacou o rim. Não há mais melhora possível.

Em 18 de junho de 1935, na Closerie des Lilas, Cassou se encontra com os membros do comitê. Crevel está presente, bem como Tzara. Ilya Ehrenburg permanece intransigente: sem Breton no congresso. Essa teimosia ultrapassa, evidentemente, as questões pessoais. Para além das bofetadas e das humilhações das ruas, os organizadores do congresso estão encantados por ter descoberto um pretexto que lhes permita expulsar do evento esses surrealistas transgressores, trotskistas etc., que poderiam com certeza aproveitar a ocasião para denunciar o exílio nos montes Urais de um intelectual da oposição: Victor Serge.

Victor Lvovitch Kibaltchich, vulgo Victor Serge, é uma figura emblemática do movimento revolucionário. Nasceu em Bruxelas de pais russos antitsaristas, aderiu aos bolcheviques, de quem se afastou para se unir à oposição de esquerda. Foi trotskista, depois rompeu com "o Velho", a quem censurava por se calar perante o aniquilamento das tropas anarquistas de Makhno em Kronstadt.

Foi preso a primeira vez em 1928, por ter denunciado a exclusão dos membros da oposição – especialmente Bukharin e Rykov – das instâncias de liderança do Partido e por ter criticado a coletivização forçada e o totalitarismo stalinista. Graças a uma campanha eficaz conduzida por seus amigos parisienses, Victor Serge foi solto. Era conhecido na França por sua colaboração regular no jornal *Clarté*.

Durante alguns anos, Victor Serge viveu miseravelmente em Leningrado, em um apartamento comunitário de doze quartos para trinta pessoas: ele dividia um com sua mulher e seu filho, diante do olhar servil e escrutador de cerca de meia dúzia de espiões e delatores. Sobrevivia traduzindo obras de Lenin. Seu trabalho era verificado com cuidado por censores juramentados, cuja missão consistia em verificar que o transgressor não modificasse o pensamento de Vladimir Ilitch.

A repressão estava no auge. Sua mulher, traumatizada pela vigilância, pelas pressões, pelas tentativas de intimidação, enlouqueceu: foi preciso interná-la. Temendo desaparecer como tantos outros, Victor Serge escreveu a seus amigos parisienses, sobretudo a Magdeleine e Maurice Paz, pedindo-lhes para publicar uma carta-depoimento caso lhe ocorresse um "acidente".

Em 1933, nova prisão. Foi transferido de Leningrado a Moscou, trancafiado em uma solitária da Lubianka, saindo apenas para ser interrogado quando as luzes verdes dos corredores indicavam que não havia possibilidade de nenhum outro preso cruzar o caminho: os encontros eram proibidos.

Acusado de se corresponder regularmente com Andreu Nin, opositor trotskista de origem catalã, e com outros inimigos da revolução, Victor Serge não ignorava a sanção incorrida por esses atos, sempre qualificados de "espionagem": a morte.

Por sorte, escritor conhecido na França, evitou o pelotão de fuzilamento. Foi deportado para Oremburgo, às margens do rio Ural.

Antes de sua prisão, Victor Serge fazia contribuições regulares para a revista *Monde*. Depois, recebeu uma carta hipócrita do diretor, Henri Barbusse, em que este se desculpava por se ver obrigado a riscar seu nome do quadro de colaboradores do periódico.

Demonstrando mais generosidade, Romain Rolland, desde 1933, intervinha junto a Máximo Gorki para obter sua soltura: "O senhor não imagina o mal que esse caso provoca à URSS nos meios intelectuais [...] Por favor, tente resolver esse caso no mais breve espaço de tempo possível".[2] A que Máximo Gorki respondia que Victor Serge fora condenado a dois anos de exílio em Oremburgo e medida alguma possibilitaria a diminuição da pena: "Censuramos sua propaganda em favor do trotskismo; ora, esta assume formas cada vez mais falsas e contrarrevolucionárias".[3]

Victor Serge é, portanto, um inimigo da pátria do socialismo, que ele considera – já em 1935 – "um Estado totalitário, castocrático, absoluto, inebriado por seu poder, para o qual o homem não conta".[4]

Calar semelhante provocador representa, por consequência, um dever quase patriótico. Tarefa a que se emprega com resolução "o agitador-romancista faz-tudo Ehrenburg" – como o chama o próprio Victor Serge. Não é preciso dizer o quanto as bofetadas de Breton constituem uma sorte e uma dádiva.

Por essa razão, todas as tentativas de conciliação feitas por René Crevel fracassaram. Na noite de 18 de junho, está na porta da Closerie des Lilas, abatido, rodeado por Jean Cassou e Tristan Tzara. Ele não conseguiu reconciliar as duas grandes éticas de sua vida: comunismo e surrealismo.

Os três homens entram em um táxi. É quase meia-noite. Crevel desce na Place de la Concorde. Retorna a pé até sua casa, na Rue Nicolo, Passy. Tranca-se dando duas voltas com chave, escreve um bilhete que prende na manga. "Favor me incinerar. Desgosto."

Depois abre a válvula do gás.

Entrada de um gênio

> René Crevel nos oferece uma nova peça de confrontação: a rivalidade entre o clã surrealista hiperpassivo do automatismo total e a atitude solitária mas imperialista da atividade paranoico-crítica promovida jesuiticamente por Salvador Dalí.
>
> Salvador Dalí

No dia seguinte, pela manhã, o telefone toca na casa de René Crevel. Enquanto o pessoal dos primeiros socorros se desdobra, a faxineira pega o aparelho. Alguns instantes antes, ela dera o alerta. Ouve uma voz com sotaque de fora perguntar sobre René Crevel.

– O senhor é um de seus amigos?

– Sim.

– Então corra: ele não vai resistir.

Do outro lado da linha, Salvador Dalí desliga. A passos lentos, volta até a cozinha, onde Gala e David Gascoyne, poeta inglês amigo do casal, tomam o café da manhã.

– Crecre está à beira da morte – resmunga o pintor. – Estou saindo...

Pronuncia algumas palavras sem sentido colocando o terno. Gala corre para seu lado.

– Não chegue perto de Crecre... – murmura ela. – E de jeito nenhum o beije. Por causa da doença... A tuberculose é transmissível.

O pintor espanhol parte, para um táxi no fim da Rue Gauguet e vai rumo à Rue Nicolo. Quando chega, os bombeiros obstruem a escada. Dalí abre caminho até a maca sobre a qual René Crevel está estendido. “Com a gula de um bebê, René sugava o oxigênio.”[1]

René Crevel e Salvador Dalí estavam ligados pela amizade e pelo cimento surrealista. O comunismo era totalmente estranho à paleta do pintor. Até mais. Dalí havia acompanhado os esforços desesperados de seu amigo para que Breton fosse reintegrado à Associação dos Escritores e Artistas Revolucionários, cujo próprio nome, segundo ele, era uma sucessão de palavras que tinham "o mérito de não significar quase nada". Achava que a única obra digna "dessa associação de burocratas medíocres" era uma conclusão em forma de moção que tivesse celebrado "o lirismo poético irresistível" do olhar e das "costas rechonchudas" do chanceler Hitler.[2]

Nem mais nem menos.

Dalí estava se lixando para o congresso como se lixava para tudo, exceções feitas a Gala, a si mesmo e, durante algumas horas, a René Crevel. Como este fosse passar temporadas com frequência em Port Lligat, refúgio espanhol do pintor, Dalí podia imaginar – e escrever – que o poeta nunca estivera melhor do que naquele lugar em que a obra genial do anfitrião tirara-o da espuma dos dias ruins. Na casa de Dalí, segundo Dalí, Crevel vivera como Dalí, isto é, no melhor. Ele não havia ficado nas sedas do paraíso daliniano, contemplando as notáveis obras do não menos indispensável Dalí ou, a rigor, admirando o olhar lançado sobre a obra do extraordinário Dalí por sua maravilhosa deusa Elena Dimitrievna Diakonova, vulgo Gala? A qual, segundo as más línguas, só chorou uma vez: no dia da morte de René Crevel. O que não a impediu, enquanto os bombeiros levavam o amigo deles para o hospital Boucicaut, de passar para cumprimentar os Noailles e, em seguida, após pegar seu Amor pelo braço, levá-lo para os lados dos *grands boulevards*, onde passava um filme sobre Frankenstein.

O DIVINO DALÍ

> Ó, Salvador Dalí de voz olivácea, digo o que me dizem tua pessoa e tua obra. Mais que teu imperfeito pincel adolescente. Louvo a direção tão firme de tuas flechas.
>
> FEDERICO GARCÍA LORCA

Nestes anos em que a vida de artista gira como um pião ao redor de Moscou, Salvador Dalí permanece fiel ao único centro de gravidade que nunca perdeu de vista. Prosseguindo seu incansável combate contra um obscurantismo cada dia um pouco menos teimoso, ganhando com o decorrer do tempo um terreno que prometeu a si mesmo conquistar e depois manter, o pintor batalha com tanta força e constância quanto os antifascistas do mundo inteiro empregam energia para lutar contra o nazismo.

Simplesmente, marcha por outro ideal que, a seus olhos, vale por todos os outros, quando não vale mais.

Esta causa, a mais nobre entre todas, nasceu em 11 de maio de 1904, às 8h45, em um pequeno apartamento de Figueras, província da Catalunha, Espanha. De fato, em tal data e tal lugar, dona Felipa Dome Domenech, esposa de don Salvador Dalí y Cusi, deu à luz o citado Salvador Felipe Jacinto Dalí. Desde esse dia, a criança que foi crescendo não deixou mais de lutar, disputar, batalhar, combater para converter o mundo a si.

Bem cedo, demonstrou vocação. Esta se revelou desde sua mais tenra idade pelos cocozinhos que o querubim deixava aqui e ali pela casa da família, debaixo dos armários, nos baús, atrás das portas... Em todo canto, menos nos lugares previstos para aquilo, exceção feita à cama, em que os lençóis – molhados, é claro – faziam as vezes de embrulhos a essas ternas manifestações de uma infância mimada.

Mais tarde, na escola, o pequeno Salvador desenvolveu um pânico histérico em relação aos gafanhotos. Tanto berrava, e com tanta facilidade rolava para debaixo das mesas, que seus professores exigiram que seus amigos nunca mais mostrassem o menor ortóptero para ele. “Inseto imundo! Pesadelo, martírio e loucura alucinante da vida de Salvador Dalí”, escreveria muitos anos depois.[1]

A escola era a de Figueras, frequentada por pequenos pés-rapados desconfiados daquele filho de tabelião que chegava na classe vestido com um terno marinho bordado a ouro, os cabelos cuidadosamente penteados e perfumados, assoando o nariz em lenço de renda, apoiando-se a uma bengala com um castão de prata e que bebia chocolate derramado com delicadeza de uma garrafa gravada com suas iniciais. Daí nasceu uma megalomania doentia que o personagem devia cultivar à perfeição. “Como não me consideraria completamente excepcional, precioso e delicado, eu, o menino rico, no meio daqueles garotos em farrapos que me cercavam?”[2]

Claro...

Aos seis anos, Salvador Dalí queria ser cozinheiro. Aos oito, Napoleão. Aos doze, quis ser Salvador Dalí.

Fazem para ele um lugar no último andar da casa da família, na lavanderia. Essa peça se torna seu ateliê. Ali, pinta seus primeiros quadros, que julga admiráveis. Tanto quanto o rosto que compôs pouco antes da puberdade: os cabelos compridos como os de uma moça; os lábios vermelhos graças a ligeiras mordidas; o olhar melancólico, como o autorretrato de Rafael; costeletas; as sobrancelhas escuras e as faces cobertas de pó graças à maquiagem da mamãe.

Passeava assim pelas ruas, caminhando com orgulho para a adolescência.

Descobriu que era adulto em um dia de banho, à beira-mar. Nu ao sol, secava-se quando, oh, estupor, oh, magnificência, avistou um pelo que traçara seu caminho ao longo da senda do seu corpo. Ele o arrancou, fez um anel e um monóculo, depois visualizou o universo através dele. Como o universo fosse uma forma não acabada dele mesmo, era normal que abandonasse uma paisagem imperfeita para se dedicar outra vez ao maravilhoso espetáculo da irrupção de sua força vital.

Na primeira vez, ficou decepcionado. Na segunda, prometeu que seria a última. Na terceira, recomeçou quase em seguida. Depois, quis espaçar a frequência dos exercícios. "Quanto mais eu esperava, melhor era, o próprio ato duplicava as mais agradáveis vertigens."[3] Enfim, depois de ter alcançado uma cadência quadrissemanal, indisciplinou-se apenas por um domingo. Aquilo não durou. Houve muitos domingos na semana. Logo, o hábito foi adotado. A sexualidade de Salvador Dalí encontrara seu campo mais fértil. Ela se desenvolverá ao longo dos anos de acordo com esta fórmula exclusiva e narcisista em perfeita harmonia com a pessoa: onanismo e amor-próprio.

Dalí, homem de inteligência e cultura, analisará melhor do que ninguém o porquê e o como de uma megalomania beirando a inverossimilhança – e a edificação do mito. Na verdade, ele não era Salvador Dalí I, e sim Salvador Dalí II. Um irmão nascera antes dele, também chamado Salvador, mas não sobreviveu. Seus pais falavam dele sem cessar. Era como uma cópia falecida, um rascunho do gênio a vir, o qual carregaria sempre a culpa de não ser esse irmão morto com o qual não dividiria nada além do nome. Muito cedo, Dalí experimentou a necessidade de se afirmar a fim de suplantar a lembrança de uma fraternidade que pesava como chumbo. Ele explicou as extravagâncias cometidas durante sua vida pela necessidade frenética que tivera de se provar que não era a criança morta que tanto pesara sobre o destino de seus pais – e sobre o seu –, mas aquela que vivia. A existência dessa sombra indelével e uma imensa timidez conduziram o menino, depois o adolescente, o homem maduro e o velho, a usar de todos os meios possíveis para demonstrar que estava vivo, ali, e era perfeitamente único. Tratava-se de se afirmar contra tudo e todos, testemunhar uma diferença notável, dizer preto quando propunham branco, cuspir diante de quem se inclinava respeitosamente. "Repetia-me sem parar: Só eu! Só eu!"

Aos dezesseis anos, aluno do colégio dos irmãos maristas de Figueras, Dalí se atira do alto de uma escadaria apenas pelo prazer de se exibir para os amigos. A operação dá tão certo que ele recomeça. Fica com roxos, galos, mas vira herói. Na terceira vez, desiste de saltar.

> Meu rosto estava iluminado do alto por mil clarões de apoteose. Em um silêncio mortal, desci a escadaria, degrau a degrau, sob os olhares fascinados de meus colegas, que haviam interrompido suas brincadeiras. Não teria trocado meu personagem pelo de nenhum deus.[4]

Em 1921, Dalí troca a Catalunha pelas Belas-Artes de Madri. Mora na Casa de Estudantes, que oferece um ensino liberal reservado à elite do país: nem a Igreja nem o Estado podem dar palpite no programa dispensado aos alunos. Estes são todos filhos da burguesia esclarecida. Entre eles: o poeta Federico García Lorca e o futuro cineasta Luis Buñuel.

García Lorca é um jovem brilhante, elegante, de uma presença magnética, incrivelmente atraente. Filho de um proprietário de terras rico, vive na moleza, o que não o impede de se preocupar com as condições sociais de seu entorno. Devido a uma doença contraída na infância, conservou uma saúde frágil e um leve mancar. A perspectiva da morte apavora-o. Algumas vezes, sob o olhar incrédulo mas fascinado dos amigos, encena o espetáculo de seus últimos instantes.

> Ele dançava uma espécie de balé horizontal que representava os movimentos sacudidos de seu corpo durante o enterro, quando o caixão desceria certa encosta abrupta de Granada. Em seguida, ele nos mostrava como estaria seu rosto alguns dias depois de sua morte. E seus traços, que normalmente não eram belos, aureolavam-se de repente de uma beleza desconhecida.[5]

Na Casa de Estudantes, o quarto de Lorca está sempre cheio. Lá conversam sobre pintura, literatura, filosofia. Lorca lê seus poemas, canta tocando piano ou violão. Buñuel lhe responde. Ele deslumbra o amigo por sua força física e seu amor pelo esporte: cada manhã, faça chuva ou faça sol, entrega-se a exercícios em que ninguém consegue acompanhá-lo. É apaixonado por jazz, piadista inveterado, grande amante de bordéis, mas também, paradoxalmente em relação aos laços que o unem a Lorca, inimigo declarado dos homossexuais: ele não hesita em bater naqueles que se exibem como tais.

Entretanto, os dois amigos não se desgrudam. "De todos os seres vivos que conheci, Federico é o melhor. Não falo nem de seu teatro nem de sua poesia, falo dele. A obra-prima era ele. [...] Ele tinha a paixão, a alegria, a juventude. Era como uma chama", escreverá o cineasta.[6]

Lorca e Buñuel são os líderes reconhecidos mas não nomeados da Casa de Estudantes.

Quando Dalí se apresenta, dois anos depois da chegada deles, é cooptado pelo grupo. Tanto pela qualidade de sua pintura, que espanta seus companheiros, quanto pelo amor imoderado que em pouco tempo Lorca lhe dedica. Os dois artistas descobrem alguns pontos em comum, sendo que um dos principais é o embaraço que ambos experimentam no que diz respeito a uma sexualidade tumultuada. O jovem catalão leu Nietzsche, Voltaire, Kant, Spinoza, o que não desagrada o poeta. Enfim, ele demonstra uma recusa das normas que satisfaz ao gosto desses anarquistas de apartamento. "Eu era contra tudo por princípio."[7]

Essa amizade há de exasperar Buñuel. O ciúme vai levá-lo a escrever palavras indelicadas quanto à homossexualidade do pudico Lorca.

Os jovens saem em grupos, escutam jazz e bebem champanhe. Dalí banca o dândi. Usa gravatas vivas, perneiras, os cabelos compridos e sujos, luzindo de brilhantina e laca de pintura. Nos dias de chuva, protege-se com uma capa impermeável e um chapéu de feltro negro. Tamanha extravagância fascina os amigos. Todavia, ele a abandona no dia em que entra em um salão de chá de Madri: acaba de esbarrar com mulheres elegantes da cidade e quer seduzi-las. "O que é uma mulher elegante? É uma mulher que o despreza e não tem pelos debaixo dos braços."[8] O rapaz descobre, maravilhado, as axilas lisas, levemente azuladas: elas parecem encarnar o auge da perversidade. Logo decide adaptar sua aparência àquela das grandes burguesas de quem deseja se aproximar.

Primeiro vai ao barbeiro reduzir a cabeleira. Depois, cruza a porta do Ritz, esperando encontrar um cabeleireiro digno desse nome para terminar seu novo corte. Porém, é tomado pela angústia. Faz uma parada no bar e pede um coquetel. Depois, outro. Com a ajuda do álcool, acalma-se e dentro em pouco esquece por que estava ali. Ainda mais porque uma mulher o encara. Trata-se de uma dessas damas elegantes das quais ele prometeu a si mesmo se aproximar. Ela veste casaco de pele e um chapéu multicolorido. Sem dúvida tem as axilas azuladas.

A desconhecida senta-se ao balcão e pede um copo. Seu olhar não desgruda do estranho rapaz sentado a alguns metros. O próprio barman observa com interesse seu cliente. Cabe dizer que o comportamento de Dalí é bastante notável: molhando o dedo indicador no copo, tenta recuperar um cabelo branco que caiu no álcool. Resultado: corta-se. O sangue corre. A fim de não sujar o balcão de zinco, ele volta a mergulhar a falange no líquido. Este se torna vermelho. Logo uma ideia daliniana nasce no cérebro tão genial do estudante. Do bolso, tira uma nota de 25 pesetas e a estende ao garçom. Este lhe dá o troco: 22 pesetas.

– Pode ficar – profere Dalí.

O barman embolsa.

– Posso pegar uma destas cerejas? – pergunta o rapaz, apontando para um pires com frutas cristalizadas.

Serve-se e coloca uma nova cédula de 25 pesetas no balcão.

– É por conta da casa! – exclama o barman.

– Está fora de cogitação.

A nota desaparece no bolso do garçom.

Dalí se vira para a moça e pergunta se ela aceitaria dar uma das cerejas que decoram seu chapéu. Ela baixa a cabeça, ele pega. A seguir, em um passe de mágica, ajusta a cereja cristalizada à outra, apanha um canudo com o qual retira um pouco do chantilly da cliente, coloca-o sobre as frutas, depois estas no coquetel avermelhado por seu sangue, o copo sobre o balcão, diante do barman embasbacado.

– Aqui está uma nova receita. Prove e me diga o que acha.

Por fim, o rapaz salta de seu lugar e deixa o Ritz. Apreciação: "Eu era fenomenal. Eu era fenomenal...".[9]

Ele corre até o melhor alfaiate de Madri, compra o terno mais caro e se apresenta na aula do dia seguinte em um traje que deixa seus colegas de boca aberta: camisa de seda azul-celeste e botões de manga em safira. Já sua nova cabeleira está coberta com uma rede e tão bem lustrada de verniz de quadro que, quando alguém bate em cima, ela emite um som metálico. Para se desfazer disso, o artista precisará mergulhar a cabeça em um banho de essência de terebintina...

Afora isso, Salvador Dalí não poderia estar melhor. Satisfeito com sua originalidade, contente com seu status, orgulhoso de suas palavras, suas opiniões e sua vida interior, também está feliz de pintar como um gênio. O universo irradia tão bem ao seu redor que ele lhe lança algumas piscadelas cúmplices, de igual para igual. Por exemplo, como se preparasse para passar em um concurso de Belas-Artes de Madri, anuncia a seus camaradas que não apenas terá êxito na prova, como também o terá sem que seus pincéis nem sequer toquem a tela. Quando chega o dia, o divino Dalí (como chamará a si mesmo) dispõe seu material a um metro da tela e projeta salpicos de tinta que criam uma magnífica obra pontilhista: uma mulher nua que lhe vale os votos do júri.

No ano seguinte, o Mestre (como em breve será chamado) apresenta-se em uma prova oral de um novo exame. Três professores compõem a banca. O candidato Dalí tira uma questão ao acaso. A resposta é tão fácil que ele se recusa a dá-la aos três jurados.

– Sou muito mais inteligente do que os senhores – declara com toda modéstia – e não acho que estejam habilitados a me julgar.

Nesta época, passa seus dias no Museu do Prado. Descobriu Goya, Velázquez, Rafael, Leonardo da Vinci, Hieronymus Bosch (que o ajudará a definir uma arte ligada aos sonhos e ao subconsciente). Renunciou à pintura impressionista e reaproximou-se dos cubistas, sobretudo de Gris, que considera então o melhor dos pintores dessa escola. Adora Chirico, cuja grande influência reconhecerá mais tarde. Contudo, se aceita a ascendência dos outros, é para se desfazer dela em seguida: "Eu me rebelo imediatamente contra a influência. Eu a devoro, a modifico, e disso nasce todo o contrário".[10]

Não aprecia Matisse, que considera a última consequência da Revolução Francesa. "Se me dizem que as cores de Matisse são complementares, eu poderia dizer que, de fato, não deixam de fazer outra coisa além de cumprimentarem-se."[11]

Adora as vanguardas. Por essa razão, no seu grupo de amigos, sente-se mais próximo de Buñuel do que de Lorca: o primeiro é um revoltado cúmplice dos surrealistas, que não hesita em entrar na briga, os punhos estendidos; antes de sua partida a Paris, romperá com o segundo, censurando-o de estar muito afastado da novidade, do escândalo e da provocação.

Entretanto, Salvador Dalí adora os clássicos. O maior é Vermeer. Em um "quadro comparativo dos valores segundo uma análise daliniana", dará a esse pintor as melhores notas: 20 em técnica, 20 em inspiração, 20 em cores, 20 para o tema, 20 para o gênio, 20 em composição, 19 para a originalidade, 20 para o mistério e 20 para a autenticidade. Em seguida, vinham Velázquez, Rafael e Da Vinci. Mondrian é o último, e Manet, o penúltimo. Na sua autoavaliação, Dalí fica na média com 12 em técnica, 17 em inspiração, 10 em cores, 17 para o tema, 19 para o gênio, 18 em composição, 17 para a originalidade, 19 para o mistério e também para a autenticidade. Já seu compatriota Picasso recebe 9 em técnica, 19 em inspiração, 9 em cores, 18 para o tema, 20 para o gênio, 16 em composição, 7 para a originalidade, 2 para o mistério e 7 para a autenticidade.

Dalí vai conhecer Picasso em 1926, durante sua primeira estadia em Paris. Todavia, o pintor catalão não será o objeto da curiosidade dominante do recém-chegado. Paris está ali, brilhando com todas as suas luzes.

Paris, à véspera dos anos 30, permanece a capital mundial de todas as artes. Impressionismo, cubismo, simbolismo, surrealismo... As vanguardas nasceram ali, entre Montmartre e Montparnasse. Passaram Poulbot, Utrillo, os imigrantes do Bateau-Lavoir, os piadistas do Lapin Agile, a casa de artistas Ruche e a Escola de Paris, as gravatas de madeira de Vlaminck, os chapéus de Braque, os macacões azuis dos espanhóis... No limiar da Primeira Guerra Mundial, todas as nações se encontraram de um lado e de outro do Sena.

Quando Dalí descobre a cidade, os pintores boêmios haviam enriquecido. Os melhores, entre os maiores, faleceram. Alfred Jarry não dispara mais seu revólver nos espelhos da Closerie des Lilas, Guillaume Apollinaire já não vive mais para comparar os méritos dos banheiros do Dôme e da Rotonde, Amedeo Modigliani não faz mais desenhos para trocar por Picon-bière*...** Ainda assim, os cafés se mantêm cheios, e a festa continua. Os norte-americanos encontram na Europa a alegria de viver de que a Lei Seca os privou. Os russos aplaudem Diaghilev e suas glórias. Artistas de todas as nações cobrem as calçadas.

Assim que desembarca em Paris, a primeira coisa que Salvador Dalí faz é chamar um táxi para ir a um bordel. Visita os melhores e escolhe o Chabanais, cuja decoração o seduz. Em compensação, as moças não despertam seu interesse: muito vulgares, não fantasiosas o bastante.

Passeia em seguida pelas ruas em que circulam as prostitutas, mas não sobe com nenhuma. Acaba se vendo sozinho em um quarto de hotel, ocupado em uma de suas atividades preferidas: a cabeça nas nuvens, a mão direita em ação.

Depois, esbarra com Joan Miró. Graças a ele, conhece

* Marca de um bíter que se bebe com cerveja. (N.T.)

** Ver *Paris boêmia*, *op. cit.*

Camille Goemans, um marchand belga que faz um contrato com Dalí e se encarrega de organizar uma primeira exposição das obras do artista em Paris. Certo dia, Miró anuncia a seu protegido que organizou um jantar com Magritte. Que sorte! À noite, Dalí encontra Miró em seu ateliê. Está muito excitado com a ideia de conhecer um artista tão importante como Magritte. Quando batem à porta, contém-se para não se jogar nos braços do pintor belga. A decepção é cruel quando Miró abre a porta para uma moça magra, perfeitamente inadequada à imaginação erótica do rapaz espanhol. Esperava Magritte, conheceu Marguerite: um simples erro de pronúncia, carregado de desilusões...

Por sorte, teve Picasso.

Na época do encontro, o pintor catalão deixara havia muito o caldeirão do Bateau-Lavoir, onde elaborara sobretudo esta obra-prima legada ao século: *Les Demoiselles d'Avignon*. Após ter criado o cubismo com Georges Braque, afastara-se para seguir seu caminho pessoal.

Em Barcelona, Picasso notara uma obra de Dalí. Falara a respeito com seu marchand, que contatara o pintor sem nunca receber resposta.

Em Paris, um cubista espanhol, Manuel Angelo Ortiz, apresentou os dois homens. Dalí apareceu certa manhã na Rue La Boétie, onde vivia seu ilustre compatriota.

– Resolvi passar em sua casa antes de visitar o Louvre.

– Fez bem – respondeu Picasso.[12]

Dalí havia levado um pequeno quadro que o outro observou em silêncio durante uns quinze minutos. A seguir, levou seu convidado ao primeiro andar, onde, por sua vez, mostrou-lhe algumas telas. Os dois espanhóis se despediram pouco depois, trocando uma palavra cúmplice.

Nos anos que se seguiriam, Picasso se revelou um verdadeiro apoio para Dalí. Deu-lhe dinheiro e conseguiu diversos pedidos que ajudaram seu jovem compatriota no momento em que este, ainda desconhecido dos mecenas e dos marchands, dava seus primeiros passos na Paris dos artistas. Picasso se mostrou muito mais generoso para com

Dalí do que fora com outro artista espanhol: Juan Gris. No entanto, quinze anos depois de ter deixado o Bateau-Lavoir, ele ocupava um lugar que ninguém poderia mais lhe tirar, de modo que, libertado do temor de uma possível sombra, sabia agora estender e abrir a mão.

Quanto a Dalí, considerava que Picasso rompera com a tradição, invertera a perspectiva, perturbara a composição e o tratamento das cores. Considerava-o um gênio, "mas um gênio negativo".[13] Voltando atrás em uma opinião antiga que dava a Gris a autoridade sobre o cubismo e depois de balançar muito a respeito de sua opinião artística quanto a Picasso, admite finalmente que seu compatriota era o único verdadeiro pintor cubista por uma razão ao menos: "Ele sempre teve a ambição de fazer hologramas".[14]

As voltas do julgamento de Dalí sobre Picasso, suas idas e vindas entre o reconhecimento de seu gênio e a crítica de seu trabalho vêm em grande parte da sujeição na qual o mais moço se via diante do mais velho. Considerava-o como o segundo Guilherme Tell de sua vida, sendo o primeiro, evidentemente, seu pai. Dalí projetou em Picasso a imagem paterna. Havia mil razões para tanto, a maioria ligada a questões de status, trabalho, diferença de idade, autoridade. Houve uma outra, logo considerada por Dalí como a mais importante.

Certo dia, encontrava-se na casa de Picasso. Gala, que foi a única mulher de sua vida, acompanhava-o. Picasso mostrou uma tela à moça. Esta se abaixou para apanhá-la. Picasso se aproximou e exclamou:

– Nós temos um sinal igual.

Ele se inclinou e mostrou um sinal que Gala tinha no lóbulo da orelha esquerda. Para Dalí, esse sinal sempre fora a representação simbólica de seu pai. Dalí se aproximou por sua vez, observou a orelha de Picasso e apalpou os dois sinais. Eram, de fato, iguais em todos os sentidos. No toque, mas também na cor – verde-oliva – e na textura. Desde então, todas as manhãs ao despertar, e isso durante cerca de meio século, cada vez que Salvador Dalí tocava no sinal de Gala, com a língua ou com o dedo, pensava primeiro em seu pai, em seguida em Picasso e por fim em si mesmo.

GALA

> Minha boca nunca pôde deixar os teus olhos.
>
> PAUL ÉLUARD

Gala Dalí. Uma musa cantada pelos poetas com tanta impudência amorosa quanto Elsa, de Aragon.

Foram dois a venerá-la, talvez três: Paul Éluard, Max Ernst, Salvador Dalí. E tantos, talvez mais, a odiá-la.

Ela se chama Elena Dimitrievna Diakonova. É russa. Morena, o olhar decidido, um rosto mais interessante do que belo, uma soberba nos traços.

Aos dezoito anos, conhece Eugène Grindel em Clavadel, perto de Davos, na Suíça, onde os dois jovens tratam uma tuberculose crônica nesse sanatório que também abrigará René Crevel.

Eugène Grindel é Paul Éluard, filho de uma costureira e de um contador que se tornou investidor imobiliário. Fica perdidamente apaixonado por Elena, decide que ela vai se chamar Gala e se tornar sua esposa.

Com o fim dos tratamentos, Gala volta para a Rússia, e Paul parte para a guerra. Porém, como o amor zomba das fronteiras, reencontram-se em Paris e casam-se em 1917. No religioso, porque Gala assim queria.

No mês de maio do ano seguinte, têm uma filha: Cécile. Seu pai trabalha com seu avô. A mãe também aproveita as riquezas da família do esposo: a criadagem cuida das lides domésticas, enquanto ela, da pele, das mãos e da alma.

Quando o marido se une à bandeira surrealista, ela o segue na ponta dos pés. Jamais gozará da aura de Simone Kahn, que se tornou Simone Breton, ou daquela da prima desta, Denise Lévy, que será a Bérénice de *Aurélien* e o amor mais ou menos secreto não apenas de Aragon como também de Char, de Breton e, provavelmente, do próprio Éluard.

Ao contrário de Simone e Denise, Gala participa pouco das experiências e dos jogos surrealistas. Philippe Soupault, que a detesta, não a desejaria por lá, e Breton iria se mostrar reticente: não gosta dela muito mais do que sua esposa, que a execra suavemente.

Em 1921, enquanto o casal Breton parte para Viena a fim de encontrar Freud, os Éluard vão para Colônia, onde são esperados por um pintor que, por razões pós-guerra, não pode ir à França: três anos depois da carnificina de 1914, os alemães ainda são considerados inimigos.

Entre Paul, Gala e Max Ernst é amor à primeira vista. Artística, amorosa, fisicamente... Os dois homens se unem como irmãos, e Gala se torna o fiel da balança. Um e outro, um depois outro. Os versos do primeiro, as cores do segundo. A fragilidade do poeta, a robustez, os olhos azuis, o cabelo loiro do pintor.

Graças ao passaporte de Éluard, complacentemente emprestado ao terceiro da relação, Max Ernst logo vai a Paris. Paul lhe oferece um lugar à mesa dos surrealistas, e outro na cama de Gala. Os três vivem juntos em Eaubonne, em uma mansão comprada pelos vizinhos: os pais de Éluard. Grindel pai vê com péssimos olhos o mau comportamento do filho: não só divide a esposa com um suposto amigo, como ainda por cima modifica todo o último andar da mansão para oferecer um ateliê digno desse nome ao ladrão!

André Breton e outros surrealistas que vieram fazer uma visita para admirar os afrescos de Max Ernst também desaprovam – mas sem comentar muito – o ménage. Breton, por princípio. Seus amigos porque os problemas de consciência que Gala expõe publicamente acabam cansando os mais aguerridos dos poetas. Todos entendem que seu coração possa balançar entre os dois homens, mas gostariam que as revelações ficassem limitadas a Eaubonne. Ainda mais porque o idílio talvez não seja tão harmonioso como os participantes o descrevem. Éluard, em especial, sofre por ser rejeitado em um dia e chamado no outro.

Em 1924, provavelmente extenuado por essa situação e por um trabalho sem interesse que realiza ao lado do pai, o poeta some. Ninguém sabe onde encontrá-lo. Após seis meses de ausência, Gala vende parte da coleção do marido – Braque, Chirico, Derain, Gris, Picasso, Marie Laurencin – e viaja em companhia de Max Ernst para reencontrar Paul Éluard, que, depois de visitar o Taiti, a Austrália e Singapura, está em Saigon. Os três acabam a viagem juntos. Quando retornam, sete meses após a partida do poeta, o trio se separa. Max Ernst deixa a mansão de Eaubonne. Um ano depois, casa-se com Marie-Berthe Aurenche (que será a última companheira de Soutine) e lança seu punho fechado no rosto do antigo amigo, quando este com furor defende Gala, brutalmente criticada pela esposa do pintor. O episódio ocorre na casa de André Breton. Éluard fica com um olho roxo e passa a devotar um ódio inextinguível a Max: "Meu melhor amigo me bateu, me desfigurou", escreve a Gala. "Meu amigo é pouco, você sabe bem. Eis aí por que o porco faz boxe [...] Não tornarei a ver Max. NUNCA."[1]

A desavença não vai durar mais de um ano.

Com a retomada do curso normal da vida, os Éluard aborrecem-se com preguiça dentro de casa. O poeta não trabalha mais, tendo herdado uma grande fortuna de seu pai. Gala procura mancebos loiros para levá-los para sua cama. Paul faz vista grossa, ele que, nessa matéria, também se entrega copiosamente. Chega a relatar suas aventuras àquela que continua a mulher de sua vida e o objeto de seus mais belos fantasmas. Único problema: ele sofre quando ela não lhe demonstra bastante interesse. Porque, para além dos lastros eróticos que ele pode seguir ali ou acolá, na França, na Alemanha ou em outro lugar, Gala gravou nele uma marca de ferro que continua e continuará indelével: "Aceito ter aventuras, mas não ser privado de ti, a perfeição do amor, da mulher, a este ponto [...] Sinto tua falta o tempo todo. Assombras tudo o que faço. Tua presença em mim é soberba".

O poeta vende enfim a casa de Eaubonne e aluga um apartamento em Montmartre. Prepara-o com amor para sua musa. Vê muito René Crevel, seu pobre companheiro de sanatório. Até que, em um fim de tarde de 1929, no Bal Tabarin, em Paris, tem um encontro que vai causar uma reviravolta em sua vida. Ele dança com sua amante do dia. Um marchand se aproxima e, no fim da dança, arrasta o poeta até um homem jovem e longilíneo, de pele trigueira e cabelos cobertos de gel. Ele está apenas de passagem. Tem poucos amigos. Aborrece-se. O marchand avistara-o alguns minutos antes, no Jardim do Luxemburgo: o rapaz chorava sozinho em um banco.

– Você faz o quê? – pergunta Éluard.

– Pintura.

– Vive disso?

– Normalmente caminho com uma tela debaixo do braço, pronto para vendê-la. Outro dia, um sujeito que com certeza você conhece me comprou uma. Ele se chama Robert Desnos.

– E quem é você? – pergunta o poeta.

– Salvador Dalí.

Gala estava na Suíça. Éluard e Dalí beberam champanhe a noite toda. Ao amanhecer, o espanhol convidou o francês a passar as férias em sua casa. Com sua mulher.

Amor à primeira vista

> Os acontecimentos mais importantes que possam ocorrer a um pintor contemporâneo são dois:
> 1º Ser espanhol; 2º Chamar-se Gala Salvador Dalí.
> Essas duas coisas aconteceram comigo.
>
> Salvador Dalí

Em Cadaqués, durante este verão de 1929, Dalí inaugurou uma nova maneira de pintar: espera diante de sua tela, às vezes durante horas, até o momento em que imagens nascidas de seu subconsciente surjam. Só então apanha seus pincéis.

Ele os guarda para encontrar seus convidados, que vieram vê-lo na casa de seu pai: Camille Goemans, o marchand de quadros que lhe apresentou Miró, Luis Buñuel, Magritte e sua esposa, Paul, Gala e Cécile Éluard. Estes vêm dos Alpes, onde passaram um tempo com René Crevel.

No primeiro dia, Dalí veste calça branca, camisa de seda, um par de alpargatas e um colar de pérolas falsas. Ri o tempo todo. Os outros não entendem: por qualquer coisa, o anfitrião cai na gargalhada, rola no chão, pede Pernod e recomeça em uma sequência de risos aparentemente sem fim. Quando lhe perguntam a razão de tanta graça, explica que inventou um pássaro porta-caca; que vê todos eles com uma coruja pendurada acima da cabeça e, sobre a cabeça da coruja, há um excremento.

– Não um qualquer! Um meu!

Eles encaram-no contrariados. Em uma tela que acaba de pintar, *O jogo lúgubre*, os visitantes notaram um detalhe que os chocou: um homem jovem (que poderia ser o próprio pintor) usa uma cueca samba-canção suja. Salvador Dalí seria coprófago?

Talvez sim, talvez não. Em todo caso, prometem para si mesmos colocar a ele a questão. Contudo, desde já, sabem o quanto a merda vale para Salvador Dalí. Todas as manhãs, religiosamente, quinze minutos depois de terminar seu café da manhã, o pintor vai "ao toalete". Ali, observa-se e cheira-se. Com o passar dos anos, a situação vai se estabilizar tão bem que um pouco de papel perfumado e uma flor de jasmim colocada atrás da orelha triunfarão sobre todos os cheiros. Sentado na privada, o penitente vai se abandonar a uma "continuidade quase fluida" ou soltará "um peido bem demorado, bem demorado mesmo, e, verdade seja dita, melodioso", que o fará pensar em Montaigne. Mas na juventude, na época em que seus convidados se deparam com *O jogo lúgubre*, a caca do artista permanece pouco recomendável: "Era a inominável ignomínia pestilenta, descontínua, espasmódica, salpicante, convulsiva, infernal, ditirâmbica, existencialista, cáustica e sanguinária".[1]

Pobre Gala!

No segundo dia, Dalí deve se encontrar com os amigos na praia. Desde a véspera, não pensa senão nessa mulher jovem, arrogante e desdenhosa com quem cruzou o olhar. Como seduzi-la?

Segundo o próprio, ele imagina tudo, absolutamente tudo. Primeiro, coloca em suas orelhas os brincos de sua irmã. Livra-se deles, considerando que prejudicam sua coqueteria e o atrapalhariam na hora de tomar banho. Apanha sua mais bela camisa e corta-a de modo grosseiro para que lhe chegue ao umbigo. Depois rasga a peça à altura do ombro e na frente, de modo que seus irregulares pelos escuros realcem o belo mamilo escuro. Em seguida, corta a gola, vira a cueca samba-canção do avesso e a coloca. Observa-se assim no espelho e admira esse ar de artista exótico. Em uma situação normal, a sra. Éluard deveria sucumbir. Mesmo que fosse possível fazer melhor.

O pintor das ilhas apanha uma lâmina e raspa as axilas. Pensará naquelas burguesas chiques que tomam chá nos salões madrilenos? Não exatamente: o azul não está perfeito.

Fabrica então uma mistura à base de sabão em pó e cobre os sovacos. Nada mau. Pouco comum. Como a sra. Éluard poderia resistir a esse toque de cor tão delicado?

Infelizmente, o artista corporal esquecera as glândulas sudoríparas. Quando entram em ação, o lindo azul escorre, corre e se espalha. Que catástrofe! O corpo inteiro fica decorado com faixas azuladas gotejantes. É preciso recomeçar tudo.

Após uma primeira pré-lavagem, o sedutor percebe que, uma vez lavadas do azul que as enfeitava, as axilas tornam-se rosas. Nada de mais. Vermelho seria mais notável. Pega outra vez a lâmina e passa uma segunda camada. Vitória! O sangue forma lindas nuances! Basta espalhar por todo o corpo, esperar a coagulação, colocar um gerânio vermelho atrás da orelha e apresentar-se daquele jeito diante da sra. Éluard para que ela perca os sentidos.

Agora é só aguardar que seque.

O pintor senta-se em um banco. Então, de imediato, se levanta. "Atenção, Dalí acaba de se levantar bruscamente com uma ideia genial na cabeça."[2] Falta um perfume.

Em um piscar de olhos, o Divino Mestre acende um fogão e ferve a cola de peixe misturada à água. Depois, corre para os fundos da casa, abre um saco no qual excrementos de cabra estão armazenados, pega um punhado, volta ao ateliê, joga no caldeirão e mistura com um pincel. Cheira. Ainda falta alguma coisa. Reflete. Tcharam! Um óleo de lavanda fará o serviço. Coloca algumas gotas. Cheira outra vez. Milagre! O perfume foi descoberto: o inefável aroma do bode!

O artista animalista esfrega as axilas com a nova fragrância. Em seguida, satisfeito, aproxima-se do espelho para ver o resultado. Então, tudo desmorona. Enxerga-se com um rosto selvagem. Detesta-se como está. Sem demora, tira a roupa e se lava.

Quando encontra Gala alguns minutos mais tarde na praia, explode de rir. Recomeça cada vez que ela deseja lhe dirigir a palavra. Assim transcorre o dia. Dalí está cada vez mais apaixonado pela mulher do poeta. Já ela vê nele um biruta provavelmente genial, mas, ainda assim...

Ela é enviada pelos visitantes para falar com ele a respeito da tela *O jogo lúgubre*. Disso resulta uma pergunta que a jovem mulher faz com certo embaraço, enquanto ambos estão nas pedras, perto da praia.

– Salvador Dalí, você é coprófago?

Ele cogita responder que sim, imaginando que isso o tornaria mais interessante ainda a seus olhos. Porém, diante de seu ar já reprovador, acaba confessando que não: a caca o repugna tanto quanto os gafanhotos.

Ela parece aliviada. Ele só pensa em abraçá-la. E, quando menos espera, de chofre, enquanto explode em uma risada de paixão doentia, ela pega sua mão.

– Meu menino – diz Gala –, nós não vamos mais nos deixar.[3]

Amém.

Paul Éluard retorna a Paris sozinho. Demora a perceber que, dessa vez, o caso é sério. Que Gala vai se deixar envolver, devorar por esse pintor catorze anos mais novo, que saberá tirá-la da monotonia da vida de casal para levá-la a uma nova terra da qual ela será a única rainha. Diante dela, Dalí logo será como uma criança carente, carente de amor, de sexo, de autoridade, de proteção. Um papel na medida para uma mulher que sonha apenas com isto: ser a única.

No princípio, Éluard se mostra tão complacente com Dalí como fora com Max Ernst. Faz vista grossa. Quando entende que sua Gala está partindo, sofre mas não protesta. Ela continua recebendo suas cartas inflamadas: "Minha linda mocinha", "Eu te amo tanto", "Teu para sempre", "Gala, minha irmã, minha amiga, minha amante", "Eu te amo, te beijo tanto por toda parte, com meus olhos, minhas mãos, minha boca e meu sexo...".[4]

Ele canta-lhe seu amor, seu desejo, a necessidade que tem dela. Afirma sua amizade por Dalí, fala de dinheiro – sua fortuna bate asas com o crash de 1929 –, conta sobre seus dias, os amigos: levou André Breton ao Luna Park para irem aos carrinhos de choque, tem visto muito René Crevel e um jovem poeta desconhecido que lhe enviou um pequeno livro de versos e que ele introduzirá no círculo surrealista: René Char. Entretanto, não esquece a mulher de sua vida. Segue as pegadas de Gala e Dalí, propõe encontrá-los na França ou na Espanha, desespera-se com a negativa de sua musa, mas entende, entende perfeitamente...

Quando descobre que o casal comprou uma casa perto de Cadaqués, em Port Lligat, fica deprimido: talvez eles passem a morar juntos... Assim que eles vêm a Paris, cede--lhes o apartamento de Montmartre, que havia arrumado para Gala. Vai para um estúdio. Quando eles partem outra vez para a Espanha ou para qualquer outro lugar, de vez em quando ele vai dormir na cama em que perdura o perfume de seu grande amor.

No entanto, dentro em pouco, Dalí se desentende com seu pai, que não aceita a relação do filho com uma mulher mais velha, que além de tudo é francesa, casada e, aparentemente, muito sem-vergonha. O casal regressa a Paris de malas, telas e pincéis. O tempo da separação definitiva chegou. Gala pede divórcio. Éluard não se opõe. Ela assume todos os erros, tomando as medidas para que um oficial de justiça constate o adultério. Como nunca tivesse espírito materno, deixa ao pai a guarda da filha.

Então sozinho, aparentemente inconsolável, Éluard busca uma nova alma para aliviá-lo de sua aflição. Certa noite em que fora caçar na rua com René Char – prática bastante disseminada entre os surrealistas –, conhece uma moça que aceita seguir os dois homens a um café. Chama-se Maria Benz, é pequena, deslumbrante. Queria ser atriz, já trabalhou em um music-hall, é solteira, não tem um centavo.

Dois corações perdidos.

Éluard a conquista. Vai chamá-la de Nusch e não a deixará até sua morte, em 1946. O que não o impedirá de manter uma correspondência inflamada com Gala, de sonhar com ela, de contar-lhe seus sonhos eróticos, muitas vezes provocados por sua lembrança.

Em 14 de agosto de 1934, Paul Éluard é testemunha de casamento de André Breton e Jacqueline Lamba. Uma semana depois, é a vez de André Breton e René Char acompanharem o amigo à prefeitura do 18º arrondissement, onde é declarado o casamento de Nusch e Paul.

Em dezembro, Paul Éluard retorna ao sanatório de Clavadel, perto de Davos, onde, 22 anos antes, conhecera Elena Dimitrievna Diakonova. René Crevel já se encontra lá.

Em março, Éluard volta a Paris. Em 14 de junho, André Breton esbofeteia Ilya Ehrenburg. No dia 18, René Crevel tenta uma última reconciliação na Closerie des Lilas. Altas horas da noite, tem uma longa conversa telefônica com Paul Éluard. Depois, trancado em casa, na Rue Nicolo, abre o gás.

No dia seguinte, enquanto Gala e Salvador Dalí descobrem que Frankenstein, o herói do filme que foram ver nos *grands boulevards*, lembra o falecido amigo, Paul Éluard entra tumultuosamente no Café Cyrano, onde os surrealistas estão reunidos. Desamparado, cambaleante, titubeante, dá a todos a informação da morte de René Crevel.

Dois dias depois, ocorre a abertura do Congresso Internacional dos Escritores pela Defesa da Cultura.

O grande homem e a Pequena Senhora

> Os extremos me tocam.
> André Gide

No sexto andar do número 1B da Rue Vaneau, na manhã de 19 de junho, o telefone toca em um corredor escuro. Um homem atende, ouve, fica um instante imóvel, incapaz de pronunciar uma palavra. É bastante alto, seco, o rosto severo, calvo. Usa óculos redondos, veste um terno bem cuidado. Tem 66 anos. Telefonaram-lhe uma primeira vez na manhã para avisar que René Crevel tentara se suicidar. Acaba de saber de sua morte. Ele conhecia muito bem o finado, que ajudara na época das vacas magras.

André Gide coloca o telefone no gancho, recolhe-se um breve instante no corredor, depois empurra a porta de uma grande peça em que cerca de meia dúzia de pessoas andam para todo lado. Já há alguns dias, "o Vaneau", como o apartamento é chamado pelos habitués, está abarrotado noite e dia pelos representantes que chegam a Paris para a realização do congresso.

Aliás, eles não são os únicos: o antro de André Gide é um lugar de passagem, de chegada, de debate, um inevitável ponto de encontro da capital. O anfitrião do lugar ocupa uma posição única na cena intelectual francesa. Como Barrès antes dele e Sartre depois.

A notoriedade veio muito tardiamente a André Gide: antes dos cinquenta anos, apenas alguns raros leitores conheciam seu nome. Entre eles, os surrealistas, sobretudo Philippe Soupault, que admirava sua independência e sua honestidade.

A celebridade chegou tanto para sua obra de escritor quanto para seu trabalho de editor: ele é um dos fundadores das edições da *Nouvelle Revue Française* (que se tornou Librairie Gallimard em 1919), o sustentáculo da revista homônima. Com os anos, a fama da editora cresceu concomitantemente à de Gide. Ele tornou-se pouco a pouco um comendador no mundo das artes, das letras e das opiniões. Desde então, estudantes e pesquisadores esquadrinham sua obra. Dos quatro cantos do mundo, escritores vêm a Paris para conhecê-lo. Todo esse pessoal se esbarra no Vaneau, pelos corredores, pelo vestíbulo escuro, pelos quartos monacais, pelo estúdio ou pela biblioteca.

Estranho apartamento entrelaçado, pouco confortável, poeirento, iluminado sem nuances por lâmpadas sem quebra-luzes, com as janelas dando vista para o Palácio dos Inválidos e a Torre Eiffel, com revistas e livros – encadernados ou não, clássicos ou modernos – entulhando as prateleiras, os baús, os armários...

Gide escreve ora sobre uma mesa, ora sobre outra, muitas vezes na biblioteca onde recebe seus convidados. Após recobrar a calma, senta-se diante de um piano de concerto para tocar Bach ou Schumann. Aqui, os lambris chegam até o teto. As janelas dão para os jardins do hotel Matignon. Uma máscara africana, uma presa de marfim enfeitam as paredes: lembranças de viagens...

O Vaneau parece um esconderijo. Apenas os fiéis conhecem os recantos mais íntimos: o quarto de Gide, sua cama de cobre, o quadro de Brueghel pendurado na parede, a mala, pronta para ser fechada para uma nova partida; o estúdio, com sua galeria, seu trapézio suspenso e sua ampla janela que dá para o pátio, onde passarão e morarão Marc Allégret, Denis de Rougemont, Henri Thomas, Elisabeth e Pierre Herbart...; o apartamento de Maria van Rysselberghe, amiga, confidente, memorialista, que vive por Gide e para ele, sob o mesmo teto.

Vasta família, mais de coração do que de estado civil, composta de múltiplos círculos concêntricos, a maioria girando ao redor da literatura e da política. Entre os fiéis, os mais fiéis continuam Roger Martin du Gard, Jean Schlumberger, Pierre

Herbart, Bernard e Alix Groethuysen, Jef Last, Louis Martin--Chauffier. Um pouco depois, André Malraux, Jean Guéhenno, Emmanuel Berl, o secretário Lucien Combelle (que se tornará o de Drieu la Rochelle antes de participar da colaboração francesa com o nazismo). Todos eles ignoraram os opróbrios e as inúmeras condenações que chovem desde sempre sobre André Gide. Haja vista que o dono do Vaneau não é apenas um ícone intelectual solicitado o tempo todo que inúmeros admiradores veneram. É também homem de escândalos. Avesso à moral bem como à ausência de moral. De uma liberdade de costumes e de juízo que alguns louvam, mas que outros, em alto número, condenam com raiva. Até Simone de Beauvoir, ainda moça séria, reconhece: é preciso coragem para estudar sua obra em classe. A imprensa conservadora atira a olhos vistos contra o escritor, acusado de perverter a juventude francesa.

Em um canto da biblioteca, algumas prateleiras são destinadas a obras de autores amigos. Há numerosos espaços. Muitas obras desapareceram. Quando veio pela primeira vez ao Vaneau, Klaus Mann descobriu centenas de livros, todos com dedicatórias, classificados em pilhas nos corredores. Como André Gide e Marc Allégret se preparassem para ir ao Congo, os volumes estavam designados à venda em leilão. Pouco importava a soma recolhida. Contava muito mais a opinião dos autores abandonados, que haviam hipócrita e respeitosamente enviado sua obra a Gide sem nunca terem levantado a pena para defendê-lo. Como Henri de Régnier, que se vingou mais tarde por ter sido vendido, enviando um volume com a seguinte dedicatória àquele que o condenara a um destino mercantil mas pouco literário: "A André Gide, para sua próxima venda".[1]

Pequenas e grandes grosserias, acertos de contas, maledicências sussurradas ou manifestadas publicamente... Gide sofre. De todo modo, está em seu domínio, ele que aprecia os mexericos do mundo literário e cuja indiscrição é muitas vezes incômoda, sobretudo para os amigos que ele expõe sem grande pudor em seu diário. Faz com os outros o que os outros fazem com ele.

As pessoas que gostam dele lhe censuram pequenas manias, no fundo bem tocantes e de poucas consequências para um homem que se aproxima dos setenta anos. Fuma da manhã à noite, antes, durante e depois das refeições. Funga sem parar. Após o almoço, se não estiver em casa ou em um restaurante, deita-se em todos os colchões e divãs, procurando o mais confortável, e, uma vez bem instalado, pede a seus anfitriões que fiquem em silêncio para não atrapalhar seu sono.

Preocupa-se muito com suas doenças e seus dodóis. Durante as refeições, com frequência interrompe os convivas para saber se os pratos que está prestes a engolir não vão pesar na vesícula biliar, sobrecarregar o fígado, cair mal no estômago ou dilatar o baço. No restaurante, come sempre de maneira sensata e o menos caro possível. O homem tem a reputação de ser avaro. O que não o impede de pagar a conta para os seus, mesmo quando lhes pede, nos bistrôs, para comer em uma mesa afastada da sua, para que a presença deles não prejudique a qualidade de seus pensamentos.

Escolhe seu lugar não em função da vista, mas de acordo com o ângulo que o aproxime mais, ou menos – conforme a estação –, do aquecedor. Porque, se tiver frio, passa mal. Se tiver calor, também. Se estiver entre os dois, tenta encontrar um tênue equilíbrio entre o frio, que o faria sofrer, e o calor, que poderia ser fatal ao seu nariz, à sua garganta ou ao seu intestino. Onde quer que esteja, toma cuidado com as mudanças de temperatura. Tem inúmeros sobretudos, capas, malhas, mantas, echarpes, *foulards*, chapéus, polainas, luvas, que põe, tira, acrescenta ou diminui em função das viradas climáticas. Tem também cuecas sambas-canção. Curtas, longas, finas, grossas. Mistura os gêneros. Certo dia em que está com Roger Martin du Gard em uma sala de cinema, remexe-se para todos os lados e acaba pedindo ajuda ao amigo: o bom Roger poderia ajudá-lo a tirar uma peça de roupa?

– Claro – responde o outro. – Qual?

– A cueca samba-canção – declara André Gide baixinho.

O outro fica estarrecido.

– Como pensei que fosse fazer um frio forte, coloquei duas. Tem uma sobrando. Pode me dar uma mãozinha, meu caro?

Em outro episódio, novamente em uma sala de cinema, os mesmos personagens entram em ação. Trata-se agora de evitar uma corrente de ar. Por isso, Gide vai trocando de poltrona, desculpando-se pelo incômodo, mas sem incomodar menos. Enfim acha um lugar para seu traseiro. Senta-se, sonda à direita, depois à esquerda, então suspira aliviado: nenhum zéfiro virá atrapalhar a qualidade do espetáculo.

Três minutos depois, pede ao companheiro um lenço emprestado. Roger Martin du Gard estende-lhe um. Quando ligam as luzes, a sala inteira contempla com estupefação aquele septuagenário que traz na cabeça, amarrado nos quatros cantos, um esplêndido lenço todo bordado. Era só para se proteger de uma onda de frio vinda de uma saída de emergência...

Gide se preocupa com sua saúde, mas também consigo mesmo. Com a idade, adotou um comportamento que fascina aqueles que não o conhecem e revolta os outros. Tão logo lhe dirigem a palavra, ele se inclina bem atento, o interesse expresso no rosto, a atenção no auge, sério e grave ao mesmo tempo, cativado pelo que lhe dizem e pronto, ao que parece, a mover céus e terra para que o assunto seja ouvido. Na verdade, ele não ouve pela simples razão que não ouve. Está com a cabeça em outro lugar. Talvez pensando na posteridade, que tem em alta conta, ele que conheceu a notoriedade tão tardiamente. Ou em todos os seus ex-amigos, de quem se afastou quando eles não o fizeram antes, escolhendo evitar um exemplo que a moral condena, pois consternante, degradante, poluente.

Aqueles que detestam André Gide, e são numerosos e ativos, deploram que o Vaneau não seja jogado à fogueira, visto que toda a extensão do vício se mede lá, entre aquelas paredes em que se encontram dois ou três amantes titulares, uma prima estranhamente promovida a mulher oficial, uma criança nascida da relação entre um quase ancião e uma moça casada com um antigo amante deste... Para muitos, tudo isso não é literatura, e sim luxúria, orgia, um atentado aos bons costumes. Ainda mais porque todos os participantes desses horríveis costumes não se contentam em se cruzar na Rue Vaneau: vivem juntos!

O fato é incontestável.

A única ausente é Madeleine Gide, jovem prima desposada muito cedo e confinada em Cuverville, na Normandia. Gide se uniu a ela quando tinha treze anos (e ela três a mais); ficou tocado pelo sofrimento da mocinha, humilhada pela conduta de sua mãe, que fugiu de casa para viver com o amante. Ela representava – e representará sempre – uma consciência pura, uma moral, uma virtude superior que Gide nunca deixará de proteger. Todos os convidados de Cuverville notaram uma grande ternura no casal, uma cumplicidade intelectual inegável, uma gentileza constante, mas uma ausência de familiaridade conjugal, poucas intimidades além das afetivas. Roger Martin du Gard:

> Seu amor recíproco – por mais manifesto que fosse – permanece distante, sublime, sem comunhão: é o amor de dois estranhos que parecem nunca estar certos de se entender bem, de se conhecer bem, e que não se comunicam de modo algum no segredo de seus corações.[2]

Todavia, para Gide, sua esposa, com quem não vive, que muitos acontecimentos e concepções distanciam, permanece a pessoa que ele mais ama no mundo. Nada vai separá-los. Em 1931, confessa a Jean Schlumberger que sua obsessão é morrer longe dela.

Casara-se com Madeleine em 1895. Mesmo antes de levá-la para o altar, sabia que não experimentaria o mínimo desejo por ela. Já de longa data, o rapaz medira o quanto sua sexualidade tinha de escandaloso para seu meio, moldado pela moral, pelo puritanismo e pelo rigor protestante. Aos oito anos, quando era um aluno dos mais medianos da Escola Alsaciana, fora suspenso por três meses porque um professor flagrara-o realizando práticas solitárias. Seus pais levaram-no a um médico, que lhe apresentou ferros e lanças tuaregues, associando esses instrumentos castradores ao onanismo do garoto. Com a morte inesperada do pai, a criança ficou entregue à onipotência religiosa da mãe.

Depois de seu casamento, tendo definitivamente medido sua pequena atração pelas mulheres, Gide iria se abandonar sem reserva à sua inclinação pelos meninos. Ele levava Madeleine para viajar, Itália, Argélia, deixando-a à noite para viver suas aventuras. O que ela lhe trazia de sentido moral, ele esquecia em abraços furtivos mas violentos, muito físicos. Não parece que ele tenha vivido com facilidade essa dualidade, a seus olhos, ao menos em sua juventude, contraditória. Paul Valéry, que conheceu Gide bem cedo, reconhecia sem rodeio: "Homem, mulher, criança, ovelha, pouco importa, é sempre um caso de amor físico. Mas nessas questões Gide parecia misturar escrúpulos, remoer preocupações morais e religiosas, que devem tê-lo levado a sofrer profundamente".[3]

O excesso atenuava o mal-estar. Com frequência, Gide escolhia o destino de suas viagens *para aquilo*. Em Paris, arrastava seus amiguinhos para lugares sórdidos dos Halles, onde perambulava até o amanhecer por biroscas frequentadas por prostitutas e jovens malandros magníficos.

Quando Madeleine descobriu seus hábitos, ele se casou publicamente, assumindo com coragem uma particularidade que lhe valerá a inimizade de muitos. A sra. Gide ficou na casa de Cuverville enquanto seu marido viveu sua vida em outros lugares, com toda a liberdade, retornando com regularidade para o lado de Madeleine, que, até sua morte, conservará toda a sua ternura. Em 1917, depois de Gide (cinquenta anos) ter levado para a Inglaterra o filho de seu tutor, Marc Allégret (dezesseis anos), Madeleine queimou todas as cartas que seu primo, que se tornou seu esposo, havia lhe enviado.

André Gide mudou-se para a Rue Vaneau em 1928. Antes ocupava uma casa em Auteuil, na Villa Montmorency.

Ele transportou para seu novo lar essa família escolhida de acordo apenas com seus laços afetivos. Ele reinava no centro. Marc Allégret, de quem o escritor se encarregara dos estudos e da educação, vivia no estúdio arrumado para ele. No mesmo teto, mas circulando toda hora entre os dois apartamentos, morava a mulher do pintor belga Théo van Rysselberghe, que estabelecera uma amizade indestrutível com André Gide. Chamavam-na de a Pequena Senhora, pois ela mal passava de um metro e cinquenta. Se acreditarmos nas confidências feitas por Gide a Clara Malraux, enquanto ele cuidava de um lado do Vaneau, a sra. Van Rysselberghe se encarregava ativamente do outro. Com mulheres.[4] "Essas mulheres [...] têm manifestações tão ruidosas de prazer que fico com inveja!"

A Pequena Senhora se instalara com sua filha, Elisabeth. Ao crescer, esta se apaixonou por Marc Allégret. Porém, foi Gide quem, para consolá-la de não ter descoberto a joia rara e porque ele mesmo queria um descendente, fez-lhe um filho. Em 1923, Catherine nasceu dessa união de uma só noite. Seguindo o exemplo do chefe de polícia Andrieux, pai de Louis Aragon, Gide foi considerado o padrinho – ele reconhecerá sua filha em 1938, depois da morte de Madeleine. A criança morou com seus pais no sexto andar do número 1B da Rue Vaneau.

Em 1929, em Roquebrune, em uma casa que fora emprestada a Jean Cocteau, Gide conheceu um homem de 26 anos, simpatizante comunista e viciado em ópio: Pierre Herbart. O escritor ficou fascinado pelo desconhecido, pois nele achou de imediato uma semelhança surpreendente com Lafcadio, o herói do seu livro *Os porões do Vaticano*. Mesmo encanto venenoso, mesma elegância, mesmo ímpeto. Além do mais, impassível, belo, meio malandro, o olhar estranho e atraente.

Herbart tornou-se amante de Gide. Em pouco tempo, passou dos braços do escritor para os de Elisabeth (cerca de uns quinze anos mais velha), com quem terá uma criança. Tudo isso em harmonia e para a maior alegria do organizador dos prazeres gerais.

Isso quanto aos escândalos do coração. No que diz respeito à literatura, Paul Claudel tratou bem cedo de acalorar os debates. Ele mais do que ninguém, pois foi o arauto da direita conservadora e religiosa que não parou de desprezar publicamente André Gide.

Paul Claudel, poeta-embaixador, expressou – com força, ira e vociferações – opiniões muitas vezes categóricas e definitivas. Ele venerava Deus, descoberto na juventude, de quem se tornou um ardente prosélito. Detestava James Joyce, que considerava um escritor sem talento, e *Ulysses*, literatura comercial. Adorava dinheiro a ponto de retranscrever seus manuscritos para vendê-los diversas vezes. Desprezava os surrealistas, para quem a recíproca era cem vezes verdadeira. "Só permanece de pé uma ideia moral, a saber, por exemplo, que não se pode ser ao mesmo tempo embaixador da França e poeta", alegava André Breton, que acrescentava: "Nós reivindicamos a desonra de tê-lo tratado de uma vez por todas de pedante e de canalha".[5]

Por que essa violência? Porque, segundo o inesgotável estribilho, o embaixador considerava que todos os surrealistas eram pederastas. E também Gide. No caso deste, a descoberta foi progressiva. E a decepção ainda mais cruel.

No começo das correspondências, as trocas entre os dois literatos testemunhavam um respeito mútuo acompanhado da amabilidade de um autor (Claudel) recebendo os pedidos de um editor (Gide para a *NRF*). A partir do segundo encontro, o crente propõe a seu novo cordeiro que se converta à religião católica e lhe passa o endereço de seu confessor. Um pouco mais tarde, envia-lhe citações extraídas das Escrituras. Gide tergiversa. Como bater de frente com um homem que escreve: "Quem ataca a igreja, para mim, é como se batesse em meu pai ou em minha mãe"?[6] Que, com toda a educação, cumprimenta a sra. Gide, manda-lhe os melhores votos, pede a seu esposo para lhe desejar um excelente Natal e um ótimo Ano-Novo? Que, com toda a generosidade, aceitou dar uma frase-epígrafe para o último livro de seu querido correspondente?

É aqui que o sapato começa a apertar. O rumor a respeito dessa obra – *Os porões do Vaticano* – não é bom. Fala-se de livre-pensamento, desrespeito religioso e até blasfêmia... Paul Claudel pega a pena:

> Confesso que seria doloroso para mim ver meu nome no começo de uma obra em que a venerabilíssima pessoa do Soberano Pontífice não fosse tratada com os sentimentos de ternura e de respeito que são os de um católico.[7]

Gide retira a epígrafe. O livro é publicado em quatro números da revista *NRF*. Na Alemanha, onde foi nomeado cônsul, Paul Claudel, os olhos arregalados, descobre as passagens seguintes, transcrição dos pensamentos de Lafcadio:

> O vigário de Covigliajo, tão bonachão, não se mostrava com jeito de depravar muito a criança com quem conversava. Seguramente tinha a sua guarda. De bom grado teria feito dele meu colega; não do vigário, esse não!... mas do garoto... [...] Como tenho dificuldade para não parecer sedutor! Não posso, entretanto, passar extrato de noz no rosto, como me aconselhava Carola [...] Ah! Não pensemos mais naquela pobre menina? Os mais medíocres de meus prazeres, é a ela que os devo...[8]

O sangue religioso e conservador de Paul Claudel ferve. Escreve a Jacques Rivière, que dirige a *NRF*:

> Parei na página 478 devido a uma passagem pederástica, que esclarece para mim com uma clareza sinistra certas obras precedentes de nosso amigo. Devo, pois, definitivamente me resignar a acreditar, o que sempre me recusei a fazer até então, que ele mesmo seja um participante desses costumes abomináveis?[9]

Em seguida, ataca diretamente André Gide:

> Pelo amor de Deus, Gide, como pôde escrever a passagem que está na página 478 do último número da *NRF*? [...] Devo então acreditar definitivamente, o que nunca quis fazer, que o senhor mesmo é um participante desses costumes abomináveis? Responda-me, é seu dever [...] Se o senhor não é um pederasta, por que essa estranha predileção por esse tipo de tema? E, se for um, cure-se e não exponha essas aberrações [...] Consulte a sra. Gide [...] Não vê que se perdem, o senhor e aqueles de seu círculo mais próximo? Não percebe o efeito que podem ter seus livros sobre os infelizes jovens?[10]

Gide responde. Rebela-se contra o autoritarismo de Claudel e confirma o que o outro imaginou depreender das entrelinhas. Só pede um favor ao cônsul: poupar sua esposa, Madeleine. Ela é a única mulher que ele já amou, a pessoa mais importante no mundo para ele. Pede-lhe para não mencionar suas confissões na frente dela a fim de preservar sua paz.

Claudel responde. Agora, sua alma está perfeitamente desperta.

> Os costumes de que o senhor me fala não são nem permitidos, nem desculpáveis, nem confessáveis [...] Se a atração sexual não tem por resultado sua finalidade natural, que é a reprodução, ela é desviada e má [...] Se um pretende justificar a sodomia, outro justificará o onanismo, o vampirismo, o abuso infantil, a antropofagia etc. [...] O vício de que o senhor fala tende a se propagar cada vez mais. Não é de modo algum indiferente ver um homem como o senhor, com o prestígio de sua inteligência, de sua cultura e de seu talento, fazer-se o apologista disso [...] Repito: o senhor se perde. O senhor se rebaixa, fica à margem, entre aqueles que estão à margem, fora da humanidade [...] Pobre Gide, como o senhor é digno de pena e como sua vida é trágica.[11]

Por fim, Claudel ordena que seu ex-amigo retire "a horrível passagem" do livro, volta a enviar o endereço de seu confessor... e devolve-lhe suas cartas.

Os dois homens vão continuar mantendo relações, mas não haverá mais, verdadeiramente, amizade entre eles. Ainda mais porque, alguns anos depois, ao publicar suas lembranças de juventude – *Se o grão não morre* –, Gide baterá em uma tecla já bem gasta do conservadorismo de sua época. Ninguém ignorará mais nada de suas concupiscências infantis, do objetivo de suas viagens à Tunísia, das festas amorosas na companhia de Oscar Wilde... Esses escândalos vão confirmar a reputação de um escritor que não deve cair em qualquer mão porque licencioso, homossexual, imoral e, em pouco tempo vão se dar conta, politicamente dos mais incorretos.

Mudar o mundo...

Sepultar seu destino. Não dá. O que fazer?
Boris Pasternak

O próprio Gide explicou-se sobre o sentido e o valor de suas militâncias. Na juventude, influenciado por Mallarmé e contrário à cultura naturalista, considerava que só o absoluto tinha valor para o artista. As questões sociais deviam ser tratadas por outros. Esse ponto de vista foi modificado aos poucos com suas viagens para o Norte da África. Lá, descobriu a exploração dos habitantes pelas grandes companhias financeiras. Em um primeiro momento, não disse nada, não escreveu uma linha sobre essa questão, considerando que a denúncia dessas iniquidades não era da sua conta. Depois, vieram o Congo e o Chade. Gide e Marc Allégret visitaram esses dois países durante dez meses. Descobriram abusos que os escandalizaram. Os administradores, os banqueiros, os missionários que eles conheceram mantinham a boca fechada. Protegiam um sistema que não passava, sem tirar nem pôr, de colonialismo. De volta a Paris, Gide pegou sua pena para denunciar a administração francesa em suas colônias. O resultado foi *Viagem ao Congo*, obra publicada em 1927. O livro deu o que falar. Não se tratava, no entanto, do primeiro escrito de caráter social ou político do autor. Em 1914, enquanto publicava *Os porões do Vaticano*, Gide mandara editar *Souvenirs de la cour d'assises*, memórias em que relata sua experiência de jurado. Criticava sobretudo a composição dos júris, sua sujeição à pessoa do presidente, a dificuldade para indivíduos "normais" julgarem crimes e delitos.

> Quem começa a acreditar que o mundo pode ser mudado, e que cabe ao homem mudá-lo, chega a desejar

contribuir pessoalmente para essa mudança tão desejável e, portanto, emprega sua força para tanto, rejeitando os argumentos que poderiam diminuir essa força.[1]

Por essas palavras escritas em 1935 a seu amigo Jean Schlumberger (cofundador, com Henri Ghéon, Michel Arnaud, Jacques Copeau, Eugène Montfort, da *Nouvelle Revue Française*), André Gide admite a parte de riscos, isto é, de inimizades, que seus engajamentos vão lhe trazer. Naqueles anos, vai se expor às farpas da burguesia conservadora, dos patriotas amigos das ligas, dos stalinistas convictos, de alguns de seus amigos, alguns dos quais lhe eram muito queridos. Mas pouco importa: já que é preciso agir, André Gide vai à luta.

A todas as lutas.

Em 1932, um grande congresso mundial contra a guerra ocorre em Amsterdã. Máximo Gorki, Heinrich Mann, Albert Einstein, Romain Rolland, Paul Signac, Henri Barbusse, Paul Langevin e muitos outros se fazem presentes. Gide não viaja até lá, mas assina embaixo. No mesmo ano, embora não sendo membro, aceita mediar as reuniões da Associação dos Escritores e Artistas Revolucionários (AEAR) e entra no comitê diretor da revista desta, *Commune*. Em outubro de 1932, a *Nouvelle Revue Française* publica alguns excertos de seu *Diário* em que Gide se posiciona com clareza a favor de Lenin e da URSS. Não se trata da primeira vez: ele já escreveu, para a pátria do socialismo, "seu sucesso, que desejo de todo coração, para o qual eu gostaria de trabalhar".[2] Ele defende a criação de um Estado livre do peso da religião e da família. "Que a sociedade capitalista tenha podido buscar apoio no cristianismo é uma monstruosidade pela qual Cristo não é responsável, e sim o clero."[3]

Quando Pierre Naville lhe submete os escritos críticos de Trotski a respeito do regime stalinista, Gide fica perturbado, mas mantém a posição, considerando que o Partido não deve se dividir. De todo modo, a política lhe interessa menos do que a moral, e é nessa questão que ele espera muito da URSS.

Em 1933, é membro do comitê Dimitrov, que defende o comunista búlgaro e seus companheiros acusados pelo novo chanceler Hitler de terem incendiado o Reichstag. Participa da manifestação de apoio organizada na sala Bullier pelos defensores dos acusados e, depois da absolvição destes por um tribunal alemão, vai a Berlim em companhia de André Malraux a fim de pedir a Goebbels, ministro da Propaganda, a libertação dos três inocentes.

Em janeiro de 1934, preside com o mesmo Malraux o comitê Thälmann, que exige a soltura do chefe do Partido Comunista alemão.

Nos anos seguintes, Gide torna-se muito naturalmente um simpatizante da URSS. Estarrece muitos amigos, sobretudo Jean Schlumberger, que se espanta com o "entusiasmo de neófito" e critica o silêncio de Gide sobre a falta de liberdades na URSS: "Estamos um pouco incomodados por esse entusiasmo sumário em um homem de 61 anos e que deu mostras de tanta sabedoria crítica".[4]

Todavia, apesar do falatório e das dúvidas demonstradas por alguns de seus amigos próximos, a alguns dias da inauguração do Congresso Internacional dos Escritores pela Defesa da Cultura – por aqueles dias de junho de 1935 –, Gide abriu as portas do Vaneau a todos os representantes, debatedores, convidados e simpatizantes da boa causa presentes em Paris. Quatro secretários datilografam no estúdio. O telefone toca sem parar. Os amigos entram, saem, voltam, anunciam outros visitantes...

Entre eles, um jovem imigrante polonês, filho de um professor de letras e de uma mãe militante na Bund socialista, cujo verdadeiro nome é Wladimir Malacki, que se torna Jean Malaquais na França. Ele conhece André Gide há apenas algumas semanas. A primeira vez que se viram foi no Vaneau. O visitante bateu à porta. O anfitrião perguntou:

– É você, Malacki?

– É você, Gide?

Ninguém nunca havia abordado de semelhante maneira o Grande Escritor. Malaquais, então carregador no Halles, descobrira Gide na biblioteca Sainte-Geneviève, onde se refugiava para ler. Lera uma passagem que o revoltara, na qual o autor escrevia que se sentia inferior aos outros por jamais ter tido a obrigação de ganhar sua vida. Ao que Malaquais respondera, por escrito, criticando vivamente o homem de letras em nome de todos aqueles que viviam na miséria.

Gide enviara cem francos.

Malaquais devolvera-os.

Desde então, veem-se de vez em quando. Malaquais escreve, e Gide respeita tanto sua pena quanto sua experiência. Incentiva-o a expressar esta através daquela e até propôs ajuda financeira enquanto escrevesse um livro.

Conversam sobre política. Não estão de fato na mesma sintonia: o polonês rapidamente entendeu de que são feitas as raízes do stalinismo. Milita à esquerda dos comunistas, entre trotskistas e anarquistas. Não acredita na legitimidade do Congresso Internacional dos Escritores pela Defesa da Cultura, segundo ele tramado em segredo pelos stalinistas.

O próprio Gide tem dúvidas.

Um mês e meio antes da abertura do congresso, revelou a Maria van Rysselberghe – a Pequena Senhora – o pouco entusiasmo que sente diante da ideia do papel que terá durante o evento. Naturalmente será convidado e, sendo o escritor francês mais conhecido, passará sem dúvida por um dos organizadores da manifestação, o que lhe desagrada por mais de uma razão. Entretanto, considera que seria covarde se esconder.

Sem grande entusiasmo, decide afinal participar do congresso, do qual será um dos coordenadores. André Malraux e Louis Martin-Chauffier insistiram com veemência, assegurando-lhe que sua presença na tribuna reforçaria a importância dessa manifestação para a qual virá um dos maiores escritores russos vivos: Máximo Gorki.

Ora, na noite de 16 de junho, Malraux telefona ao Vaneau para anunciar que Gorki estará ausente. Todos estão arrasados. Sem tal presença emblemática, o congresso perde grande parte de seu valor.

Gide aceita intervir com Malraux junto à embaixada soviética em Paris. Depois de muitas negociações, os franceses conseguem que Isaac Babel e Boris Pasternak sejam enviados por Moscou.

Para Isaac Babel é uma grande alegria: ele ama todos os prazeres, sobretudo se forem novos. E talvez conseguisse, em Paris, obter de sua esposa legítima o que Clara Malraux, que interviera no ano anterior, não conseguira: seu retorno à pátria mãe ao lado do marido.

– Ele continua vendo a jovem engenheira J.C.? – havia perguntado a sra. Babel.

Clara respondeu que sim. A sra. Babel escolhera ficar em Paris...[5]

Quanto a Boris Pasternak – "ao mesmo tempo o Mallarmé e o Apollinaire da poesia russa", nas palavras de Victor Serge –, nesta época, sofre de depressão. Ficou muito tocado pelo suicídio de Maiakovski, que foi seu grande amigo (apesar de suas divergências) e com quem planejara criar uma editora e uma revista literária futurista. Além disso, a prisão do poeta Osip Mandelstam e as do marido e do filho da poetisa Anna Akhmatova contribuíram para deixá-lo balançado, ele que acreditou tanto no ideal de 1917. Uma mancha negra apareceu na revolução. Desde o desaparecimento de Kirov (1934), líder do partido de Leningrado e sucessor ou rival de Stalin (provavelmente assassinado por ordem deste), os massacres e as execuções não cessaram...

Algumas horas depois que Malraux e Gide obtiveram o consentimento das autoridades soviéticas para a vinda a Paris desses dois escritores, o telefone toca na datcha* onde Boris Pasternak descansa. Sua mulher corre. Levanta o gancho, depois, com voz estrangulada, declara:

– O Kremlin...

Na última vez que receberam um telefonema do Kremlin, o próprio Pasternak atendeu. Fora alguns meses antes, quando o poeta corria por toda Moscou para tentar

* Casa de veraneio típica da Rússia e da antiga União Soviética. (N.T.)

salvar Mandelstam. Havia em pouco tempo reconhecido a voz de seu interlocutor: Josef Stalin. Este lhe perguntara se ele considerava mesmo Mandelstam um grande poeta russo. Pasternak respondera que sim. Desta vez, à ordem dada, concorda na hora. Não é Josef Stalin do outro lado da linha, mas seu secretário: o que dá no mesmo. Ordenaram que compre um terno honesto, depois que passe no Kremlin para apanhar seu visto e uma passagem de trem para Paris.

Segundo suas próprias palavras, é André Malraux quem vai buscá-lo na estação. Pasternak veste "uma incrível sobrecasaca de rabino e uma espécie de quepe estilo Mao que, de modo algum, deixavam-no passar despercebido pelos bulevares".[6] Ele ficou doente durante a viagem e parece extenuado de cansaço.

Tão logo desce do trem, em um lindo entardecer de primavera, Malraux toma-lhe o braço e arrasta-o para o Palais de la Mutualité: as grandes manobras começaram.

A POLÍTICA E A ARTE

> Intelectuais de todos os países, uni-vos aos proletários de todos os países.
>
> RENÉ CREVEL

Em 21 de junho de 1935, às dez horas da noite, em Paris, na sala do Palais de la Mutualité, ocorre a abertura do I Congresso dos Escritores pela Defesa da Cultura. Duzentos e trinta representantes estão presentes, vindos dos quatro cantos do mundo. Nos corredores e nos arredores da Place de Maubert, alto-falantes foram instalados: eles transmitem os discursos àqueles que, por falta de lugar na grande sala, são obrigados a ficar de fora. As calçadas estão abarrotadas. As ruas no entorno do Palais de la Mutualité estão fechadas. Milhares de pessoas se apressam para ver ou ouvir as personalidades da literatura mundial que vieram a Paris para falar contra o fascismo. E o fascismo é acima de tudo Hitler.

Antes de 1933, os artistas e os intelectuais alemães seguiam a evolução política de seu país com angústia e, para muitos entre eles, com desespero. Contudo, não imaginavam se exilar por longo tempo. Parecia-lhes impossível que a propaganda nazista, em seu excesso e suas aberrações, pudesse tocar as massas para além do razoável. Mesmo depois das eleições e do incêndio do Reichstag, alguns continuavam duvidando. Como o escritor judeu Alfred Döblin, que entendeu que a situação se tornava perigosa um pouco mais tarde, no dia em que, ao se aproximar de casa, percebeu um nazista plantado em frente à sua porta. Döblin tomou chá de sumiço e telefonou à sua esposa para avisar que voltaria para casa assim que o temporal passasse. Seus amigos persuadiram-no de que, na verdade, não se tratava de um temporal, e sim de uma tempestade, da qual ele devia fugir. Döblin se exilou.

Como os outros, ele imaginava partir por pouco tempo. Todo dia, os expatriados ouviam rádio, liam jornais, à espera de boas notícias. Mas não havia. Nunca. O regime instalava-se, estendia-se, consolidava-se, aterrorizava. A Bauhaus, instituição judeu-bolchevique, foi condenada e fechada. Os músicos e compositores judeus foram amordaçados. Os pintores dadaístas e expressionistas, proibidos de expor. Logo, o regime proibirá qualquer manifestação de arte moderna. Ele organizará exposições sobre a "arte degenerada", em que o público escarrará sobre Kokoschka, George Grosz, Klee, Kandinsky e outros – que partiram há muito tempo.

Muitos artistas exilaram-se na Tchecoslováquia: o presidente Masaryk dava apoio às vítimas de Hitler. Outros, em pequeno número, escolheram a Áustria, pois ali se falava alemão. A Holanda foi a preferência daqueles que não tinham documentos. A Inglaterra se mostrou pouco generosa, sobretudo em relação a refugiados comunistas, banidos. A Suíça abriu com dificuldade suas fronteiras. A França, enfim, acolheu cerca de 30 mil desterrados antifascistas. Paris, cidade dos direitos humanos, gozava de uma reputação de generosidade. Muitos artistas haviam ali passado uma temporada alguns anos antes, na grande época de Montparnasse. Além disso, o país não pecava por pró-germanismo. Ao contrário. Entretanto, os alemães eram uma coisa, os judeu-alemães, outra. As organizações de direita e a imprensa que seguia a mesma linha sem demora soltaram gritos estridentes diante das hordas semitas que irrompiam da Alemanha. A situação dos expatriados tornou-se mais difícil (até a eleição da Frente Popular, que tomará algumas medidas em favor deles), sobretudo a dos escritores, que foram os primeiros a fugir: inscritos antes de todos os demais artistas nas listas negras, haviam transposto as fronteiras desde 1933 para escapar da prisão ou da deportação.

Alguns já eram politizados. Outros, como Thomas Mann, vão se tornar, seja por uma conscientização pessoal, seja por conviver, no exílio, com adversários políticos que conseguiram escapar da decapitação dos partidos de esquerda após o incêndio do Reichstag (os quadros comunistas foram presos em uma noite). Entre os escritores que escolheram a França como exílio – Heinrich Mann, Lion Feuchtwanger, Bertolt Brecht, Erich Maria Remarque, Walter Benjamin, Arthur Koestler, Gustav Regler, Joseph Roth, Alfred Döblin, Manès Sperber, Anna Seghers (estes dois últimos presos depois soltos graças à pressão internacional) –, muitos subsistiam em condições miseráveis, morando em hotéis suspeitos do Quartier Latin ou da periferia. A maioria vivia com saudades do país, angústia pelo dia de amanhã e terror de se achar outra vez sem passaporte. Muitos encontravam um grande reconforto na casa de Gide, na Rue Vaneau, ou na de Malraux, na Rue du Bac. Todos esperavam com grande impaciência a abertura do Congresso pela Defesa da Cultura, neste 21 de junho de 1935, às dez horas da noite, na sala do Palais de la Mutualité.

Bertolt Brecht, Heinrich Mann, Robert Musil, Herbert George Wells, Aldous Huxley, Boris Pasternak, Isaac Babel... Todos estão presentes. Com exceção, claro, dos escritores do outro lado – Drieu la Rochelle, Maurras, Mauriac, Montherlant – e daqueles que pecam por excesso de trotskismo, anarquismo ou surrealismo.

Os jornalistas estão em seu posto, ao pé da tribuna. André Gide coordena a primeira sessão com André Malraux. Ele está intimidado. Levanta-se, senta-se, levanta-se de novo. Lê um pequeno texto de abertura, presta homenagem a René Crevel, depois passa a palavra a outros. Vira-se como pode nesse papel que não lhe é natural. Aplaude muito ou sem vigor. Nem sempre dá para ouvi-lo. Queria dar a palavra a todos, mas certas intervenções são tão longas que o tempo passa, o mediador se perde nos microfones, no agradecimento de uns, no de outros... Sussurram-lhe para que deixe falar uma mulher enviada pela Grécia e, como ele está travando batalha em uma frente mais ampla, insistem, voltam à carga: essa mulher viajou de quarta classe, os proletários de seu país se cotizaram para mandá-la a Paris, ela não pode voltar para casa sem ter falado... André Gide, enfim, vira-se para ela:

– Que bom, camarada, que a Grécia esteja aqui representada.

– Perdão – responde a interlocutora. – Eu sou da Índia.[1]

Barbusse afugenta os representantes por ser verborrágico e enfadonho. Chamson fica furioso, pois deve ser o próximo a falar. Heinrich Mann, o irmão de Thomas, inflama-se. Klaus, seu filho, provoca delírio na sala transmitindo a Gide, que os lê, depoimentos de artistas que ficaram na Alemanha sob as garras do regime nazista. Pasternak, aplaudidíssimo, só pronuncia algumas palavras, recomendando aos artistas não se organizarem. Babel conta histórias judias em francês. Ilya Ehrenburg garante que tudo vai mal em qualquer parte do mundo cultural, salvo na URSS. Malraux improvisa com verve, tiques e genialidade. Guéhenno espanta pelo sotaque proletário até então desconhecido, pulso em riste e pausa para os aplausos.

Jean Schlumberger: "Ele ruge, urra. As mãos crispadas, escande cada palavra, levanta e abaixa os punhos em um gesto contraído de maníaco".

São lidas mensagens de Romain Rolland e de Máximo Gorki, perdoados.

As pessoas ouvem Anna Seghers, H.G. Wells, Aldous Huxley, Aleksei Tolstói, Max Brod, Paul Nizan, Tristan Tzara...

Brecht dispõe de três minutos.

Os representantes antifascistas italianos são aclamados, a não ser quando um deles, Gaetano Salvemini, evoca o caso de Victor Serge.

O calor aumenta. Os casacos são postos de lado, os colarinhos, abertos, as mangas da camisa, arregaçadas.

Aragon lê um discurso pronunciado em 1º de maio por René Crevel diante dos operários de Boulogne-sur-Seine. No fundo da sala, vestindo seu eterno terno verde-garrafa, André Breton faz chacota, observando. Ele está como o descreveu Dalí: "Em quaisquer bastidores, sobretudo naqueles de um congresso, torna-se rapidamente o mais importuno e o mais inadequado de todos os *corpos estranhos*. Ele não pode nem correr nem ficar encostado na parede".[2] Aragon sabe disso tão bem que, da tribuna, fixa seu ex-amigo com um olhar carregado de violência, incapaz de se livrar dele, que, no entanto, virou as costas cada vez que se cruzaram nos vãos do Palais de la Mutualité.

Ambos esperam a vez de Paul Éluard. É ele quem deve ler o discurso preparado por André Breton. Sua fala está prevista para o penúltimo dia, em sessão noturna. Mas antes será preciso voltar a falar do caso Victor Serge.

Gaetano Salvemini lançou a primeira farpa. O escritor populista Henry Poulaille se encarregou do segundo ataque. Quando pediu a palavra, os organizadores, encabeçados por Aragon, recusaram: sabem qual é o assunto. Apoiado por uma camarada socialista de Victor Serge, Magdeleine Paz, Poulaille lança-se em uma série de palavras de ordem logo repetidas por uma parte da sala. Adversários e partidários de Victor Serge partem para as invectivas. Todas as tensões, divergências, oposições até então dissimuladas eclodem aos olhos de todos. Gritos se propagam: "Victor Serge, traidor!", "Victor Serge é inocente!". Na tribuna, Gide e Malraux não sabem como acalmar os ânimos da sala. Durante três dias, os oradores falaram com sabedoria a respeito do papel do escritor na sociedade, da relação entre a cultura e a nação, da liberdade do pensamento... Houve um pouco de enfado ao ouvir todos os discursos lidos nas línguas estrangeiras, depois traduzidos para o francês. Houve demorados e pacíficos debates à noite, nos cafés de Maubert e de Saint-Germain-des-Prés. Não houve nenhum deslize. E, de repente, tudo vai por água abaixo. Os participantes se engalfinham, alguns acusam Stalin, que a maioria defende. No fundo da sala, André Breton exulta.

Vencendo o tumulto generalizado, André Malraux se apodera do microfone e decreta que não se falará mais do caso Victor Serge. Henry Poulaille e seus amigos são expulsos. Ao passar, o escritor arranca sua foto, colada entre as de Aragon e Gide. Este conclui a sessão apelando para a confiança em relação à União Soviética.

Em 22 de junho, dia do enterro de René Crevel, os surrealistas fazem pouco-caso do congresso. Decididos a impedir a realização de uma cerimônia religiosa, encontram-se em um café próximo ao hospital Boucicaut. Breton, Éluard, Péret e Tanguy vão ao necrotério. Esperam arrancar o crucifixo caso achem um entre as mãos de seu amigo. Retornam em paz: temendo uma intervenção das tropas surrealistas, a família abdicou de toda pompa clerical.

No penúltimo dia do congresso, eles se reagrupam na sala, esperando sua hora. O discurso de Breton lido por Éluard foi enviado à coordenação do congresso, que decide, após leitura, o dia e a hora em que os oradores sobem à tribuna. Para Paul Éluard cabe, portanto, a véspera do encerramento, depois da meia-noite. Os bancos do Palais de la Mutualité estão cruelmente vazios. Os jornalistas abandonaram o congresso. Nas gráficas, as prensas rotativas preparam-se para o dia seguinte: as palavras de Éluard ecoarão no vazio.

Ainda assim, ele fala. Sob os assobios e os aplausos. Apenas tem tempo de dizer que, na opinião dos surrealistas, a colaboração cultural entre a França e a URSS é condenável, quando é interrompido pelo mediador da sessão. No microfone, este lembra que, como a sala está alugada até meia-noite e meia, é preciso se preparar para sair. Como para pontuar suas palavras, as luzes se apagam. Éluard vai até o fim de seu discurso.

No dia seguinte, Aragon responde. “Monótono uivo sobre a literatura revolucionária”, segundo Jean Schlumberger. “Rimbaud é declarado tão grande quanto Shakespeare ou Dante. Os surrealistas são desprezados como traidores e retrógrados.”[3] Aragon retoma o estribilho oficial que, ao longo de todo o congresso, foi despejado contra os amigos de André Breton, acusados de desviacionismo, de trotskismo e de maquinações contrarrevolucionárias. Eles foram insultados da melhor maneira, proibidos de tomar a palavra da pior forma. Assim como o representante tcheco, Vítězslav Nezval, que só conseguiu expressar seu furor de ter sido convidado para nada, já que, depois da leitura de seu discurso pelos censores stalinistas, foi privado do microfone. Furioso, Nezval chegou a subir à tribuna, onde expressou sua amargura e sua decepção. Louis Aragon, que estava de tocaia, aproximou-se dele e interrompeu-o sem cerimônia: "O congresso está encerrado".[4]

Era 25 de junho. Oficialmente, o congresso encerrava-se com um balanço louvável: 3 mil pessoas se deslocaram cada noite para ouvir os participantes. O público – estudantes, artistas, mas também operários e pessoas da classe média – seguira com assiduidade os debates.

Para continuar e coroar a obra tão bem iniciada, os congressistas decidiram criar uma Associação Internacional dos Escritores pela Defesa da Cultura, cuja sede seria fixada em Paris, mas que se reuniria a cada ano em um país diferente. Sua tarefa consistiria, entre outras, em apoiar as obras proibidas. Um comitê foi nomeado para presidir essa associação. Era composto sobretudo por Barbusse, Gide, Gorki, Huxley, pelos irmãos Mann e por quatro prêmios Nobel de literatura: Selma Lagerlöf, Bernard Shaw, Romain Rolland, Sinclair Lewis.

Quanto aos amigos de André Breton, publicaram um texto intitulado "Du temps que les surréalistes avaient raison", que atacava o congresso por sua submissão a Moscou. Revelando grande clarividência, o texto criticava o "regime *atual* da Rússia soviética e o líder todo-poderoso sob o qual esse regime se transforma na própria negação do que ele deveria ser e do que foi". Determinava: "Só podemos expressar formalmente nossa desconfiança quanto a esse regime, esse líder".

Assim chegava ao fim o noivado tumultuado entre o surrealismo e o comunismo. A ruptura estava consumada. Será definitiva. Ambas as partes quiseram ser espaços de liberdade. Usando uma mesma linguagem, tinham sucessivamente adotado, rejeitado, processado, condenado. No entanto, um dos dois movimentos pertencia à arte, enquanto o outro era apenas político. Ambos desejavam a revolução. Mas não se tratava da mesma. Cabe à arte tê-lo entendido antes da política.

A poesia infeliz

> Como é negra e grande a multidão das desgraças!
>
> Marina Tsvetaeva

Nestes dias de junho em que todos os exilados políticos refugiados na França acompanham os oradores que se sucedem na tribuna do Palais de la Mutualité, uma jovem mulher não desgruda os olhos de Boris Pasternak. Ela é morena, os cabelos lisos, tem um quê de muita doçura e muito desespero no olhar. É poetisa, nasceu na URSS, vive na miséria com seu marido e seus dois filhos, nas tristes profundezas dos subúrbios de Paris. Chama-se Marina Tsvetaeva. Por ora, ganha a vida lendo seus versos diante de parcas assembleias compostas por imigrantes russos. Seu esposo, Serguei Efron, tira alguns cachês de figurante quando algum produtor aceita contratá-lo para a rodagem de um filme. Marina é desprezada pela imprensa comunista porque Efron combateu no Exército Branco, contra os bolcheviques, e porque ela própria se mostrou bem crítica quanto à revolução: quando ela vivia em Moscou, expressou em alto e bom som um ponto de vista que todos os seus amigos, incluindo Maiakovski, conheciam. Ainda assim, de vez em quando consegue emplacar algumas poesias nos jornais tanto de um lado quanto de outro.

Ela está presente no Palais de la Mutualité porque quer ver Pasternak. Conheceu-o cerca de quinze anos antes, em estranhas circunstâncias. Seu marido havia sumido. Ela acreditava que ele estivesse morto, vítima da guerra civil. Estava sofrendo muito, já que acabava de perder uma de suas filhas e se culpava por essa morte. Morria de fome e de frio. Seus amigos buscavam em vão vestígios de Efron. Um deles, Ilya Ehrenburg, acabara descobrindo que ele se achava em Praga. Enviou um mensageiro para dar a informação a Marina. Esse mensageiro era Boris Pasternak. O poeta e a poetisa não se conheciam: apenas haviam se esbarrado em algumas reuniões literárias no tempo da revolução. Ela ficou impressionada por sua voz rouca e seus lapsos de memória. Ele mal prestara atenção nela.

Marina se encontrou outra vez com o marido em 1922. Sua filha, Ariadna, foi junto. Em Praga, ela se uniu aos escritores imigrados, Nina Berberova, Vladimir Nabokov... Conheceu Máximo Gorki. E o mais importante: recebeu uma carta de Pasternak que acabava de descobrir uma antologia de seus poemas, *Verstas*.

> Era preciso ler com muita atenção. Depois de fazer isso, soltei um grito de admiração: diante de mim descortinava-se um poço de força e de pureza. Não havia nada semelhante em nenhum lugar ao redor.[1]

Marina respondeu ao entusiasmo de Pasternak. Enviaram suas obras um ao outro. Comentaram-nas. Ela experimentou uma espécie de amor epistolar por aquele homem que só encontrara uma vez. Amava-o tanto que, quando esperava um filho, quis dar o nome de Boris. Seu marido não aceitou. Acabou se chamando Georges, que, ao longo de sua vida, ela chamaria de Nour.

Naquela época, Marina tinha um relacionamento extraconjugal com um amigo de seu marido, antigo oficial do tsar. Esta mulher apaixonada, imediatista, de grande brutalidade em seus arrebatamentos, atirara-se sobre ele antes de rejeitá-lo com o mesmo impulso.

Em 1925, a família Efron chegou à França. Marina e Pasternak não interromperam sua correspondência.

Em 1926, Pasternak descobriu "O poema do fim", de Marina. Escreveu a ela:

> És tão bela, és tão minha alma gêmea, tão minha alma gêmea, minha vida, desceste direto do céu para mim:

> tu convéns aos últimos recantos da alma. És minha, sempre foste, minha vida inteira é tua.[2]

O poeta mantinha então uma troca de correspondência com Rainer Maria Rilke, doente e em tratamento na Suíça. Desde sempre, este tinha fascínio pela língua e pela cultura da Rússia, para onde havia planejado se mudar.

Pasternak abriu o círculo, apresentando Marina a Rilke:

> Eu adoraria – oh, eu lhe suplico, perdoe minha audácia e essa aparência de indiscrição –, eu adoraria, eu me atreveria a desejar que ela experimentasse por sua vez algo semelhante à alegria que me inundou graças a você.[3]

Marina entrou na dança de cabeça: com seu excesso habitual. Uma de suas cartas a Rilke:

> Meu amor por ti dividiu-se em dias e em cartas, em horas e em linhas... Quero dormir contigo – adormecer e dormir contigo. Essa maravilhosa expressão popular, como é verdadeira, profunda, inequívoca, como diz bem o que diz. Simplesmente dormir. Nada mais. Ou talvez enfiar minha cabeça no teu ombro esquerdo, passar meu braço sobre teu ombro direito – nada mais. Ou talvez saber, até o mais profundo sono, que é tu. E mais: como um Coração bate. E – beijar teu coração.[4]

Assim, esses três personagens que, por assim dizer, nunca haviam se encontrado, trocaram palavras de grande intimidade, declarações de amor, juras de fidelidade eterna que a morte de Rilke, em 1926, interrompeu para sempre, deixando no coração de Marina Tsvetaeva uma ferida que jamais cicatrizou. Foi ela quem deu a notícia a Pasternak.

Aproximadamente dez anos se passaram e, mesmo que não se escrevam mais, ela não esqueceu o poeta russo.

A tragédia, que a estrangula como um destino amargo, não a deixou em paz. É o que conta a Boris Pasternak quando o reencontra enfim nos corredores do Palais de la Mutualité. Durante todos aqueles anos, ela se mudou de subúrbio para subúrbio, de cubículo para cubículo, sustentada com doações que alguns amigos arrecadam para que eles possam viver: ela, seu marido e seus dois filhos. Graças a contribuições dadas por alguns amigos fiéis, ela publicou uma coletânea: *Depois da Rússia*. Claro, não vendeu. Agora, ela adoraria voltar à sua terra.

Boris Pasternak ouve Marina, mas não existe mais paixão entre eles. Uma distância. Um mal-estar. As palavras não sabem mais reaproximá-los. Ele só lhe dá um conselho: "Seja como for, não volte a Moscou".

Infelizmente, ela voltará. Ariadna partirá primeiro, em 1937. Seu marido a seguir, depois de um provável desvio pela Espanha, onde, a fim de apagar seu passado de russo branco, participará, ao que parece, de ações criminosas comandadas por Stalin contra a oposição de esquerda espanhola. Marina retornará a seu país em 1939. Algumas semanas depois, sua filha será presa. Depois, seu marido. A poetisa conhecerá a vida das mães e das esposas atormentadas pelo medo da morte dos seus. Ela será ignorada pelos seus colegas. Exilada. Suspeita. O próprio Pasternak vai evitá-la. Ela viverá na miséria, sozinha com seu filho.

Durante a guerra, os dois vão se exilar em uma cidadezinha de uma república afastada. Antes de deixar Moscou, Marina confiará as cartas de Pasternak e as de Rilke às Edições Literárias do Estado.

Marina não tornará a ver Ariadna, deportada durante oito anos. Nem Serguei Efron, fuzilado em 1941. No mesmo ano, ela ceifará a própria vida.

Em 1957, o terceiro plenário da União dos Escritores da União Soviética a reconhecerá como um dos mais eminentes poetas da nação.

Um ano depois, Boris Pasternak obterá o prêmio Nobel de literatura por sua grande obra, *Doutor Jivago*. O plenário da União dos Escritores da União Soviética vai obrigá-lo a recusar a honraria e excluí-lo de suas cadeiras.

Batalhas

Amo a pureza a ponto de amar a impureza,
sem a qual a pureza seria falsificação.
Georges Bataille

Em 1934, o pintor André Masson se exilou em Tossa de Mar, na Catalunha. Considerado antigamente como um dos principais pintores surrealistas, Masson foi excluído do movimento por André Breton. Antes de a ameaça fascista reaproximá-los de novo, o escritor censurava o pintor por nunca se envolver nos acontecimentos políticos e por não se preocupar com problemas da sociedade.

André Masson é muito ligado a Miró. Ambos viveram em ateliês contíguos em Paris, na Rue Blomet, um dos lugares sagrados do surrealismo dos anos 20. Michel Leiris, Antonin Artaud, Robert Desnos, Roland Tual e muitos outros iam lá com regularidade. Os artistas liam juntos, bebiam, fumavam ópio, brincavam do jogo dos papeizinhos, inventado por Tristan Tzara e Jacques Prévert.

Certo dia de 1935, um dos habitués da Rue Blomet que Masson conhece desde 1924 e com quem compartilhou diversas experiências artísticas chega a Tossa de Mar. Um homem dotado de grande poder de fascinação, olhos claros, maneira de vestir burguesa, uma requintada educação, precedida, seguida e cercada de uma dupla reputação: a de um intelectual que impressiona pelo saber e pela inteligência, mas polêmico, imoral, escandaloso, louco. "Filósofo excremento"[1], segundo André Breton, "doente" para Simone Weil, "repugnante" para Paul Éluard.

Por que Georges Bataille seria louco? Porque seu pai, com sífilis e cego, perdeu o uso das pernas e depois da razão? Porque sua mãe, por sua vez, talvez (não é comprovado) tivesse depressão? Essa circunstância não justifica nada, mesmo que explique por que Bataille tenha sido marcado por toda a vida por imagens terríveis ligadas a essa infância, imagens de que o escritor se valeria em sua obra. Obra escandalosa, inegavelmente.

Ele era devoto e praticante. Tornou-se blasfemador. Pior ainda: fora ele mesmo que escolhera, aos dezessete anos, romper com o ateísmo de seus pais ao se converter ao catolicismo, o que ocorreu em 1914, na Catedral de Notre-Dame de Reims. Durante alguns anos, Bataille levou uma existência das mais cristãs, cogitando até se tornar padre. Então, certo dia de 1924, brutalmente, conheceu Nietzsche. Tudo balançou. Ele trocou a igreja pelo bordel. A obra *História do olho*, publicada quase clandestinamente em 1928, era assinada por Lord Auch, contração de *Dieu* (Lord) *aux chiottes* [no banheiro] (seu primeiro livro escrito era intitulado W-C.).

Ele empurrou a porta do Sphinx, bordel luxuosíssimo de arquitetura egípcia situado no Boulevard Edgar-Quinet, frequentado também por senadores e diversos artistas conhecidos e desconhecidos. Bataille, antigo aluno da École Nationale des Chartes (e colega de André Masson) que se tornou arquivista na Biblioteca Nacional francesa, conhecia perfeitamente todas as espeluncas de Paris, do subúrbio e do interior. Grande beberrão, fino sommelier. O que não o impedia de multiplicar os encontros galantes, e também os encontros mais importantes.

Em 1927, conheceu uma moça de dezenove anos, judia e romena: Sylvia Maklès. Um ano depois, para grande pesar de Théodore Fraenkel, que estava perdidamente apaixonado por ela, desposou-a. Michel Leiris foi testemunha de Bataille. Já Masson se casaria com a irmã de Sylvia, Rose.

Sylvia era amiga de Jacques Prévert. Foi atriz. Suas principais interpretações ocorrem nos filmes *O crime do sr. Lange* e *Um dia no campo*, ambos de Jean Renoir. Ela tornou-se um dos pilares do Grupo Outubro até a sua dissolução, em 1936.

Dois anos antes, Bataille fora acompanhá-la, ela e a filha deles, Laurence, a Tossa de Mar. Após retornar a Paris sozinho, o escritor se lançaria em uma onda de libertinagem da qual emergiria em breve nos braços de outra mulher, que ele já conhecia antes e pela qual estava muito apaixonado. Na mesma época, Sylvia era convidada à casa – no Boulevard Malesherbes – de um psicanalista já célebre que ela detestou à primeira vista, mas de quem carregaria um dia oficialmente o sobrenome: Jacques Lacan.

Quando, em 1931, Georges Bataille conhece Colette Peignot, ela é a companheira de um militante de extrema esquerda cuja opinião conta tanto para os surrealistas quanto para todos que se interessam pelo movimento comunista internacional: Boris Lifschitz, vulgo Boris Souvarine.

Souvarine é russo. Veio para a França com três anos de idade. Foi sindicalista, membro fundador do Partido Comunista francês, líder do Comintern, antes de ser excluído, em 1924, por se posicionar a favor de Trotski contra Stalin. A partir de então, definia-se como "comunista independente", e não como trotskista: se defendeu "o Velho", fora menos por razões ideológicas do que contra os métodos stalinistas. Haja vista que, após um longo período na União Soviética, compreendeu do que o regime é feito e quanto constitui uma verdadeira traição ao marxismo original. Une-se, pois, a Victor Serge e André Breton.

Souvarine não mede esforços em seus ataques contra o stalinismo. Criou o Círculo Comunista Democrático, que acolhe todos os militantes comunistas banidos. Aragon (antes do congresso de Kharkov), Breton, Desnos, Éluard, Péret, Tzara, Simone Weil e Bataille participaram de certas reuniões do Círculo.

Edita uma revista, *La Critique sociale*, primeiro órgão de imprensa realmente importante situado à esquerda do Partido Comunista. Raymond Queneau e Michel Leiris estão entre os amigos e os colaboradores do periódico, bem como Jean Bernier, escritor e jornalista, por quem Colette Peignot foi perdidamente apaixonada, a ponto de disparar uma bala no coração quando ele a abandonou (ela errou por um centímetro). Colette, que assina seus artigos com um pseudônimo e financia o projeto graças a uma herança, será então amante dos três sustentáculos de *La Critique sociale*: Bernier, Souvarine e Bataille, o que explica as relações complicadas entre eles, sobretudo entre Bataille e Souvarine. Este, muito mal pela sua separação da moça, alimentará verdadeiro ódio contra seu rival, que ele desprezará publicamente acusando-o em particular de ser antissemita e "desregrado sexual".

Quanto a André Breton, também gravita em torno de *La Critique sociale*. Sem mal-estar específico em relação a um homem cujo gosto pelos bordéis e pelas orgias vai de encontro a um puritanismo visceral que levou o autor de *Nadja* a manter na linha os surrealistas nesse tema.

Entretanto, os ajustes de conta são previsíveis. Por intermédio de Michel Leiris, Bataille abordou o surrealismo na ponta dos pés antes de se afastar ruidosamente. Nunca foi membro do movimento, e sim apenas simpatizante. Ainda se considerava dadá enquanto os outros não eram mais. O *Manifesto surrealista* parecera-lhe "ilegível"; a escrita automática, cansativa; Breton, pretensioso, "convencional, sem a sutileza que duvida e geme"; Aragon, decepcionante, "nem louco, nem inteligente", emprestando-se "uma envergadura que não tinha".[2]

Por todas essas razões, Bataille permaneceu afastado do movimento, o que não o impediu de receber as farpas do Breton do *Segundo manifesto surrealista*, em 1930. Censurava-o por ter criado a revista *Documents*, muito competitiva, por ter contratado Michel Leiris como secretário de redação e por ter acolhido as renegadas penas de Desnos, Prévert, Masson, Limbour – entre outros. Nesse mesmo manifesto, com o espírito de nuance que o caracteriza, Breton ajustava suas contas: "A desgraça para o sr. Bataille é que ele raciocina"; "ele busca, com a ajuda do pequeno mecanismo que ainda não está completamente avariado nele, comunicar suas obsessões"; "faz um abuso delirante dos adjetivos: sujo, senil, rançoso, sórdido, libertino, gagá, e essas palavras, longe de lhe servirem na descrição de um estado de coisas insuportável, são aquelas pelas quais se exprime mais liricamente seu deleite"[3] etc.

Bataille respondera coassinando o panfleto injurioso endereçado a Breton, *Un cadavre*, nos moldes e com o mesmo título daquele dos surrealistas lançado "em memória de" Anatole France, em 1924. "Não é mais preciso que, depois de morto, esse homem levante poeira." A frase, endereçada outrora a France, estava dessa vez presente no panfleto destinado ao surrealista, situada acima de uma foto com o rosto de Breton, a testa com uma coroa de espinhos, uma lágrima de sangue pingando do canto dos olhos.

Todavia, os homens fizeram um pacto de paz, que se revelará talvez uma trégua, mas que, por ora, não os impede de se reaproximar. Esquecem as palavras vingativas, as profundas divergências que os opõem a respeito de Sade (desviado pelos surrealistas, segundo Bataille), os rancores alimentados dos dois lados em relação à revista *Minotaure*, encomendada pelo editor Skira a Breton e Masson, fagocitada em breve por Breton e seus amigos.

Tudo porque então o fascismo está em curso e é preciso combatê-lo. Para Bataille, as estratégias clássicas adotadas pelos movimentos operários levam ao fracasso. A prova: não conseguiram impedir que a Itália e a Alemanha naufragassem no fascismo. Seu objetivo, portanto, é desviar em prol da esquerda os métodos utilizados pelos regimes totalitários, que sabem tão bem reanimar as consciências adormecidas pelas democracias. É a que vai se dedicar nos artigos enviados à revista *La Critique sociale* e, em seguida, depois do fim desta, à *Contre-attaque*, fundada por ele mesmo e seus amigos em 1935.

Contre-attaque reúne os círculos souvarinianos, mas também os surrealistas, capitaneados por Breton. O primeiro manifesto publicado pela revista traz as assinaturas de Roger Blin, Benjamin Péret, Léo Malet, Paul Éluard, Pierre Klossowski (o irmão de Balthus), Yves Tanguy, Dora Maar, Georges Bataille, André Breton e alguns outros. Mas não a de André Masson. O pintor jamais foi marxista e não apoia o programa: revolução, ditadura do proletariado, morte ao capitalismo – escravidão moderna –, abaixo a autoridade dos pais sobre os filhos, viva a expressão das paixões – sejam elas sexuais –, guerra ao fascismo, guerra ao stalinismo. As palavras de ordem mais políticas são emprestadas do Círculo Comunista Democrático de Souvarine, visionário em sua crítica à União Soviética, e as outras, da filosofia bataillana, feita de violência, provocação, erotismo e liberdade.

Contre-attaque sobreviveria alguns meses na dualidade Breton/Bataille, depois afundaria antes do confronto direto dessas duas cabeças pensantes da oposição de esquerda ao Partido Comunista. De acordo com Pierre Klossowski, que participava da aventura, "Breton não podia não ficar impressionado com Bataille. Ao passo que desconfio que Bataille sempre tenha tido uma tendência a achar Breton um pouco ingênuo". Michel Leiris diverge um pouco: "Bataille ficava certamente impressionado com Breton. Contrário, mas impressionado".[4]

Quando Georges Bataille chega a Tossa de Mar, em 1935, a revista *Contre-attaque* está morta e enterrada. O que veio então fazer o escritor na casa de seu amigo Masson? Em 1928, pedira-lhe para ilustrar a *História do olho*, em 1931, sua obra *Anus solaire*. Em 1935, terminou *O azul do céu* (dedicado a Masson e publicado vinte anos mais tarde). No momento, veio falar com ele de um projeto que considera importantíssimo: a criação de uma nova revista acompanhada de uma sociedade secreta, *Acéphale*. Desta vez, Masson apoia a iniciativa. Desenha um homem sem cabeça, simbolizando o poder do grupo sobre o poder de um homem só: a cabeça encontra-se no lugar do sexo. O desenho será a capa de *Acéphale*.

Enquanto um desenha, o outro escreve. Em alguns dias, Bataille redige o programa da revista. *Acéphale* abordará as religiões, a sociologia, a filosofia. Pedra angular: o homem deve entregar-se a suas paixões sem ficar submetido à ditadura do espírito. Masson, desta vez, apoia. Seja como for, a política o capturou de novo. Ele, que deixou a França dois anos antes para fugir das ligas e da extrema direita, ainda não sabe que, daqui a alguns meses, o fascismo vai trazê-lo de volta para dentro das suas fronteiras.

O bar do hotel Pont-Royal

> Revejo os olhos da minha esposa.
> Não verei nada além desses olhos. Eles questionam.
> Revejo os olhos de todos que, talvez, gostem de mim.
> E esses olhos questionam. Toda uma assembleia de olhares reprova meu silêncio.
>
> Antoine de Saint-Exupéry

O ano de 1935 chega ao fim. Nos Estados Unidos, o compositor George Gershwin criou sua ópera *Porgy and Bess*. Alban Berg morre na Áustria. E Paul Signac, na França. E Fernando Pessoa, em Portugal. Em Oslo, Irène e Frédéric Joliot-Curie recebem o prêmio Nobel de química. As leis raciais são proclamadas em Nuremberg. Os italianos invadem a Etiópia. Na China, em Yan'an, província do Shaanxi, Mao Tse-Tung termina sua Grande Marcha. Em Le Havre, o SS *Normandie* lança-se para os Estados Unidos. Em Paris, na Rue Montalembert, hotel Pont-Royal, a nata das artes e da literatura francesa se reúne. Desta vez, não se trata da comemoração de um dos inúmeros prêmios literários recebidos pela Gallimard, que está a cinquenta metros e cujos autores e editores se encontram religiosamente ali, nas poltronas de couro do bar situado no subsolo. As pessoas estão ali para esperar. Gide, Malraux, o escritor Léon Werth, os pintores Derain, Van Dongen, os irmãos Kessel, Gaston Gallimard, um enxame de jornalistas... todos cercam uma morena baixinha de olhos negros que, já há três noites, espera notícias de seu marido.

Antoine de Saint-Exupéry.

Ele partiu em 29 de dezembro, às sete horas da manhã, do aeroporto Le Bourget. Comandando seu Caudron Simoun, comprado pouco depois de sua volta de Moscou, tenta bater o recorde de André Japy, que foi de Paris a Saigon em 98 horas e 52 minutos. Desde sua partida, não se tem notícias.

A sra. Consuelo de Saint-Exupéry, cujo sobrenome de solteira era Sucín de Sandoval, tem os olhos úmidos. Recorda-se de sua primeira viagem de avião com o diretor da Aeropostal Argentina. Foi pouco tempo depois da publicação de *Correio Sul*, pela Gallimard, quando Saint--Exupéry, acompanhado de Mermoz e Guillaumet, chegara à América do Sul a fim de ali desenvolver novos caminhos para o rumo do correio. Na época, a bela Consuelo esculpia e desenhava. A primeira coisa que revelara a seu futuro marido, quando o conheceu, era que nunca havia voado de avião.

– Eu a levo – disse ele.

Ele havia preparado um passeio por cima de Buenos Aires com alguns amigos. Consuelo tentara escapar. De tanto ele insistir, ela cedeu. Os amigos sentaram-se atrás. Ela foi com ele, na cabine, no lugar do copiloto. O Latécoère 28 decolou. Já no céu, o piloto colocara a mão na coxa da moça, dizendo:

– Beije-me.

Ela encarara-o, mais surpresa do que em cólera.

– Beije-me – repetiu Saint-Exupéry.

Ela explicou que uma pessoa de seu povo, de seu nível e de sua reputação só beijava o homem amado.

– Paciência... – murmurou ele.

Ele puxara a alavanca de comando para trás e o avião mergulhara. O Rio da Prata aproximava-se perigosamente.

– Beije-me.

Ela o fizera. Na bochecha. Ele empurrou a alavanca de comando.

– Mais um, por favor.

Ela repetiu.

– Melhor do que isto.

Ela o beijara na boca.

Com paixão.

Ele se casou com ela.

Três anos depois, nada mais andava. Ela o censurava por seu caráter possessivo e ciumento, por nunca estar a seu lado, por traí-la, por confundir boa fortuna literária com fortuna.

Eles não são ricos. Entretanto, ele pilota, escreve não só livros como também roteiros, detém patentes técnicas, faz conferências para apresentar a companhia Air France, recentemente criada, da qual assegura as relações públicas... Não basta. Talvez porque também seja um grande pândego, um pouco opiomaníaco, esbanjando seu dinheiro em Bugatti esportivos grosseiramente remendados ou em aviões com os quais tenta bater recordes mundiais para ganhar dinheiro.

Consuelo era completamente contra essa viagem. Mal preparada: na noite anterior à partida, sobre as mesas do hotel onde os amigos agora aguardam notícias, Antoine ainda ajustava seus mapas, cortando, colando, registrando as rotas e as distâncias. Inútil: enquanto os oficiais de justiça batem à porta do apartamento da Rue de Chanaleilles, que necessidade havia de sacrificar o gás, a eletricidade, os móveis para a compra dessa máquina de infelicidade que não enriquecerá nada nem ninguém?

Consuelo pragueja. Ainda mais porque, nos degraus de baixo, em um véu de fumaça azulada, acaba de aparecer uma mulher morena com andar adoravelmente claudicante que a jovem salvadorenha detesta e de quem tem ciúme: Louise de Vilmorin. Ela tem um vago parentesco com a família Saint-Exupéry, o que não a impediu de contar com Antoine entre seus pretendentes. Séculos atrás. Eles estavam com seus vinte anos. Cantavam duetos nas recepções, ele como barítono, ela como soprano. Ele morria de amores por ela, e Consuelo desconfia que ainda morre, apesar de todos esses anos. Ele lhe escreve com muita frequência. Foi para ela que dedicou o manuscrito de *Correio Sul*.

– Por que Antoine se lançou nessa aventura Paris – Saigon? – perguntou a recém-chegada.

Ela usa uma safira magnífica: a que Antoine lhe ofereceu nos tempos idos, por ocasião do noivado deles, que ela desfez um pouco mais tarde, para enorme alegria da família, que se perguntava o que um piloto sem fortuna acrescentaria a uma herdeira que usufruía de uma propriedade sublime em Verrières-le-Buisson e de uma mansão no Faubourg Saint-Germain... Naturalmente, para agradar sua prometida, Antoine prometera até deixar de voar, trocando seu traje de aviador pelo colete dos burocratas: metamorfoseara-se em inspetor em uma usina que fabricava telhas; depois, tornara-se representante dos caminhões Saurer nos departamentos de Allier e Creuse. Por sorte, após a ruptura, retomara suas primeiras paixões. Ele garantira a linha Toulouse-Casablanca, em seguida Casablanca-Dakar para a conta das Lignes Aériennes Latécoère (que se tornarão a famosa Aéropostale). Tornara-se chefe de correio do cabo Juby antes de ir para a América do Sul, onde Consuelo lhe concedera a mão.

– Sim, por que ele se lançou nessa roubada? – indaga outra vez a sra. De Vilmorin.

– Pelo dinheiro – grunhe Consuelo entredentes.

Ele está abarrotado de dívidas. Para fugir dos oficiais de justiça, sua mulher se refugiou em um quarto do hotel Pont-Royal. Se, antes de 31 de dezembro de 1935, Antoine bater o recorde de André Japy, ela poderá voltar para casa sem apreensão: ele receberá um cheque de 50 mil francos.

Ele partiu para o voo no amanhecer do dia 29, na companhia de Paul Prévot, seu mecânico. Na véspera, os amigos vieram lhe desejar boa sorte no bar do hotel Pont-Royal. O Caudron Simoun foi esvaziado de tudo o que não era indispensável, sobretudo o receptor de rádio. A meteorologia, consultada na véspera, previa ventos favoráveis e nenhuma tempestade de areia.

Três horas depois da partida, o avião sobrevoa o Mediterrâneo na tempestade. Ele passa sobre Túnis, faz uma curva, vai para o interior e posa em Bengasi, às onze horas da noite do dia 29 de dezembro. É só o tempo de conferir os papéis e completar o tanque, e o avião volta a decolar. Vai em direção a Alexandria. Saint-Exupéry esvazia suas térmicas de café e fuma um cigarro atrás do outro. Seu mecânico dorme atrás. O piloto vigia os painéis com a luz de uma lanterna de bolso. Está sozinho na noite: o que ele mais gosta no mundo.

Voa sem o menor incidente no transcorrer das três horas seguintes. Passa ao largo de Alexandria. Segundo seus cálculos, tem cerca de duas horas de vantagem em relação ao horário de Japy. Se mantiver a média, o recorde será batido.

Atravessa uma camada espessa de nuvens e prossegue sem grande visibilidade. Quando Prévot acorda, estima que o Cairo se aproxima. Ao redor, apenas um denso nevoeiro. Não dá para ver nem ouvir nada. É uma noite sem lua. Necessário descer.

Saint-Exupéry reduz a velocidade e empurra com suavidade a alavanca de comando. Espera deslizar para baixo das nuvens, a fim de observar pontos de referência. Contudo, a bruma não se dissipa. E não se pode descer mais, a menos que se corra riscos. O Caudron Simoun voa a 270 quilômetros por hora. Na cabine, os dois homens estão tensos. Esperam uma brecha que lhes permita ver o Nilo. Porém, pelo olhar só passam a escuridão e o vazio.

Saint-Exupéry volta a subir. Depois desce outra vez. Procura.

> Tento sondar o que está debaixo de mim. Tento descobrir luzes, sinais. Sou um homem que remexe cinzas. Sou um homem que se esforça para reencontrar as brasas da vida no fundo de uma lareira.[1]

De repente, um choque forte o arremessa contra o para-brisa. Um tremor de terra. Prévot balança de pernas para o ar. Não é o Nilo, e o Cairo ainda está longe. Neste 30 de dezembro de 1935, às 2h45, o Caudron Simoun acaba de despedaçar seus 180 cavalos no deserto líbio.

Em Paris, sem notícias há longas horas, Consuelo consulta os videntes. Já os amigos se inquietam. O hotel

Pont-Royal não esvazia. Por que Saint-Exupéry não dá nenhuma notícia? Onde se encontra? O que está fazendo?

Ele salta da carlinga pelas janelas arrancadas. Corre para afastar-se do avião. Entretanto, este não explode. O piloto e seu mecânico voltam para medir os estragos. Por 250 metros, pedaços de fuselagem, cacos de vidro, mil fragmentos do avião perdido. É um milagre que tenham escapado. Até aquele momento. Mas e agora?

Não há mais água, apenas um pouco de café e um resto de vinho branco. Eles não sabem onde estão. Não têm nenhum meio de alertar alguém. Só podem caminhar sobre a areia sem fim, em busca de uma quimera: homens e um oásis.

Eles partem. Retornam. Separam-se. Reencontram-se. O sol nasce, e logo estão mortos de sede. Avistam nômades, água azul, maravilhosas miragens... Na primeira noite, ateiam fogo em materiais retirados do Caudron Simoun, na esperança de que uma asa amiga aviste as chamas. Mas não. No dia seguinte, precisam tornar a partir, a voltar... Na manhã seguinte, recolhem o orvalho gotejando sobre a carlinga. Eles escoam essa água e a bebem. Imunda, mas têm escolha?

Acabam abandonando em definitivo o avião, rompendo com a regra comum. Agora têm certeza de que ninguém encontrará os destroços. Caminham para o leste. Engolem um pouco de éter e álcool recuperados do avião. Seguem de miragem em miragem, titubeando, agora esperando a morte.

Depois de três dias de errância, um beduíno os salva. São repatriados no Egito. À meia-noite de 2 de janeiro, Consuelo e todos os amigos reunidos no hotel Pont-Royal ficam sabendo que Antoine de Saint-Exupéry está salvo. O ano de 1936 pode começar.

II

Moscou – Paris

KAFKA & CIA.

> Agora é impossível defender a URSS sem mentir e sem saber que se mente.
>
> PIERRE HERBART

Em junho de 1936, um navio vai se fazer ao mar. Dois anos depois de ter levado Jacques Prévert, o Grupo Outubro e muitos outros viajantes ilustres até as margens da pátria do socialismo em curso, o *Cooperatzia*, outra vez no cais, aquece seu motor. Mais uma vez transporta homens de letras: Jacques Schiffrin, Eugène Dabit, Louis Guilloux, Jef Last.

O primeiro, de origem russa, é um leitor apaixonado que fica infeliz por viajar porque as páginas dos livros terminam mais rápido do que os quilômetros percorridos. Essa falta suscitou uma ideia extraordinária no espírito do viajante bibliófilo que se tornou editor: ele imaginou o livro de bolso de luxo, impresso em um papel-bíblia tão fino que cada volume reuniria diversas centenas de folhas. Assim Jacques Schiffrin inventou as edições da Pléiade.

O segundo passageiro, Eugène Dabit, é um filho de proletário que recebeu o prêmio Populista por seu primeiro romance, *Hôtel du Nord*, cujo panorama é inspirado no hotel que sua família tinha às margens do canal Saint-Martin. No passado aprendiz de ferreiro, depois eletricista, Dabit fica encantado pelo milagre que lhe ocorreu: pode viver de sua pena. Depois de sofrer muito na Primeira Guerra Mundial, vinga-se de sua lembrança vivendo cada dia como se fosse o último.

Louis Guilloux, o terceiro viajante, filho de um sapateiro de Saint-Brieuc, foi, em 1935, secretário do I Congresso dos Escritores Antifascistas. No mesmo ano, publicou *Le Sang noir*, sua obra-prima. É um homem muito atraente, discreto, dilacerado pelos abismos de seu século.

Jef Last é holandês, filho de um funcionário de alto escalão, militante de esquerda desde sua tenra juventude. Foi sucessivamente marinheiro, mineiro, operário, mergulhador, jornalista... Membro do Partido Comunista de seu país, é antes de tudo poeta e escritor. Seus escritos exaltam a condição operária e condenam o colonialismo de sua terra natal.

No convés do navio, esses quatro turistas a caminho da URSS procuram mulheres. Todos seduzem, cada um à sua maneira. Guilloux e Schiffrin brutalmente, sem rodeios, propondo o que desejam e oferecendo o que podem. Dabit, jovem homem tímido e poeta, inveja o savoir-faire dos outros dois. Mas é ele quem se apaixona, por uma moça chamada Alison. É estrangeira. Ele tornará a vê-la em Leningrado, depois em Moscou e em Tbilisi.

Um homem é o elo entre os quatro viajantes. Esse homem, convidado pelas autoridades soviéticas, desdobrou-se para que seus amigos o acompanhassem. Propôs ajudá-los financeiramente. Recorreu a seus inúmeros contatos a fim de obter vistos. Contatou pessoalmente o embaixador da URSS em Paris. Quando os soviéticos fizeram jogo duro ao saber que Schiffrin estaria na viagem – um russo fora da norma ideológica que vivia longe da pátria mãe! –, foi preciso prometer que o editor não participaria de nenhuma reunião oficial.

André Gide – pois é dele que se trata – está na origem do périplo. Também ocupa um lugar especial no coração de três dos passageiros do *Cooperatzia*. Foi ele quem apresentou Jacques Schiffrin a Gaston Gallimard quando, por falta de recurso, a Pléiade buscava um parceiro. Também foi ele quem pediu a Roger Martin du Gard para ajudar Eugène Dabit a publicar seu primeiro livro. Por fim, foi ele quem insistiu para que Louis Guilloux, de quem admira a obra e o engajamento político, o acompanhasse até Moscou.

A ideia de convidar André Gide a terras soviéticas não é nova. Data dos posicionamentos do escritor ao lado da esquerda. Concretizou-se certo dia de agosto de 1935, em Saint-Brieuc, durante uma conversa entre Louis Guilloux e o famoso *apparatchik* equilibrista dedicado à causa: Ilya Ehrenburg. Os dois autores caminhavam pelas ruas da cidade quando Ehrenburg perguntou quantas pessoas se deslocariam caso André Gide fosse dar ali uma conferência.

– Mil – respondeu Louis Guilloux.

– Quantos habitantes tem Saint-Brieuc?

– Quase 30 mil.

– Se Gide falasse em uma cidade soviética do tamanho de Saint-Brieuc, não teria mil ouvintes, mas 10 mil. Seria um verdadeiro triunfo.

A ideia não saiu da cabeça de Ilya Ehrenburg. Falou sobre ela com André Malraux, suplicando para que este fosse à casa de Gide a fim de convencê-lo a fazer a viagem: nada contribuiria tanto para as boas relações entre Paris e Moscou.

André Malraux faz a mediação.

Ilya Ehrenburg, por sua vez, intercedeu nas embaixadas. O correspondente do *Izvestia* não nutria àquele tempo paixão particular pelo escritor. Estava acima de tudo contente por vê-lo parte de uma causa que tinha grande necessidade de bajuladores. Mas o homem lhe era estranho. Ehrenburg via-o como uma espécie de pregador inteligente e culto que, leitor de Goethe e Montaigne, exercitava-se na leitura de Marx (em dada época, Gide passeava com um volume de *O capital* no bolso). Afora isso, ele lhe parecia muito preocupado com a própria saúde, temendo sempre um resfriado, uma crise de fígado, um dodói qualquer. Considera-o também um grande narcisista, que, de passagem pelo vasto mundo, não cruzava nunca senão com uma pessoa: ele mesmo. Depois de sua volta da URSS, e quando seus escritos o tiverem afastado de grande parte da intelligentsia internacional, Gide vai se tornar um depósito de lixo que Ilya Ehrenburg evitará com cuidado.

Entretanto, ainda não chegou esse dia.

Foi fácil de convencer Gide. Desde 1932, com alguma ingenuidade, confessava a Julien Green que só pensava em duas coisas: na Rússia e no comunismo. “Para que serve escrever livros? Isso quase não faz mais sentido, à véspera dos acontecimentos consideráveis que estão prestes a acontecer no mundo."[1]

Assim, alguns dias antes da partida, o Vaneau reencontrou a exaltação dos grandes momentos. A viagem de André Gide a Moscou é um acontecimento notável: para uns, ele vai se lançar na boca do lobo; para outros, vai testemunhar o sucesso de uma experiência extraordinária. Sentado em uma poltrona da biblioteca, Ilya Ehrenburg saboreia sua vitória. Seu cão Buzu está ainda mais feliz: André Gide fala, fala, fala, pega um biscoito, balança a mão para pontuar suas palavras, esquece o biscoito, que o cachorro devora com um ágil movimento de dentes. E assim até o momento em que, saciado, o animal deita-se aos pés de seu dono.

A pequena Catherine, treze anos, entra e beija o escritor na bochecha. Há dois meses, sabe que ele é seu pai. Gide lhe explicou que o segredo não fora revelado antes porque ele é casado e não quer magoar sua esposa. Por isso, a criança não carrega seu sobrenome.

Catherine passa dos joelhos de seu pai para os braços de sua mãe, depois para aqueles de seu padrasto, que desempenhou um papel fundamental na decisão de André Gide ir à URSS: Pierre Herbart.

Desde que se conheceram, sete anos antes, Gide e Herbart não se desgrudaram mais. O escritor admira a liberdade total desse companheiro homossexual, adorador de haxixe e ópio, filho de um sem-teto, que se casou com a mãe da pequena Catherine, Elisabeth van Rysselberghe. Gide ficou contente com o fato (ele que provavelmente facilitou o noivado), pois era um meio de manter Herbart perto de si. Nesse círculo estreitíssimo que vive no Vaneau, ele tornou-se o primeiro confidente do dono. No entanto, não está sempre presente. Herbart é um grande viajante, um homem que não pode ficar muito tempo no mesmo lugar. Assim como André Gide, ele visitou demoradamente a África. Tornou-se um anticolonialista militante. Em 1933, ingressou no Partido Comunista. Escreve romances, mas também artigos para *L'Humanité* e para o periódico de Henri Barbusse, *Monde*.

Em 1935, instalou-se em Moscou, onde, durante oito meses, ocupou um "cabide"[2]: dirigiu a edição francesa de uma revista da qual Paul Nizan e Paul Vaillant-Couturier encarregaram-se antes dele, *La Littérature internationale*. Neste cargo, descobriu todo o disparate de um sistema eminentemente kafkiano. Estava cercado de diversos colaboradores entre os quais apenas alguns trabalhavam. Os outros estavam ali como censores. Herbart trabalhava durante várias semanas em cima de um número, pedia artigos a escritores soviéticos, traduzia, corrigia, editava e, no derradeiro momento, esbarrava nos camaradas censores que diziam: "Não". Às vezes, proibiam a revista apenas porque a capa escolhida era amarela, uma cor que lembrava demais a social-democracia. Contudo, o mais grave era o fato de que faltava a Pierre Herbart a matéria-prima para a revista: as obras. Como os autores fossem obrigados a respeitar o dogma do realismo soviético e, portanto, as necessidades sociais do momento, não conseguiam se embrenhar no imaginário e na criação. Para que fossem publicados e lidos, deviam escrever conforme regras que matavam a criatividade, a ousadia, o relato dos tormentos interiores, as contradições próprias a toda literatura.

Sem dúvida, o país orgulhava-se de ter uma União dos Escritores que organizava por toda parte encontros entre os proletários e os homens de letras. Essas reuniões eram edificantes. A maioria dos autores presentes pedia a palavra para confessar seus erros do passado. Eram felicitados pelos animadores de torcida, pelos burocratas da União, medíocres escrevinhadores pagos pelo Partido e por seu líder, que eles veneravam com muita reverência e covardia. Sentados na tribuna, esses cérberos da Linha Direta ordenavam com um gesto de mão o começo e o fim dos aplausos ou dos gritos de opróbrio e ignoravam de modo magistral as exasperações e os gracejos da plateia, evidentemente convidada de maneira obrigatória pelo Partido e que esperava com interesse o único acontecimento importante a seus olhos: o fim dos debates.

Herbart assistiu a muitas dessas sessões consternantes. Conheceu alguns dos maiores nomes do momento:

Boris Pasternak, que se insurgiu um dia contra os sectários do regime e foi obrigado, no dia seguinte, a pedir desculpas públicas; Isaac Babel, que, ao longo de uma reunião do mesmo gênero, atreveu-se a alegar que o povo soviético ainda não era maduro o suficiente para ler James Joyce, enquanto devia dizer que James Joyce, não digno do socialismo, permaneceria para sempre ilegível para o povo soviético.

Outro registro, ainda sobre o modo kafkiano: Herbart foi certa feita convocado para as salas do Comintern. Era aguardado para as quatro horas da tarde em ponto. Apresentou-se às 15h50. Ressaltaram que estava atrasado. Ele consultou seu relógio e respondeu que havia chegado com dez minutos de antecedência. Ao que replicaram que, quando tivesse encontrado a sala para a qual fora convocado, seriam 16h10.

Chegou lá ainda mais tarde. A sala que procurava era a número 33, do lado da sala 211, que era contígua à sala número 137, à direita da 2.

Por que o haviam chamado? Para lhe pedir que escrevesse em sua revista um artigo felicitando as autoridades soviéticas por terem adotado uma lei que todos os países estrangeiros criticavam: a partir daquele momento, na pátria do socialismo, para delitos semelhantes, as crianças eram passíveis das mesmas penas dos adultos.

Enojado, Herbart foi pedir conselho ao escritor Isaac Babel. Este lhe explicou que ele fora convocado a Lubianka e que, mesmo se escrevesse, o artigo não seria publicado. O que importava era sua reação. As autoridades queriam saber se podiam ou não contar com ele.

Outro episódio: Herbart visitou Béla Kun, fundador do Partido Comunista húngaro refugiado na URSS. Esse encontro ocorreu dois anos antes de ele desaparecer, vítima da limpa stalinista. Pressentindo seu destino, Béla Kun tinha medo de tudo. Conversava depressa e baixinho com sua visita. Depois, como esta fosse se retirar, disse-lhe:

– Preciso lhe mostrar o que tenho de mais precioso no mundo.

Levou Herbart para um canto de uma peça e afastou uma cortina. Atrás dela, nas dobras de uma bandeira vermelha estendida ao fundo de um pequeno caixão, repousava a máscara mortuária de Lenin. Béla Kun explicou ao jornalista que, quando da morte de Vladimir Ilitch, todos os antigos membros do Comitê Central haviam recebido a mesma relíquia.

Pierre Herbart era então um grande conhecedor da União Soviética e seu regime. Embora membro do Partido Comunista, mantinha alguma distância de uma organização que devia deixar durante a Guerra Civil Espanhola. Contribuiu muito para a adesão de Gide ao marxismo e para a viagem da qual ele participará. Todavia, nunca se deixou enganar por muito tempo: nem pela URSS, nem por Gide. A respeito deste, algumas semanas antes da partida, escrevia:

> Ele pondera. Mas todas suas ponderações têm exatamente o mesmo peso e, quando ele põe um no prato da esquerda, põe outro no prato da direita. A balança fica estável. Às vezes Gide não encontra depressa o contrapeso, e declaram que sua balança pende para a esquerda. Isso pode durar seis meses, durante os quais seu espírito não tem descanso até que tenha encontrado um modo de restabelecer o equilíbrio.[3]

Então, como Gide vai se comportar na URSS e para qual lado vai pender o fiel da balança? Eis a questão que todos levantam.

Como Roger Martin du Gard, que, desde 1934, questionava-se a respeito da ingenuidade da nova crença gidiana: como podiam atribuir "tanto valor à filiação de um espírito tão naturalmente inapto à convicção[4]?" Roger, que conhece Gide há mais de trinta anos, nunca acreditou que ele pudesse ficar à vontade dentro daquela fantasia de militante que vestiu, erguendo o punho, cantando a "Internacional" e pronunciando discursos inflamados diante de públicos conquistados de antemão. Como muitos outros, o autor de *Os Thibault* não pode se impedir de esperar uma brusca reviravolta...

Pierre Herbart e Roger Martin du Gard não são os únicos a ter alertado Gide quanto às suas iluminações. Ainda que ausente, Victor Serge impera entre as paredes da biblioteca do Vaneau.

Graças às intervenções que vieram da França, sobretudo as de Gide e de Romain Rolland (que pleiteou sua causa junto a Stalin), o escritor fora enfim libertado do campo de Oremburgo. Deixou a URSS com dez dólares no bolso. Após uma curta temporada em Bruxelas, foi para a França, onde, censurado pelos jornais ligados ao Partido Comunista, tornou-se revisor tipográfico.

Alguns dias antes da grande viagem, enviou a Gide uma carta aberta que pintava a situação na URSS e pedia ao viajante para demonstrar grande lucidez ao longo do périplo.

A situação que Victor Serge apresenta está longe de ser um elogio a Stalin. Pierre Herbart reconhece isso. Confirma ter feito *in loco* a mesma constatação. Mesmo que lamente que um comunista exponha todas as fraquezas do regime publicamente, afirma que os artistas revolucionários devem exigir todas as liberdades. "Deve-se utilizar Moscou como uma experiência, não como um exemplo."[5]

Gide só pode concordar com esse ponto de vista. Seja como for, verá com os próprios olhos. O importante é ir. Encontrar Stalin para falar com ele, acima de tudo, a respeito da condição dos homossexuais. Ver Máximo Gorki, muito doente, dizem. Descobrir esse lugar tão contestado por uns, posto nas nuvens por outros, formar uma opinião e expressá-la.

Em 16 de junho de 1936, dois carros levam Gide e seu pequeno séquito até o aeroporto Le Bourget. Um avião alemão deve levá-los até Berlim, onde a tripulação fará escala. A empenagem está decorada com uma imensa cruz gamada escura que Yves e Marc Allégret esforçam-se para não enquadrar enquanto fotografavam André Gide ao pé do avião.

O escritor cumprimenta seus amigos e a Pequena Senhora, que o acompanhou até ali. Enfia-se avião adentro, ao lado de Pierre Herbart. Jacques Schiffrin, Eugène Dabit, Louis Guilloux e Jef Last vão se unir a eles mais tarde, em Leningrado. Estaria Gide pensando no encontro que tivera alguns dias antes com um desconhecido que lhe anunciava que, para celebrar sua chegada, os soviéticos haviam imprimido 300 mil cartões-postais com a sua imagem? Ao que o escritor exclamara, mais ou menos fora de si: "Mas é terrível! Todos os russos vão me reconhecer!".

Datcha

Por uma perversa ironia do destino, quase todos os intelectuais russos são estrangeiros em seu próprio país.

Máximo Gorki

André Gide na URSS não é um espetáculo teatral do Grupo Outubro ou um hóspede que dá para trancafiar em seu hotel como fizeram com Saint-Exupéry dois anos antes. André Gide é um símbolo. Uma causa a se ganhar.

Quando seu avião aterrissa no aeroporto de Moscou, a multidão abraça-o, aperta-o, carrega-o. Inicialmente concentrados em fileiras bem organizadas, seus admiradores saem das filas para tocar nele, oferecer flores, levá-lo até os prédios de recepção, onde um banquete é servido. Algumas mãos são apertadas, poses são feitas para os fotógrafos, depois eles entram em uma Lincoln oficial. Louis Aragon, vindo de Londres (acabou a obra *Les Beaux Quartiers* no navio soviético que o trouxe), veio receber seu compatriota. Compartilha a limusine.

A Lincoln, seguida por outros carros com jornalistas e fotógrafos, para em frente ao Metropol. Uma suíte foi reservada para o escritor. Seis peças com salão suntuoso, piano e banheiro. O calor é sufocante, e o barulho, ensurdecedor. Porém, o jantar, com Herbart e os Aragon, é muito cordial. Sobretudo porque, depois da refeição, Boris Pasternak aparece para uma visitinha. Este é adorado por André Gide. Já em Paris, fora de imediato seduzido pelo personagem que, haveremos de lembrar, viera com Isaac Babel para substituir Máximo Gorki, debilitado demais para se deslocar.

Não se tratava de uma desculpa.

Em 19 de junho de 1936, um dia após sua chegada à URSS, Gide fica sabendo da morte do escritor. Logo entra em um carro para ser levado até a casa de Gorki.

Aragon já está no lugar. O próprio Gorki mandara-lhe um telegrama enquanto estava em Londres. Vendo seu fim se aproximar, quisera rever Elsa Triolet, a quem era bastante ligado: nunca havia deixado de incentivá-la a escrever e chegara a ler todos os seus manuscritos escritos em russo.

Aragon, todavia, chegou tarde demais. Uma sentinela monta guarda em frente à casa de Aleksiéi Maksímovitch.

O autor de *Con d'Irène* já esteve ali antes. Em 1934, Gorki recebeu-os calorosamente, Elsa e ele, que faziam parte dos cem convidados, entre os quais todos os eminentes representantes do governo soviético – com exceção de Stalin. Malraux também estava presente. Contudo, desta vez, o portão permanece fechado.

Abre-se alguns minutos depois da chegada do francês para que passe o carro do médico. Só este está autorizado a cruzar as portas. Aragon segue-o com o olhar. Dali a pouco, e durante trinta anos, acreditará ter entrevisto naquele dia o assassino de Máximo Gorki.

Aragon vai embora. Segundo o próprio, no caminho que o leva para o centro de Moscou, cruza com outro carro. O de Gide. Ele o para, incentivando-o a segui-lo.

Quando sabe da morte de Máximo Gorki, do Báltico ao mar de Okhotsk, a região se cobre de luto. Por todos os lados, bandeiras vermelhas estão a meia haste. O povo russo chora o amigo de Lenin, o companheiro da revolução, o escritor lido em todas as escolas, cujo rosto brilha acima das salas de aula e das bibliotecas.

O corpo de Gorki é exposto em Moscou, na Sala das Colunas da Casa dos Sindicatos. Uma multidão imensa e obediente, silenciosa, sofrida vem se reunir diante do cadáver. André Gide está ali. Na noite anterior, assistiu a uma apresentação de *A mãe*. Um ator foi à frente do palco e anunciou aos espectadores a morte de Gorki. Em um só movimento, a sala levantou-se para prestar homenagem ao mais ilustre de seus homens de letras.

Nikolai Bukharin, o protetor de Ilya Ehrenburg, também se encontra na Sala das Colunas. Quando avista André Gide, avança em sua direção. Já no dia anterior tentou falar com ele no Metropol. Porém, um jornalista intrometeu-se e tornou impossível a conversa entre os dois. Desta vez, é Dimitrov que tenta se intrometer. Bukharin consegue, no entanto, sussurrar algumas palavras a Gide: vai reencontrá-lo uma hora mais tarde, no Metropol. Tão logo o líder da oposição de direita se afasta, é abordado e levado por um homem. Pierre Herbart comenta a cena com Gide: Bukharin não irá. Ele também o encontrou na véspera. Depois que Bukharin saiu, um "oficial" apresentou-se diante de Herbart para informar-se a respeito das palavras ditas pelo ex-companheiro de Lenin.

Bukharin, de fato, não apareceu. E Gide não tornará mais a vê-lo.

À noite, descobre que lhe cabe uma árdua tarefa: ele deve escrever um discurso que pronunciará durante o funeral de Gorki, dia 21 de junho, na Praça Vermelha, em presença de Stalin e de todo o Comitê Central do Partido Comunista da URSS.

Gide põe mãos à obra. Depois, pede a Aragon para ajudá-lo a revisar o trabalho.

Os dois homens encontram-se em um quarto do Metropol. Desta vez, ambos estão bastante próximos, pois, de maneira geral, não apreciam a guerra.

Gide, Rue Vaneau: "Sinto que ainda se passará muito tempo antes que eu possa ficar à vontade com ele".[1]

Aragon, no navio que o levava para a URSS: "O senão era que iríamos encontrar Gide em Moscou. Com toda sua comitiva".[2]

Porém, nesta circunstância, estão no mesmo barco. Como acha o texto de Gide ridículo e "não há razão para deixar um escritor francês se ridicularizar", Aragon, segundo suas próprias palavras, põe a mão na massa.[3]

Às cinco da tarde, ao lado de Pierre Herbart e do casal Aragon, Gide volta à Casa dos Sindicatos. Máximo Gorki foi incinerado. Sobre o catafalco florido, o corpo foi substituído por uma urna em bronze com suas cinzas. Gide senta-se ao lado de Nadežda Krupskaya, a viúva de Lenin. Não distante, uma mulher de preto fixa Stalin com um olhar terrivelmente violento. Trata-se de Yekaterina Pavlovna Pieshkóva, mulher de Gorki.

Ficou decidido que Stalin levaria a urna até a Praça Vermelha. O cortejo põe-se em marcha e atravessa uma multidão considerável, recolhida e silenciosa. Gide aproxima-se do mausoléu de Lenin e sobe em um estrado preparado para a circunstância. Ao redor dele, Stalin, Jdanov e Molotov aguardam. Gide está rouco. Tem medo de ficar sem voz. Mas não. Toma a palavra depois de Aleksei Tolstói e, sob o olhar do camarada Stalin, pronuncia um discurso em seguida traduzido para o russo.

> A morte de Máximo Gorki não assombrou apenas os Estados Soviéticos, mas o mundo inteiro. Esta grande voz do povo russo, que Gorki nos fazia ouvir, encontrou eco nos países mais longínquos. Por isso, não devo expressar aqui apenas minha dor pessoal, mas a das letras francesas, a da cultura europeia, da cultura de todo o planeta... [4]

Ah, se ao menos Gide soubesse! Se, naquele instante, pudesse prever o futuro ou ler o passado! Teria visto Isaac Babel, com quem jantou na segunda noite após chegar a Moscou, em um curto espaço de tempo ser preso, acusado de espionagem e condenado à morte. Teria visto Nikolai Bukharin, ex-companheiro de Lenin, em um curto espaço de tempo ser excluído do Partido, preso, julgado e condenado à morte. Teria visto Aleksiéi Maksímovitch Pieshkóv, vulgo Máximo Gorki, roído pela mágoa, demolido pelas lágrimas, prostrado, aniquilado pelo regime, que, neste 21 de junho, enaltecia-o tão traiçoeiramente.

Máximo Gorki, companheiro da Revolução. Sem dúvida, mas nem sempre, nem o tempo todo. É verdade que foi preso duas vezes pelo antigo sistema e precisou exilar-se durante longos anos no exterior. Defendeu a Revolução de Outubro, mas sua amizade com Lenin teve altos e baixos. Ele dedicou-se à cultura de seu país durante a guerra civil, esforçou-se para ajudar seus colegas em dificuldade, o que não o impediu de criticar o novo regime, a burocracia nascente, o desvio das artes em prol de uma causa sobre a qual alimentava muitas dúvidas. A prisão dos poetas e dos intelectuais era-lhe insuportável. Revelou seu ponto de vista a Lenin, que o protegeu contra os burocratas que desejavam lhe cortar as asas e os subsídios. O filho de Gorki, Máximo Pieshkóv, membro da Tcheka, estabelecia a ligação entre a polícia secreta, da qual era membro, e o gabinete do chefe dos bolcheviques. Contudo, como seu amigo recusasse a se submeter, Lenin, por fim, aconselhou-o a se exilar.

Gorki foi para a Alemanha, depois para a Itália. Mesmo afastado de seu país, permanecia um dos maiores agentes culturais. Dedicava-se a revistas literárias, estimulava editoras, pedia colaborações junto a escritores estrangeiros – sobretudo Romain Rolland, com quem manteve correspondência durante vinte anos. No entanto, não se deixava enganar pelo sistema. Em 1922, escreveu a Anatole France para lhe pedir que intercedesse em favor dos socialistas-revolucionários que estavam sendo processados em Moscou. Desde então, todos os seus passos foram registrados e enviados à Tcheka.

Em 1928, adulado pelo regime e com saudade de sua pátria, o escritor decidiu realizar um movimento de retorno. Stalin designou-lhe uma mansão em Moscou, uma datcha situada nas cercanias da cidade e outra na Crimeia. Foi recebido com as devidas honras à sua reputação e à sua popularidade.

Entretanto, a Tcheka, que se tornou NKDV, não lhe dava descanso. Na época, Gorki dividia seu tempo entre a União Soviética e a Itália, onde ainda vivia. A primeira missão de Guenrikh Grigorievich Yagoda, chefe dos serviços secretos, consistia em reconduzi-lo definitivamente para a União Soviética. Ele estabelecera ao redor do escritor uma extraordinária rede de espionagem que o informava acerca dos passos de seu protegido. Yagoda recrutou uma parte do pessoal que trabalhava para Gorki, em particular seu secretário. Também se aproximou de sua amante.[5] Enviou como mensageiros uma brigada de escritores encarregados de afastar Gorki do resto do mundo, isolando-o em um universo protegido em que ninguém penetrava se não tivesse sido escolhido pelas autoridades e pelo Grande Manipulador.

Depois de um ano de esforços, Yagoda obteve o primeiro fruto de seu combate: Gorki retornava em definitivo para sua terra. Esta retribuiu celebrando-o ainda mais, chegando até a dar seu nome, em vida, a jardins, ruas, espaços públicos. Máximo Gorki tornara-se um herói.

Ele foi também, infelizmente, um adepto devotado. Um porta-voz, entre outros, do regime em vigor, inclusive em sua repressão. Em relação a isso, sua correspondência com Romain Rolland é edificante: assim que o escritor pacifista exilado na Suíça se choca com uma violação aos direitos humanos que prejudicaria a imagem da URSS no exterior, Gorki responde, insurge-se, explica...

Os pais de Victor Serge, que conheciam o escritor desde sua adolescência, acabaram afastando-se dele em razão dos seus silêncios e de seus comprometimentos. Victor Serge avistou-o certo dia na rua. "Sentado, sozinho, no banco de trás de uma grande Lincoln, pareceu-me separado da rua, separado da vida de Moscou e reduzido ao símbolo algébrico de si mesmo."[6]

Essa benevolência de Gorki em relação ao sistema, sobretudo ao sistema policial, cegou inúmeros intelectuais e observadores estrangeiros. Uma vez que Máximo Gorki, a mais elevada figura das letras nacionais, um homem cuja história pessoal provava a independência e o caráter, não condenava a repressão em seu país, é porque esta não ultrapassava limites admissíveis. No exterior, Gorki era como um termômetro pelo qual se media a temperatura do regime. No âmbito interno, tratava-se de deixá-lo se expressar como quisesse – contanto que suas opiniões fossem compartilhadas pelos líderes do país e não prejudicassem a reputação da União Soviética.

Demonstrando sua confiança em relação à *enfant terrible* das letras soviéticas, Stalin, em certa noite do mês de outubro de 1932, convocara em sua casa uma reunião secreta que reunia alguns escritores cuidadosamente escolhidos. Molotov também estava presente. O encontro era para definir os princípios do realismo socialista, que se tornaria dentro em pouco a pedra angular da nova arte proletária. E em 1934, durante o I Congresso da União dos Escritores Soviéticos, Máximo Gorki tomava a palavra para afirmar que, dali em diante, o trabalho deveria ser considerado um valor artístico. Entre Stalin e ele, as duas figuras mais populares do país, não existia mais sombra de divergência, por menor que fosse. Ao menos nas aparências, haja vista que, por diversas vezes, o escritor tentou levantar a voz contra os abusos ou as injustiças que o revoltaram. O nó que o estrangulava foi apertado ainda mais. Gorki foi afastado de seus amigos, protegido em seus apartamentos e suas datchas pelos sectários de Yagoda, transformados em novos camaradas.

Dois anos antes da visita de André Gide a Moscou, uma imensa desgraça abateu-se sobre Gorki: a morte de seu filho, Máximo, vítima de uma breve mas fulminante doença. Essa perda contribuiu para enfraquecer o caráter de um homem que era vigiado como um prisioneiro de Estado. Ele não podia mais dar um passo sem ser controlado. Os jornais que lhe entregavam eram escolhidos, muitas vezes até falsificados, reescritos, inventados especialmente para ele a fim de que tivesse uma visão deformada de seu país. Tornara-se refém de um regime que aproveitou até o fim sua imensa popularidade.

E mais ainda. Hoje se sabe que Máximo Gorki morreu de uma parada cardíaca provocada por uma broncopneumonia. O próprio Stalin – que foi vê-lo três vezes em seu leito, brindou a seu restabelecimento e trocou algumas palavras com o escritor doente – sabia que sua morte fora natural. Apesar disso, manipulou com habilidade a fim de utilizar em seu benefício esse falecimento. Por ordem sua, simulam um assassinato. Em 1938, as autoridades apresentaram o óbito de Gorki, e mesmo o de seu filho, como resultante de um complô fomentado pelos opositores do sistema, em particular os trotskistas. Durante os famosos processos de Moscou, que logo decapitariam o Partido e toda a elite política do país, Yagoda "confessou" ser responsável por esses assassinatos. Os médicos, também declarados culpados, foram igualmente condenados à morte. E, durante cerca de meio século, graças a um plano de um maquiavelismo perfeito, o mistério em torno da morte de Máximo Gorki permaneceu total. Muitos acreditaram que seu filho e ele haviam sido vítimas de um complô político. Entre estes, Aragon. Trinta anos depois, ao se lembrar daquele dia de junho de 1936 em que esperava em frente à datcha do escritor, Aragon se referia ao médico que atravessou o portão do jardim como um "assassino". "À época não se sabia, não se imaginava, que essa morte, depois de uma longa doença, fora um assassinato."[7]

Assim, com um sanguinário passe de mágica, Stalin havia matado dois coelhos com uma só cajadada: eliminara alguns adversários políticos suplementares e desviara para benefício próprio uma figura lendária. Ele recusou inclusive o pedido de Yekaterina Pavlovna Pieshkóva, esposa de Máximo Gorki, que lhe implorava para respeitar a vontade do marido: por testamento, este pedira para ser enterrado em um cemitério de Moscou, junto a seu filho. Stalin não quis. Também recusou o último pedido de Yekaterina, que por telefone lhe suplicava para deixar à família um pouco das cinzas a fim de colocá-las na tumba do filho Máximo. Por isso, no dia do funeral de Gorki, a mulher do escritor, vestida de luto e sentada não distante de André Gide, lançava para Stalin um olhar com as chamas de todo o ódio do mundo.

Uma viagem muito organizada

> Foi preciso semelhante viagem para me fazer amar melhor ainda o que amo. Minha liberdade, minha solidão. Uma mulher perto de mim.
>
> Eugène Dabit

Incomodado pelo barulho, André Gide troca o Metropol por uma casa de descanso situada perto de Moscou, perto de uma cidadezinha feita de datchas de madeira onde residem escritores. Ele vê ou revê Babel, Pasternak, Eisenstein. Come caviar e bebe vodca. Ainda assim, embora aproveite, reprova esses privilégios: o que ele quer é ver o povo, misturar-se a ele e compreender.

Visita uma usina, um campo do Movimento dos Pioneiros, um sanatório, faz perguntas, toma o trem para Leningrado, onde encontra Jacques Schiffrin, Eugène Dabit, Louis Guilloux e Jef Last. Conhece o Hermitage, uma casa de repouso para operários mineiros, uma escola, um teatro ao ar livre... Seguido por seu pequeno séquito, retorna a Moscou, passeia outra vez pela Praça Vermelha, toma o trem e embrenha-se no país.

Não viaja em condições comuns. Ele, que detesta as honrarias e tem o hábito de fugir de qualquer cerimônia oficial, aqui assume os riscos. Em todo lugar em que seus amigos e ele param, carros particulares estão à espera para levá-los a lugares com banquetes organizados. Ficam à mesa durante horas, comem seis pratos ao menos, saem embuchados. Cada refeição custa duzentos rublos por pessoa, isto é, o salário mensal de um operário.

Em Tbilisi, capital da Geórgia, os visitantes são acomodados em um hotel onde ficam hospedados os líderes do regime. No programa: brindes, banquetes e poesia. Sem esquecer a proteção pessoal. Gide é proibido de abrir a janela do quarto enquanto um soldado não montar guarda debaixo de suas janelas e tudo estiver nos conformes. A tal ponto que os viajantes começam a ter sérias dúvidas. Jef Last, que escreve suas quinze páginas habituais à esposa, está desesperado: "Eles fizeram a revolução, ainda assim...".[1]

Já Pierre Herbart contesta não o que o regime critica, mas "aquilo de que se vangloria".[2] Nunca, tanto quanto ali, viu barreiras, proibições de circular, guardas em guaritas, salvo-condutos diversos. Quanto à construção de uma sociedade sem classes, ela parece-lhe rigorosamente impossível em um território em que os privilégios de alguns, as diferenças entre os salários e os modos de vida de um funcionário e um operário são tão consideráveis.

Gide, no entanto, não esquece onde está. Louis Guilloux observa que ele se preocupa muito com sua aparência, que deseja parecer um "democrata". Próximo do povo, talvez, mas com recursos...

Todos dispõem de muito dinheiro. Gide vendeu 400 mil exemplares de seus livros, cujos direitos autorais são para gastar *in loco*. Dois de seus amigos puseram a mão em uma soma vultuosa em rublos por conta da tradução de suas obras. Em cada cidade onde param, reviram assim os antiquários em busca de presentes que esvaziariam suas carteiras. Mas não gastam nada: tudo lhes é oferecido. Até maços de cigarro. Basta que Gide leve a mão ao bolso, esboçando uma vaga tentativa de comprar um selo ou um jornal, para que seu guia se precipite, declarando com orgulho: "Camarada, o senhor é nosso convidado!". E ele, que admite ser avaro, viaja habitualmente em terceira classe, gasta pouco em sua alimentação e deixa humildes gorjetas, se abandona sem esforço às facilidades propostas.

Eles param sempre nos mais belos hotéis, nos melhores restaurantes. Quando tomam o trem, dispõem de um vagão especial, composto de compartimentos e de beliches, de um salão em que as refeições são servidas (e de um vagão contínuo, no qual estão armazenadas as bandeirolas de "bem-vindo" que os admiradores exibirão nas estações de chegada). Com o passar do tempo, esse ostracismo incomoda o camarada escritor. Ele queria ver gente.

Como viajam de trem para o Cáucaso, Gide obtém do intérprete que os acompanha que as portas divisórias dos vagões sejam abertas. Alegria e milagre: no vagão vizinho, integrantes do *komsomol** estão cantando. É uma festa. Ainda mais porque, segundo um hábito nascido das viagens, Gide muniu-se de jogos comprados na loja parisiense Au Nain Bleu, que distribui para os jovens. Jogam juntos. Riem. Conversam. Os integrantes do *komsomol*, que reconheceram o Grande Escritor (sua foto foi amplamente publicada nos jornais), espantam-se que semelhante sumidade possa se divertir assim em um trem, ao que a Imensa Pessoa responde que pode fazer pior. Por exemplo, convidá-los para ir ao salão particular, mais amplo para quem quiser dançar.

Arranharam a balalaica durante parte da noite. Cantaram. Fizeram brindes. Depois prosseguiram a visita. Com o passar dos dias, as fachadas caíram, o vaso quebrou, os olhos se abriram. Eles avaliaram as filas diante das lojas. Mediram a falta de produtos. Verificaram sua baixa qualidade. Procuraram souvenirs para levar aos amigos; não acharam nenhum. Percorrem o país para descobrir as riquezas das artes populares; constataram que as tentações igualitárias as haviam reduzido a quase nada. Fizeram discursos retificados pela censura. Viram um povo indolente, se não preguiçoso. Indivíduos repletos de um pensamento comum, uma conversa comum, crenças comuns. Uma cultura patriótica e nacional. Uma arte oficial. A ascensão de uma nova classe dominante, a dos funcionários, distante do povo. Uma guerra total lançada contra as religiões. Inúmeras denúncias. Um sentimento bem arraigado de valer mais do que todos os estrangeiros reunidos. Milhares de pobres, mas um embrião de burguesia operária. Uma informação truncada. Kolkhozy

---

* Organização da juventude comunista na antiga União Soviética. (N.T.)

equipados com móveis semelhantes, retratos gigantes do Paizinho dos Povos.

Este está por todo lado. Os povos o exibem e o saúdam, prostram-se diante dele, veneram-no e temem-no. Passando pela cidade onde ele nasceu, Gide consente prestar-lhe homenagem. Mas o intérprete se recusa a endereçar ao Guia Supremo uma mensagem que não seria devidamente qualificada. Não se diz "o senhor" a Stalin. Diz-se "o Senhor, nosso Mestre" ou então "o Senhor, a Luz do Povo".

– O senhor, nada – rebela-se Gide.

Segue seu caminho.

Está terrivelmente decepcionado. Queria a todo custo reencontrar Stalin. Se acreditarmos em Louis Guilloux, ele tinha até mandado fazer um terno sob medida especialmente para essa ocasião.[3] Certa noite, no Metropol, Gide havia se arrumado para ir ao Kremlin, para onde fora convidado. Barbeara-se bem e passara uma reprimenda em Guilloux, que dedilhava no piano: ele precisava preparar o encontro e a música atrapalhava sua concentração.

Fora de fato ao Kremlin. Mas Stalin não havia o recebido. O convite era para assistir a um concerto...

Sobre o que teria falado com Stalin? Provavelmente sobre suas decepções e também, do mesmo modo, sobre seus poucos deslumbramentos: lágrimas vieram a seus olhos ao visitar casas de descanso para proletários no Dombas (onde não são admitidos senão operários qualificados e brilhantes stakhanovistas), um acampamento de crianças perto de Dorjom, teatros ao ar livre nos quais uma plateia de quinhentas pessoas ouvia Pushkin, uma cidade-modelo de antigos criminosos, em Bolchevo (ficou muito decepcionado, um pouco mais tarde, ao descobrir que os internos desse lugar eram "arrependidos" que haviam denunciado seus camaradas). Adorou os banhos de Tbilisi. Quando os descobriu, espantou-se: "Que fiasco extraordinário!".[4]

E, tomando cuidado para não ser seguido, voltou lá...

Sem dúvida, teria abordado a questão dos homossexuais. Antes de partir, criticara duramente, ao lado de Julien

Green, a intolerância do regime nessa matéria. Acabava de saber que uma lei proibia o onanismo. Cinco anos de prisão tanto para um masturbador quanto para um homossexual. Verdadeira ou não, essa informação lhe causara grande preocupação. Conhecia também uma lei de 1932 que excluía os homossexuais do Partido ou das Juventudes Comunistas e deportava-os para campos a fim de que lá fossem "se curar".

Sobre esses dois pontos, pensara em enviar uma carta a Stalin, e tinha as palavras preparadas na cabeça. Felicitava-se agora de não tê-lo feito: havia tantos outros problemas, tantas outras questões!

No mês de julho, como voltam a passar por Moscou, Gide e seus companheiros ficam a par da insurreição de Franco na Espanha. Todos concordam em deplorar que não se fale mais sobre esse acontecimento, a seus olhos considerável, na pátria do proletariado.

Cansados, Louis Guilloux e Jacques Schiffrin voltaram a Paris. Por acaso, antes de subir no trem, Guilloux reviu Boris Pasternak, com quem esbarrara em Paris durante o Congresso Internacional dos Escritores. "Essa aparição repentina."[5] O escritor russo perguntou por que ele matara o personagem Cripure. Ele parecia triste, muito abatido.

Quanto a Jef Last e Eugène Dabit, não param de discutir sobre o que convém fazer para ajudar a República Espanhola. O primeiro quer ir a Barcelona ou Madri o mais depressa possível e combater os autores do pronunciamento, ao que Eugène Dabit responde que, por mais que o fascismo seja uma monstruosidade absoluta, nada justifica que se perca a vida em uma saraivada de tiros. Ele, que conheceu a hecatombe de 1914-1918, não pegará mais em armas sob nenhum pretexto. Está desesperado, pois, como muitos outros, nestes anos de Frente Popular, de golpes de Estado, de Hitler e de Mussolini, sente o focinho da guerra se aproximar.

Entretanto, não a verá.

Em junho, no barco navegando para Leningrado, Eugène Dabit estava tão encantado quanto Louis Guilloux,

Jacques Schiffrin e todos os viajantes que o *Cooperatzia* levava rumo à pátria do socialismo. Ele, um rapaz do povo que ingressara quase por acaso na literatura, descobriria o Eldorado do proletariado. Uma felicidade! Um sonho!

Nos primeiros dias, menos inebriado pela terra do que por sua nova paixão pela jovem Alison, visitara todos os museus, entrara em todas as usinas, conversara com jovens operários que lhe traziam à lembrança o tempo em que ele próprio fazia seu aprendizado na serralheria. Estava feliz e sombrio ao mesmo tempo, pois, embora tivesse visto um, também havia o outro lado da moeda. Seja como for, havia escolhido seu campo.

> Quanto a falar da doutrina, do sistema, não vem ao caso. Entre diversos que se propõem aos homens, entre fascismo e comunismo, não hesito, escolhi o comunismo e, sejam quais forem as reservas que essa viagem possa me inspirar, mantenho-me firme na minha escolha.[6]

A Guerra Civil Espanhola confortava-o em sua determinação. Porém, ao mesmo tempo, trazia "a ameaça de tempestade acima de nossas cabeças".[7] Eugène Dabit tinha medo do futuro.

O presente, entretanto, era mais assustador ainda.

Em 14 de agosto, os viajantes retornam de uma excursão e param em Sebastopol, na Crimeia. Eugène Dabit queixa-se de uma dor de garganta difusa. Recusa-se a jantar com seus amigos. À noite, é acometido de febre. Ao amanhecer, um primeiro médico faz o diagnóstico de uma angina. Dois dias depois, um de seus colegas declara que se trata de uma escarlatina. Dabit é hospitalizado. Gide não pode se aproximar. A última vez que o vê, um quarto vazio os separa. Um pano úmido cobre sua fronte.

Eugène Dabit morre às dez da noite.

Pierre Herbart:

> Não posso evocar sem horror o que possa ter sido sua morte em um hospital do exterior onde ninguém falava sua língua, em uma solidão mais desoladora que todos os campos de batalha, sua morte inútil mas ridiculamente conforme sua expectativa.[8]

Quando deixa a Crimeia, Gide sabe que é de algum modo o guardião da última memória de seu amigo. Tem uma dívida para com ele, e esta se duplica com um imenso sentimento de culpa.

No dia anterior à sua morte, ardendo de febre, Dabit confessou ao autor de *O imoralista*, trinta anos mais velho, que fora certo dia a Cuverville para lá procurar as pegadas de um escritor que não conhecia ainda, mas que venerava. Gide espantou-se:

– Por que não me disse antes?

Dabit fechou os olhos por um breve instante. Quando tornou a abri-los, a tristeza transparecia no fundo dos olhos.

– Eu lhe escrevi... Há muito tempo.

Gide havia esquecido. E não se perdoa por isso. Quando deixa a União Soviética, após permanecer por nove semanas, pensa no livro que vai escrever e nesse leitor que deixou para trás, seu amigo viajante que não voltará.

De volta da URSS será dedicado a ele.

Passando pelo Reichstag

> Ilya Ehrenburg me contou certa vez, em Paris, a história de dois homens que passeiam pela Praça Vermelha. Eles estão sozinhos. De repente, o primeiro pega o colega pelo braço e põe um dedo na boca: "Silêncio! Preste atenção!". O outro olha ao seu redor: nenhuma viva alma. "Você é maluco, não tem ninguém!" "Perdão", responde o primeiro, "tem você e eu, e um de nós com certeza é da GPU!"
>
> Gustav Regler

Em agosto de 1936, enquanto André Gide se inclina uma última vez sobre os restos mortais de Eugène Dabit, um homem é introduzido em um estúdio de rádio de Moscou. Chama-se Gustav Regler. É alemão, escritor, e conhece Gide. De certa maneira, deve a ele a publicação de seu primeiro livro. Certo dia de 1925, quando estava em Paris, sem dinheiro, travado em seus trabalhos de escrita, descobriu *A volta do filho pródigo*, que leu de cabo a rabo no terraço do Dôme. Essa obra desbloqueou-o. Regler terminou seu romance, que uma editora de Lübeck em seguida publicou. Ele escreveu a Gide, que lhe respondeu.

Reviu o escritor francês no Congresso Internacional dos Escritores pela Defesa da Cultura. Como tantos outros, Regler deixara a Alemanha e vivia exilado, em Paris. Como secretário alemão da Associação Internacional dos Escritores, obtivera o privilégio de falar na tribuna do congresso e cometeu uma gafe que foi severamente reprovada pelas autoridades comunistas que agiam na surdina: ele havia interpelado os espiões da Gestapo que se encontravam na sala, provocando o entusiasmo do público, que se levantara para entoar uma "Internacional" tonitruante – Gide e Barbusse participaram do coro. Essa manifestação espontânea desagradou muito a Johannes R. Becher, poeta alemão e digno *apparatchik*, que passou um sermão em seu compatriota trapalhão, culpado de ter provocado o canto de um hino que provaria a quem ainda ignorasse que o congresso não era tão neutro quanto queria se alardear.

Porque Gustav Regler é comunista. É também filiado ao Comintern. Na época, talvez fosse o título de uma glória clandestina, mas, acima de tudo, uma maneira eficaz de lutar contra o fascismo. Sobretudo quando se é alemão, exilado, procurado pelos nazistas.

Já faz um longo tempo que Gustav Regler contribui a favor do movimento anti-hitleriano. Três anos antes de sua viagem a Moscou, ajudou a provar que o incêndio do Reichstag não fora obra dos comunistas, mas uma operação forjada pelos nazistas. Naquele funesto 28 de fevereiro de 1933, encontrara-se diante das ruínas fumegantes do Parlamento alemão. E um detalhe lhe voltara à memória. Um detalhe de ordem arquitetônica. Em 1919, Regler comandava uma seção social-democrata encarregada de lutar contra a insurreição espartacista em Berlim. Encarregaram-lhe da defesa do Parlamento. Ele havia feito uma ronda no edifício. Nos subsolos, descobrira uma passagem labiríntica que dava para uma porta secreta. Esta ligava o Reichstag ao palácio de seu presidente. Regler condenara-a, bloqueando-a com barras de ferro. Se, quinze anos depois, conseguisse demonstrar a existência dessa passagem destruída pelo incêndio, ofereceria um elemento decisivo aos advogados que, por toda Europa, iam tomar a defesa dos comunistas ameaçados por Hitler. Ele contribuiria para soltar o comunista búlgaro Dimitrov – que Gide e Malraux tentariam sem sucesso que fosse absolvido um pouco mais tarde – pois, em 1933 assim como em 1918, o presidente do Reichstag conhecia sem dúvida a existência dessa passagem. Ele havia tido tempo de retirar as barras metálicas colocadas pelo chefe de seção Gustav Regler. Tinha a chave da porta. Compreendera que, permitindo a seus policiais incendiários tomar o labirinto interpelando um antifascista que fariam passar por comunista, ele se livraria desses detestáveis vermelhos contra quem as tropas nazistas se confrontavam desde o putsch malsucedido da cervejaria de Munique. Do contrário, o líder do Reichstag alemão por certo não se chamaria Hermann Göring, responsável pelas Seções de Assalto (SA), em pouco tempo ministro da Aviação e marechal do grande Reich.

Regler foi a Estrasburgo. Revirou a biblioteca municipal da cidade e descobriu as plantas do antigo Parlamento. A passagem subterrânea aparecia ali. O escritor tomou o trem para Paris. Foi a um apartamento situado no Faubourg Saint-Honoré, onde era aguardado por um homem na casa dos quarenta anos, rosto pálido, também alemão, grande figura do antifascismo internacional: Willi Münzenberg.

À época, Münzenberg já havia se afastado de um percurso sem erro de bolchevique modelo. Ele, que conhecera Lenin na Suíça, as prisões alemãs, o exílio e todas as vicissitudes às quais foram confrontados os líderes da Revolução de Outubro, havia recorrido a um caminho até então negligenciado pelos revolucionários: a propaganda. Willi Münzenberg fizera disso uma arte. Começara relativamente pequeno no momento da Grande Fome de 1921, que atingira de modo cruel o povo russo. Tivera a ideia de organizar uma coleta internacional ligando à sua causa artistas e intelectuais do mundo inteiro. Durante as grandes greves europeias de 1925, organizara sopões populares na China, na Inglaterra e no Japão. Mais tarde, retomara e desenvolvera essa ideia que fora amplamente aproveitada pelo Estado soviético nos anos 20. Com o passar dos anos, reuniu sob seu cajado pintores, escritores, cientistas – nomes tão diversos como Romain Rolland, Upton Sinclair, Einstein, Grosz, Henri Barbusse, Anatole France, Bertolt Brecht, Aragon, Malraux, Anna Seghers, Arthur Koestler, Manès Sperber, o qual considerava que, "no reino dos intelectuais, Münzenberg tornara-se o encantador de ratos, sendo o mundo inteiro seu Hamelin".[1]

Tão logo um oprimido precisasse de sua ajuda, Münzenberg acorria.

Ele lançava o apelo – e as contribuições afluíam: pela ajuda em favor dos famintos, dos perseguidos políticos, pelos povos colonizados, pelos negros injustamente condenados, em prol de escritores, de filósofos e de padres não comunistas, que, claro, na maioria dos casos, eram na realidade funcionários clandestinos do Comintern.[2]

Membro da Internacional comunista, Münzenberg aprendeu a utilizar as grandes ferramentas do capitalismo financeiro – a ponto de seus inimigos o chamarem de o Milionário Vermelho. Adquiriu jornais na Alemanha com tiragem de várias centenas de milhares de exemplares. Criou uma produtora de filmes e difundiu na Europa as obras dos grandes cineastas russos da época, Serguei Eisenstein em primeiro lugar. Financiou espetáculos encenados por artistas comunistas de vanguarda. Fundou a Internationale Arbeiter-Hilfe (IAH), que realizava missões humanitárias em prol da União Soviética e, depois da chegada de Hitler ao poder, ajudou os refugiados alemães que abandonaram sua terra natal.

O próprio Willi Münzenberg deixou Berlim no momento do incêndio do Reichstag. Foi para a França, onde comprou as Éditions du Carrefour de um editor suíço que havia editado a revista de vanguarda *Bifur*. Com o selo das Éditions du Carrefour, Münzenberg preparava-se para publicar um obra coletiva enumerando a soma das atrocidades cometidas pelos nazistas quando Gustav Regler bateu à porta do apartamento situado no Faubourg Saint-Honoré. O *Livre brun sur l'incendie du Reichstag et la terreur hitlérienne* ainda não estava fechado. Gustav Regler participou da redação de dois capítulos da obra: as torturas nazistas e o incêndio do Reichstag.

Esse livro rodou o mundo. Foi traduzido em dezessete idiomas. Contribuiu para absolver Dimitrov e seus camaradas comunistas de um crime que não cometeram.

Três anos depois do incêndio do Reichstag, Gustav Regler encontra-se, pois, em Moscou. Trabalha então em uma biografia do fundador da Companhia de Jesus, Inácio de Loyola. Esse pedido fora-lhe feito por Lev Borisovich Rosenfeld, vulgo Lev Kamenev, bolchevique desde sempre, grande amigo de Lenin, outrora cúmplice de Stalin e de Zinoviev na expulsão de Trotski.

Kamenev foi muito claro: a vida de Inácio de Loyola deve servir de exemplo ao povo soviético e, com essa finalidade, refletir a ideologia marxista leninista stalinista, sem a qual todos os santos não podem ir senão para o inferno. Com a profissão de fé pagando novecentos rublos por página, mais uma participação no número de vendas, Gustav Regler pôs mãos à obra.

Em Moscou, reencontrou escritores em desgraça, pintores em sursis, uma cidade em que todas as janelas cheiram a expurgo. Foi à república dos alemães do Volga para realizar uma reportagem sobre os descendentes dos colonos germânicos que se estabeleceram ali no reinado de Catarina II. Se lhe restavam algumas ilusões sobre o sistema, a censura depressa se encarregou de eliminá-las: proibição de falar de "grama rala" na Rússia dos soviéticos, onde a grama só pode ser verde e viçosa; proibição de falar de uma mãe com pouco leite na Rússia dos soviéticos, onde dos peitos das camaradas mamães jorram nutrientes ricos aos descendentes da pátria; proibição de falar da falta de variedade da alimentação na Rússia dos soviéticos, onde as refeições são ricas, suculentas e servidas em horários fixos...[3]

Certa noite de agosto de 1936, Gustav Regler é então chamado para falar de seu trabalho na Rádio Moscou. Vai até lá sem alegria, curioso, no entanto, para ouvir um cantor negro, Paul Robeson, recitar versos de Pushkin através das ondas curtas. O sucesso é tão grande que pedem ao trovador para entoar algumas árias. Ele está prestes a começar quando a porta do estúdio se abre para uma pessoa apressada e oficial que estende um despacho ao responsável pelo programa. Este o lê e, na mesma hora, manda os técnicos ligarem seu microfone. Explicação: o despacho vem do Comitê Central e deve ser divulgado de imediato na rádio nacional. Gustav

Regler escuta. Aterrado, fica sabendo que o Comitê Central do partido bolchevique ordenou o indiciamento dos camaradas Zinoviev e Kamenev, culpados de atos terroristas contra o governo.

O primeiro dos grandes processos de Moscou acaba de começar.

Em 19 de agosto, não distante do Grande Teatro, Regler avista Kamenev saindo de um carro que o leva diante do colégio militar da Suprema Corte. Ele é julgado. Três dias depois, é condenado à morte. No dia seguinte, André Gide aterrissa no aeroporto Le Bourget.

III

Paris – Madri

Teatro

> Ele é voraz, amigável, tenso, com um quê de pureza retida por misteriosos ancoradouros na infância.
>
> Nino Frank

Ela e ele estão no teatro. Ele, magro, nervoso, o olhar tenso, fascinado, fascinante. Ela, morena, baixa, o espírito vivo, o olhar interrogador, cinza.

Ele é filho de um especulador da bolsa, fabricante de patentes nunca depositadas, e de uma linda mulher abandonada pelo pai, recolhida por sua mãe, proprietária de um armazém-confeitaria em Bondy. Assim como Aragon, viveu em um universo feminino. Foi um aluno medíocre e não por muito tempo. Depois vendedor de livros, colecionador de edições raras, crítico literário, aventureiro, escritor.

Ela é exatamente seu oposto. Auteuil-Neuilly-Passy. A grande e bela burguesia judia de origem alemã, rica, culta. As governantas, preceptoras, criadas, cozinheiras e também uma mãe viúva e herdeira deram-lhe o discernimento do bom gosto, das línguas (fala quatro), da literatura e da independência.

Quem são eles?

Quando ela o conhece, tem 24 anos; ele, 20. Descobrem-se durante um banquete no Palais-Royal. Depois, vão em grupo para uma boate, a Caveau Révolutionnaire. Ele dança tango. Mal. Mas fala. Bem. Maravilhosamente. Ele propõe Nietzsche e Dostoiévski. Ela responde com Tolstói e Novalis. Ele a engana com El Greco. Ela o domina quanto à Itália. Entre os dois, dá-se um balé de palavras. Ele tem uma grande inteligência. Inesgotável. Seu pensamento é uma brasa a que as palavras ateiam fogo. Ela lhe dá o tom, mas já se trata de um contraponto. Ele é divertido, um pouco esnobe, com certeza suscetível, evidentemente misógino. Mas ela é conquistada. E ele também.

Voltam a se ver no dia seguinte. Passeiam nas barcas do Bosque de Bolonha. Visitam o Museu Gustave Moreau. Vão às corridas de cavalo. Ele sugere o baile popular, na Rue Broca. Ela aparece de capelina, pérolas e diamantes. Os gigolôs do 13º arrondissement tiram-na para dançar. Como os dois vão embora, três sombras os empurram, passam por eles, depois retornam em sua direção, pistola Browning na mão.

– Cuidado – murmura o rapaz.

Ele a empurra para trás de si, estende o braço a fim de protegê-la e saca sua arma. Três disparos ressoam. Ele está ferido na mão. Ela lava o ferimento com água de uma fonte da Avenue des Gobelins, depois o desinfeta em sua casa, em sua mansão. Além de tudo, ele é corajoso. A balança pende, ao mesmo tempo que o coração da moça.

Depois, partem para Florença. Casal de ligação secreta. A mãe está na plataforma da estação. Tão logo vira as costas, o enamorado vai ter com sua bela. Por azar, um amigo da família está no trem. Viu tudo. Se denunciar o idílio e o subterfúgio, a senhorita será privada da herança.

– Não por isso – declara o viajante.

Vai até o compartimento vizinho, ameaça o amigo de um duelo, depois regressa.

– Vamos nos casar – propõe. – Assim, ninguém terá nada a nos censurar.

Ela aprova. Mas deixa claro:

– Só por seis meses. Depois, vamos nos divorciar.

Quinze anos depois, continuam vivendo juntos. Neste dia do mês de julho de 1936, estão no teatro. Dividem um camarote com outro casal de amigos íntimos: Léo Lagrange, subsecretário de Estado da pasta de Esporte e Lazer, e Madeleine, sua esposa.

A porta da frisa é aberta por um faz-tudo. Ele inclina-se para o subsecretário de Estado e sussurra:

– Pierre Cot está no camarote vizinho. Quer falar com o senhor.

Pierre Cot é ministro da Aviação no governo de Léon Blum.

Léo Lagrange levanta-se. O faz-tudo acompanha-o, depois retorna e olha, pela porta que ficou entreaberta, as duas mulheres sentadas de um lado e de outro de um homem cujo rosto, devorado por um impressionante tique nervoso, ele não reconhece.

Ele se aproxima. Uma questão o atormenta: de quem se trata?

Pronunciamento

> Fomos surpreendidos por perigoso golpe militar, pedimos para entrarem imediatamente em contato conosco para fornecimento de armas e aviões.
> Fraternalmente,
> José Giral, chefe do governo espanhol

Em 16 de fevereiro de 1936, na Espanha, os democratas venceram as eleições legislativas. Três meses antes da vitória da Frente Popular na França, os partidos de esquerda assumiam o poder em Madri.

Em 12 de julho, o tenente das Guardas de Assalto, José Castillo, sai de casa, em Madri, para ir trabalhar. Quatro homens armados matam-no a tiros de revólver. Ele é o segundo oficial socialista eliminado pelos falangistas.

No dia seguinte, Calvo Sotelo, antigo ministro de Primo de Rivera e líder da oposição parlamentar, é por sua vez assassinado por oficiais republicanos.

Em 14 de julho, no cemitério do Leste, Madri enterra esses dois homens então carregados de todos os símbolos de uma Espanha dividida. Pela manhã, o caixão envolto em vermelho do tenente Castillo desceu à terra diante de centenas de militantes que saúdam seu camarada, punhos em riste. Pela tarde, as tropas da Falange levantam o braço, a modo fascista, em homenagem ao líder monarquista. De um lado, operários, camponeses, comunistas, socialistas, anarquistas, anticlericais; de outro, burgueses, soldados, católicos, proprietários. A Espanha e seus irredutíveis opostos.

Todos sabem do confronto inevitável. As organizações políticas e os sindicatos protegeram suas sedes com militantes armados. De um lado, prepara-se um ataque. De outro, organiza-se a defesa. Tanto em Madri quanto em

Barcelona. Tanto em Huesca quanto em Tarragona. O país inteiro sussurra rumores da guerra.

Na noite de 16 para 17 de julho, o general Franco, líder supremo das Ilhas Canárias e comandante-chefe das tropas de Marrocos, exilado pelo governo da República, toma um navio que o leva de Tenerife a Las Palmas.

No dia seguinte, às cinco da manhã, a guarnição de Melilha, no Marrocos espanhol, insurge-se. Os putschistas ocupam a cidade em nome do general Franco. Os soldados republicanos são presos, os operários, fuzilados. Na manhã do dia 18, o levante atinge a metrópole. Os generais Goded, Sanjurjo, Mola estão a postos.

Em Madri, a situação permanece incerta: as tropas são bloqueadas pelo povo no Cuartel de la Montaña, mas os tiros rasgam a cidade. Em Toledo, os fascistas reagruparam-se no alcácer. Na região de Astúrias, Oviedo resiste e Santander permanece com a República. No País Basco, Álava caiu, mas a Biscaia não cede. Em Bilbao, o comandante militar recusou seguir o general Mola. Burgos, Zaragoza, Huesca e Jaca foram tomadas. Teruel também, onde as guardas civis e de assalto aderiram à rebelião. Toda a Navarra está nas mãos dos fascistas. Em Valladolid, os operários da estrada de ferro resistem aos falangistas. Segóvia e Salamanca se renderam sem lutar. Os estivadores de Valência defendem a cidade. No estreito de Gibraltar, a frota republicana, liderada pelos comitês de marinheiros, barra o acesso do Sul às tropas de Franco...

A insurreição tomou a Espanha como uma gangrena purulenta, mas parece marcar passo. Estava aí o único triunfo do governo. Ainda ontem, a Frente Popular governava o país. Depois de apenas algumas horas de combate, ela perdeu províncias ao norte, no centro e ao sul. Dissessem o que dissessem, era uma catástrofe total. A República não se partiu, verdade, mas enfraqueceu, rachou.

Em 19 de julho, em um teatro parisiense, o subsecretário de Estado de Esporte e Lazer do governo Léon Blum volta a seu camarote e encontra seus amigos. Seu rosto está carregado. Seus traços parecem tensos. Senta-se e diz simplesmente:

– A Guerra Civil Espanhola acaba de começar. Pierre Cot nos espera.

Madeleine, sua mulher, levanta-se. Depois Clara. André Malraux é o último a sair do camarote.

Lockheed Orion

Nosso inimigo, lá, era o fascismo.
André Malraux

Clara e André ficaram felizes com a vitória da Frente Popular na França. Estavam sentados em um terraço dos grands boulevards, em frente à sede do diário *Le Matin*, naquele dia de fim de abril, quando viram aparecer, no letreiro erguido ao longo da fachada do jornal, nomes e números que permitiam prever o sucesso da esquerda. Mais tarde, comemoraram a notícia no Deux-Magots, com Henriette e Paul Nizan. Em 17 de maio, ao lado de Jean Cassou e do dramaturgo Henri-René Lenormand e a convite do poeta espanhol José Bergamín, Malraux foi a Madri como representante da Associação Internacional dos Escritores pela Defesa da Cultura. Ele havia atacado o fascismo, sobretudo o fascismo italiano, vencedor na Etiópia. Declarara-se pronto a pegar em armas, caso a situação exigisse. Os maiores poetas espanhóis, entre os quais García Lorca e Antonio Machado, saudaram sua visita.

No decurso daquela viagem, Malraux fora promovido a comendador da República Espanhola. Conhecera os líderes políticos do país, como o presidente da República, Manuel Azaña, e o "Lenin espanhol", Largo Caballero. De volta à França, havia multiplicado as conferências expressando seu apoio à Espanha democrática. Por isso, era normal que fosse um dos primeiros a responder ao apelo desesperado endereçado a Léon Blum pelo primeiro-ministro espanhol, José Giral.

No primeiro momento, como todos os franceses, ele tentou sondar a situação. O que não era simples, na medida em que as comunicações estavam cortadas com Madri. A TSF informava seus ouvintes em função das informações recolhidas nas ondas espanholas. Porém, quando a Rádio Ceuta, tomada pelos rebeldes, anunciava uma vitória do levante, a Rádio Madri e a Rádio Barcelona garantiam que o governo controlava a situação.

Na casa dos Malraux, na Rue du Bac, no meio das estatuetas e dos inúmeros objetos trazidos dos quatro cantos do mundo, desfilam incontáveis visitantes: refugiados, escritores, políticos, amigos. Todos trazem notícias, logo contestadas, depois desmentidas, questionadas, incertas.

Malraux, Aragon, Jean-Richard Bloch e André Chamson enviaram um telegrama de apoio às autoridades espanholas. No dia 23, ficaram sabendo de um comunicado do general Franco anunciando a conquista iminente de Madri. Pareceu evidente ao governo que um enviado especial devia ser mandado para a capital espanhola a fim de medir a amplitude da catástrofe. Além disso, Pierre Cot e seu chefe de gabinete, Jean Moulin, já começavam a preparar ativamente o envio de aviões à Espanha. Eles pediram a Malraux que fosse para lá. O presidente Azaña foi informado acerca da viagem.

Contudo, havia um grande problema. Na verdade, muitos. Em 22 de julho, quatro dias depois da insurreição, o ministro do Interior espanhol pedira ao governo francês para fechar as bases aéreas dos Baixos Pirineus. Ora, para se chegar a Madri, era necessário fazer escala na França a fim de reabastecer. Estava fora de cogitação que os jornais de direita descobrissem que André Malraux, o saqueador das riquezas coloniais, o amigo dos comunistas, infringiria as disposições governamentais para fazer uma visita a seus amigos, "os vermelhos".

Malraux então informou a imprensa a respeito de sua partida, mas mentiu sobre a data. Anunciou que partiria no dia 22, a véspera do fechamento dos aeroportos (essa pequena trapaça explica a confusão que persiste ainda hoje sobre o momento exato de sua partida).

Ele pediu a um de seus amigos pilotos, Edouard Corniglion-Molinier, para levá-lo até a Espanha. Corniglion-Molinier era capitão de reserva da força aérea e homem de esquerda. Ele tentou alugar um Farman, depois, como último recurso, pegou emprestado do Centro de Estudos do Ministério da Aviação um avião norte-americano guardado na base militar de Villacoublay. Foi assim que em 24 de julho, no começo da tarde, André Malraux embarcava em um Lockheed Orion, que devia levá-lo até a Espanha, depois de uma escala para abastecer no aeroporto militar de Forgas, perto de Biarritz.

Clara acompanhava-o. Havia insistido para ir. Antes da partida, comprara diversos metros de fita vermelha que esperava exibir em Madri e em outros lugares, para mostrar de que lado estava. André teria preferido viajar sozinho. Ou com outra. Sabia que, depois de catorze anos de vida conjugal, a história deles estava acabando. Clara, ao contrário, tinha esperanças de que tudo recomeçasse, de que essa viagem à Espanha fosse como o reflexo daquela incrível aventura que os unira tão bem e por tanto tempo no desabrochar de seus primeiros dias.

Pilhagem

Você não acha mesmo que eu vou trabalhar?
André Malraux

1924. Clara e André estão casados há três anos. Ocupam um andar da casa dos pais de Clara, os Goldschmidt. As portas da *Nouvelle Revue Française* ainda não se escancararam para André Malraux, que deve se contentar em publicar ali algumas críticas, reservando seus artigos para revistas menos conhecidas, como a *Action*. Ele trabalha um pouco, tentando sem grande sucesso distribuir filmes estrangeiros para os quais, na maioria do tempo, não obtém nenhuma autorização. Publica também alguns textos eróticos. Mas, sobretudo, aposta na bolsa. Aproveitando ações e franco-ouros de Clara, o casal vive de amor, champanhe e viagens. Até o dia em que uma reviravolta no pregão transforma o colchão fofo em palha seca.

Graças ao poeta Max Jacob, o jovem Malraux conhece então Daniel Kahnweiler, o marchand dos pintores cubistas em geral, de Gris, Braque e Picasso em particular. Kahnweiler confere-lhe a responsabilidade pela edição de livros de arte. Permite-lhe também realizar algumas operações lucrativas desempenhando a função de intermediário na compra e venda de quadros.

Entretanto, é a arte khmer que desperta interesse em Malraux. E não apenas por boas razões. A Indochina francesa é rica em incontáveis maravilhas que poderiam gerar fortuna. Por que não tentar por aquele lado? Como Clara se mostrasse hesitante, André insiste: "Vamos até algum pequeno templo cambojano, apanhamos algumas estátuas, as vendemos nos Estados Unidos, e isso nos permitirá viver depois com tranquilidade durante dois ou três anos".[1]

Depois de cooptar Chevasson, o mais fiel amigo de infância de André, o casal aprofunda a questão. André passa os dias no museu Guimet a fim de conhecer melhor os costumes e as tradições dos povos cambojanos. Clara faz as compras: casacos, leggins, bonés, chapéus, bússolas, máquinas fotográficas. Sem esquecer uma boa dúzia de serrotes de mão, úteis para serrar pedra.

Em seguida, juntos, batem às portas de administrações diversas, buscando uma missão oficial que os protegesse em caso de roubada. Após conseguir isso, compram quinina, seringas e inúmeras variedades de vacinas contra picadas de serpentes. Enfim, o mais importante: o futuro. Graças a marchands de arte, estabelecem contato com norte-americanos, potenciais compradores de estatuetas khmers.

Em 13 de outubro de 1923, o trio embarca em Marselha. Destino: Angkor. Os viajantes fazem escala em Djibuti, Singapura, Saigon, Hanói, sobem o rio Mekong, chegam a Phnom Penh. Ali, adquirem o material que falta a seu disfarce de exploradores: lonas, mosquiteiros, baldes, bacias, fogareiros, caixas, malas... A tudo isso somam-se os revólveres dos senhores e o anel com fundo falso da senhora, que contém uma dose de pólvora ou cianeto ou bicarbonato, ninguém experimentou.

Enfim, eles partem de barco para Siem Reap, periferia dos templos. Dali, montados em cavalos bem diferentes daqueles de madeira – única experiência em matéria de equitação –, andam ao longo dos arrozais em busca de cobiçados tesouros. Quatro charretes levadas por búfalos os escoltam, bem como um grupo de servidores – guias, cozinheiros, carregadores –, entre os quais um homem cuja aparência e resistência são admiradas por Clara.

Um encantamento depois do outro, por etapas, a moça descobre "o melhor cheiro do mundo": o do ópio. Que bela viagem!

Ao longo do caminho, ela ou um dos companheiros pergunta: "Por acaso não viu um templo?". A resposta é sempre a mesma: "Não". Até o momento em que uma moedinha cai em uma mão amável e vence a desconfiança ao redor.

Eles cavalgam até Banteay Srei. Dali em diante, é preciso cortar o caminho a golpes de facão e de foice. Entretanto, aproximam-se. Na selva, terrível, um átrio pedregoso logo se descortina. É emoldurado por muralhas que cingem um templo cor-de-rosa, musgoso, admirável, tocante, maravilhoso.

Os exploradores descem dos cavalos. Ao trabalho! Clara vigia, e eles cortam a pedra com os serrotes. Porém, os serrotes se quebram. E o inimigo está rondando: a vigia ouviu barulhos. Enquanto Clara procura, com frio na barriga, os homens, reluzentes, secam-se. Silêncio. Recomeçam depois da pausa. Os serrotes sofrem. Os passos recomeçam. De novo, é preciso parar. A menos que... Malraux é o primeiro a descobrir o inimigo. Ele pula alegremente de uma árvore a outra, passando de galho em galho com um habilidade infernal: um macaco.

Guardam os revólveres, deixam para lá os serrotes, que se tornaram inutilizáveis, e atacam a pedra com a picareta, a pá, o pé de cabra e a corda.

O assalto dura dois dias, mas o resultado fica à altura do trabalho: eles retiraram sete baixos-relevos que se tornarão barras de ouro em Paris. Isso se não levarem os objetos direto para os Estados Unidos. É de se ver... Seja como for, a pequena pilhagem trará grande fortuna.

Contudo, são pegos. Apanhados como colecionadores (o que são) no navio que devia levá-los para longe do Camboja, Chevasson e Malraux são levados a Phnom Penh, onde as autoridades acusam-nos de roubo e de depredação de patrimônios públicos. Não obstante, por conta do colonialismo, os culpados não são presos. Instalados em um hotel da cidade, esperam que a justiça siga seu curso. Passeiam, exploram o lugar e imergem na realidade colonial. Até o momento em que, cansada, Clara julga que provavelmente seria mais útil em Paris do que fechada em sua prisão citadina e dourada. Infelizmente, o juiz recusa-se a dar o braço a torcer: a sra. Malraux é uma testemunha indispensável ao processo. A fim de comover o magistrado, Clara engole o que pode de gardenal para sugerir uma tentativa de suicídio. Como isso não cola, começa uma greve de fome. Sem resultado: a justiça mostra-se irredutível. Até um dia de junho de 1924, quando o procurador sugere, com generosidade, enviar a doente para se tratar em outro lugar. Tão logo proposto, aceito: Clara embarca a bordo de um navio e regressa à França.

Em julho, André Malraux é condenado a três anos de prisão fechada; Louis Chevasson recebe pena de dezoito meses.

Escandalizada e assustada, a família Goldschmidt pressiona pelo divórcio. A de André, ao contrário, dá apoio. Clara apela ao auxílio do meio intelectual. O que fazer para salvar os dois vigaristas?

Certa manhã bem cedo, ela vai à casa de André Breton. O papa dos surrealistas e o aventureiro de Angkor não se apreciam nem um pouco. Malraux reprova o uso imoderado da autoridade feito Breton. É ligado a Desnos, a Crevel e a Limbour, mas, apesar disso, permanece afastado do grupo. Seria por que detesta Aragon?

No entanto, este, bem como André Breton, assinam a petição publicada nas *Nouvelles littéraires* em 6 de setembro de 1924:

> Os abaixo assinados, comovidos pela condenação que atinge André Malraux, têm confiança nas considerações que a Justiça costuma demonstrar a todos aqueles que contribuem para aumentar o patrimônio intelectual de nosso país. Vêm dar garantia da inteligência e do real valor literário dessa personalidade cuja juventude e obra já realizada permitem as maiores esperanças. Deplorariam profundamente a perda resultante da aplicação de uma sanção que impediria André Malraux de cumprir o que todos estavam no direito de esperar dele.

Também assinam André Gide, François Mauriac, Pierre Mac Orlan, Jean Paulhan, André Maurois, Jacques Rivière, Max Jacob, François Le Grix, Maurice Martin du Gard, Charles Du Bos, Gaston e Raymond Gallimard, Philippe

Soupault, Florent Fels, Pierre de Lanux, Guy de Pourtalès, Pascal Pia e Marcel Arland.

Anatole France não assina. Claude Farrère também não.

Em Phnom Penh, repercutindo a imprensa nacional, uns defendem um colecionador esclarecido, ao passo que outros condenam um ladrão que, ainda por cima, é um indesculpável vândalo. Por sorte, os defensores da causa acabam ganhando: em 28 de outubro de 1924, as penas de Malraux e Chevasson são reduzidas a um ano de prisão para o primeiro e dez meses para o segundo, com sursis para os dois. Ufa! Dois dias após o veredicto final, os condenados pulam em um navio e voltam no mesmo instante para casa.

Onde Clara espera.

Ela leva seu amado a um novo apartamento, em Montparnasse. Lá agradecem aos amigos, fumam cannabis, elaboram novos projetos...

O reencontro, porém, não evita as cenas. André reprova Clara por ter ido bater à porta dos Breton, "pessoas que são minhas inimigas".[2] Ainda assim, ela insiste para que os dois homens se reencontrem. Pouco tempo depois, eles se topam rapidamente. Breton convida Malraux para vê-lo em sua casa, na Rue Fontaine, com mais tempo. Quando Malraux bate à porta, Breton não abre, mas envia uma missiva: o pequeno grupo surrealista estava em plena sessão de escrita automática quando a campainha tocou. Ninguém abriu para que um importuno não se intrometesse e atrapalhasse...

A aventura indochinesa de André Malraux lhe rendeu uma reputação polêmica que seduz o editor Bernard Grasset, incentivado por François Mauriac, que havia muito detectara o talento literário do jovem autor.

Na época, as edições Grasset destoam no panorama literário, pois utilizam métodos de promoção que escandalizam: publicidade, manobras junto a jurados de prêmios literários, utilização maciça da imprensa como suporte de venda... Procedimentos que muitos editores acabarão utilizando.

Assim, Bernard Grasset encontra-se com Malraux e propõe um contrato para três livros. Aconselha-o a escrever sobre a Ásia, tema de atualidade apreciado, e recomenda-lhe que não demore muito para terminar a primeira obra: as glórias são tão efêmeras quanto as rosas e, se quiserem aproveitar a notoriedade do momento, melhor agir com pressa.

Os Malraux partem de novo para a Indochina. Quando retornam para a França, em 1926, André conclui *A tentação do Ocidente*, que Grasset publica em agosto. Sem grande sucesso.

Dois anos depois, surge a obra *Os conquistadores*. Dessa vez, o editor aposta alto: assegura a publicação antecipada de trechos do livro em revistas francesas e também do exterior (sobretudo da Alemanha e dos Estados Unidos), financia uma publicidade considerável e prepara minuciosamente a indicação dos prêmios literários.

Ataca com artilharia pesada. Na revista *Nouvelles littéraires*, Paul Morand – autor da casa – expressa em todos os sentidos como pensa bem a respeito da obra do jovem Malraux. Depois é a vez de Edmond Jaloux. Um pouco de publicidade antes das deliberações finais não faz mal, sobretudo se louvar tanto os méritos do autor concorrente quanto os dos jurados que publicam com o mesmo editor.

Infelizmente, naquele ano, Malraux perde a vez.

Em 1930, Bernard Grasset apresenta outra vez suas armas para a obra *La Voie royale*. Publicações antecipadas de excertos, publicidade, artigos na imprensa de autores-jornalistas amigos... De tudo. Salvo o imprevisto.

Algumas semanas antes da atribuição dos prêmios, as senhoras do prêmio Femina decidem (já!) que estão fartas de anunciar seu vencedor depois dos senhores do prêmio Goncourt e que, de agora em diante, outorgarão sua recompensa no Cercle de l'Union Interalliée uma semana antes da reunião dos membros do Goncourt no restaurante Drouant.

Como uma desgraça nunca vem só, o sr. Dorgelès, mais recente eleito da academia Goncourt, diz publicamente na imprensa que jamais dará seu voto a um aventureiro cuja obra se inspira em delitos cometidos na Indochina, um sujeito que os policiais prenderam para levá-lo diante dos juízes. Roland Dorgelès! Esse *montmartrois* outrora libertário, que expusera no Salão dos Independentes uma tela pintada pelo rabo de um burro! Dorgelès, o trocista! Dorgelès, o amigo dos pintores do Bateau-Lavoir e dos poetas da Closerie des Lilas!

Grasset se desespera, e Malraux também. Com a sorte virando de lado no prêmio Goncourt, o editor organiza uma intensiva às integrantes do Femina.

Em 2 de dezembro de 1930, o Cercle Interallié está lotado. Em uma sala, fechado em conclave, o júri delibera. Ao lado, uma seção de jornalistas literários espera o resultado da votação. Os minutos passam. Depois as horas. A espera torna-se demorada, tão demorada, demorada demais... Ainda se está no segundo turno do pleito, e parece que os debates devem durar. É quando uma ideia nasce na mente de um jornalista, que a propõe a seus colegas: por que, como os criadores do Renaudot que inventaram o prêmio enquanto esperavam o resultado do Goncourt, eles não criam outro prêmio literário, que seria concedido por jornalistas e levaria, já que se encontram ali, o nome de prêmio Interallié?

A proposta foi logo aceita.

La Voie royale, de André Malraux, levou o primeiro prêmio Interallié.

Alguns meses mais tarde, o autor consagrado trocava Grasset e a Rue des Saints-Pères pelas edições Gallimard, na Rue Sébastien-Bottin. Lá encontraria nova glória. E muito mais.

Amores e literatura

Um dia, terei o direito. Eu me matarei e, antes de morrer, lhe direi: "Você nunca soube o quanto eu o amava".
JOSETTE CLOTIS

Nos anos 30, Gaston Gallimard está à frente de uma das mais prestigiosas editoras francesas. E isso perdura há muito tempo. Esse filho de grandes burgueses cultos, amante de pintura, soube aliar-se a André Gide e seus companheiros, tornar-se indispensável durante a criação das edições da *NRF* (que ele financiou entrando com um terço, assim como Gide e Schlumberger) antes de virar o chefe da livraria, depois das edições Gallimard. Ele sabe cercar-se e recrutar. Verdade que seus colaboradores e ele próprio deixaram escapar Proust (Gide ficará inconsolável)*, Mauriac, Céline e alguns outros. Mas publicam Martin du Gard, Cohen, Fargue, Claudel, Larbaud, Valéry...

Gaston Gallimard trava violento duelo contra Bernard Grasset, que vende seus autores em grande escala, a golpes de anúncios na mídia e de adiantamentos suntuosos. Bernard Grasset, que obteve o prêmio Interallié pelo jovem André Malraux, que Gaston quer agora trazer para sua editora.

Ele põe as cláusulas. E os valores. Não se trata apenas de um contrato. O editor propõe que o jovem escritor se torne diretor artístico da casa. Em que isso consiste? No que se quiser. Nada de horários. Nada de estruturas. Um raio de

---

* Em 1912, *No caminho de Swann*, o primeiro tomo de *Em busca do tempo perdido*, foi recusado pela *NRF* e publicado um ano depois com Bernard Grasset. Logo Gide lamentará o equívoco: "A recusa desse livro será para sempre o maior erro da *NRF*". Entretanto, em 1916, Gallimard consegue convencer Proust a abandonar Grasset. (N.T.)

ação tão amplo quanto se desejar. Ou quase. Porque, quando Malraux sugere recrutar alguns ícones da *NRF* a fim de montar uma operação quase militar para soltar Leon Trotski, prisioneiro de Stalin em Alma-Ata, Gaston protesta: essa não é a vocação da casa! Por favor, voltemos à literatura!

O novo diretor artístico edita alguns livros de arte, organiza exposições, manda publicar autores, alguns famosos, como Faulkner ou D.H. Lawrence, outros menos.

Em 1932, Gaston lança uma publicação semanal, confiando a direção dela a Emmanuel Berl. Este tem o coração leve desde que Suzanne Muzard foi embora, e não para os braços de Breton. Ele casou-se com Mireille, que canta e em pouco tempo irá para um conservatório.

Berl arregaça as mangas e põe mãos à obra em *Marianne*. O periódico deve ser pacifista, de esquerda, e fazer concorrência a *Candide*, de Arthème Fayard, que é de direita e vende bem.

Malraux auxilia Berl. Escreve pouco, menos em todo caso que Pierre Brossolette ou Bertrand de Jouvenel, mas é o verdadeiro criador do projeto gráfico do jornal. E, seguindo seu melhor costume, se envolve com ideias, conjecturas, projetos, pontos de vista... assim como com algumas mulheres que passam nos corredores da editora na Rue Sébastien-Bottin.

A primeira a se apresentar é Louise de Vilmorin. Ela terminou seu noivado há muito tempo com Antoine de Saint-Exupéry, escreveu um livro, queria publicá-lo. Malraux lê. Gosta. Entrega o manuscrito a Drieu la Rochelle, a André Gide e a Jean Paulhan. Durante o verão de 1933, de volta de uma viagem ao cabo Norte com Clara, André leva Louise ao hotel Pont-Royal – que já viu outras.

O idílio dura quatro meses. É rompido por Malraux, após descobrir a infidelidade de sua amante: ela se entregava a ele e a um escritor alemão, Friedrich Sieburg, que preferia os ornamentos dourados do Ritz aos revestimentos de madeira do Pont-Royal... e que também tomava lá dava cá: lá, Consuelo de Saint-Exupéry, cá, Louise de Vilmorin.

Seja como for, nesta época de sua vida, André Malraux tem mais o que fazer. A Espanha ainda está distante, mas a literatura o absorve. Durante o verão, ele publicou *A condição humana*. Em 1º de dezembro, recebe o prêmio Goncourt. Foi celebrado, adulado por todos. Clara, que ainda não foi editada, sofre por viver à sombra do grande homem. Ela vai se lamentar um dia de ter escrito escondida de seu marido, assim como Elsa, que, parece, escondia sua caneta dos tinteiros e do olhar de Aragon.

Esperando o tempo das recriminações, dá à luz Florence, critica Malraux de não se preocupar com as fraldas e com as mamadeiras, afronta-o em público diante dos amigos, que se esforçam para olhar em outra direção. Ela se declara defensora do amor livre. Ele objeta que se casou com ela por dinheiro. Assim, de rachadura a rachadura, esperando que o vaso se quebre...

É Josette Clotis a causa do dano irreparável... Ela também publica um livro. Ela também perambula pelos corredores das edições Gallimard, onde Emmanuel Berl lhe arruma um emprego na revista *Marianne*: ela é um pouco secretária, um pouco jornalista encarregada das futilidades, um pouco provinciana, um pouco perdida... mas de uma beleza notável. Que André percebe. Ele esbarra com ela na redação do periódico, à mesa dos Gallimard, nos coquetéis mundanos...

Ele a convida para almoçar. Ela lhe conta sua vida de interiorana em Montalembert. Diz que se aborrece na *Marianne* e gostaria de ir para outro lugar. Ele a dissuade da ideia e a incentiva a escrever mais.

Em dezembro, quando obtém o prêmio Goncourt, ela está na Brasserie Lipp, no meio de uma multidão considerável que veio parabenizar o laureado. Ela imagina que ele não a vê. Engano: ele a chama no dia seguinte e a convida para almoçar no Ritz. No fim da refeição, faz uma pergunta:

– Se um homem a convidasse para passar um mês inteiro com ele sem esperar mais, aceitaria?

– Contanto que seja um mês de trinta e um dias – responde ela.

Ele a beija.

Trinta e um dias depois, ele a levou a Crillon, a Vert--Galant, a Montalembert, ofereceu-lhe vestidos e casacos, ama-a e não quer deixá-la. Ele se divide entre Clara e Josette.

Quando retorna de Moscou, onde os congressos o absorveram tanto quanto Eisenstein, que trabalha em uma adaptação cinematográfica de *A condição humana* (que não sairá), precipita-se para a casa da amante antes de voltar ao leito conjugal. Quando, em 1934, com seu amigo aviador Corniglion-Molinier, volta de uma viagem à Arábia que o levou nos rastros das ruínas da capital da rainha de Sabá, ele visita uma, depois presta homenagem à outra. Em maio de 1936, dois meses antes do pronunciamento dos generais fascistas, as duas acompanham-no à Espanha. Clara fica em Madri, onde os intelectuais são bem-vindos. Josette fica em Toledo, onde os amantes se encontram à sombra das rochas. Entretanto, em julho, dois dias depois do golpe de Estado, Josette ficou em Paris, enquanto Clara está no Lockheed Orion que leva os Malraux para a Espanha.

Clara espera restabelecer com o marido o diálogo de suas aventuras, interrompido desde a pilhagem das maravilhas de Angkor. É nisso que pensa quando o avião sobrevoa os Pirineus, enquanto Corniglion se diverte com um defeito na bússola. É o que ela espera quando, por ordem de Malraux, o Lockheed Orion sobrevoa o Norte da Espanha em baixíssima altitude, passando por cima das províncias conquistadas pelas tropas fascistas de Mola – cidades mortas, campos adormecidos, estradas de Navarra cobertas de maldosas colunas militares que ganham terreno como metástases, detendo-se às vezes, reunindo os aldeões, montando pelotões de fuzilamento que alinham condenados ao longo dos paredões. É o que ela se promete quando eles descem, prestes a aterrissar no aeroporto de Ávila, antes que um tiro de canhão os obrigue a subir rumo às estrelas. É no que continua pensando no momento em que, surgindo da serra, aparece uma imensa bandeira vermelha tremulando à beira de uma pista de pouso, baliza que indica aos viajantes que eles se encontram em Madri, na Espanha republicana.

No pasarán!

> Muitas igrejas de ouro e muitos vilarejos sem pão.
>
> André Malraux

Na manhã de 18 de julho, em seu apartamento madrileno, Luis Buñuel foi acordado por uma explosão: um avião republicano atacava o Cuartel de la Montaña para expulsar os fascistas que lá se encontravam. O cineasta levantou-se e correu para a sacada. Na rua, corriam operários armados. "A violenta revolução que sentimos crescer desde alguns anos, e que eu particularmente tanto havia desejado, passava debaixo de minhas janelas, debaixo de meus olhos".[1]

Buñuel seguiu com atenção o curso das operações. Durante todo o dia 18 de julho, milhares de socialistas, comunistas e anarquistas desfilaram ao redor da Casa del Pueblo e do Ministério da Guerra para pedir fuzis. Porém, os ministérios permaneciam em silêncio. Estava-se em reunião. Os reunidos destituíam os generais Franco e Queipo de Llano. Davam ordens aos oficiais da Marinha. Em resposta, descobriam que eles se recusavam a bombardear Marrocos. Então, destituíam-nos por telégrafo, nomeando os maquinistas-chefes para seus lugares. Mas sempre, irredutivelmente, recusavam-se a armar o povo. Em mais ou menos metade de um dia, Casares Quiroga, então primeiro-ministro e já detestado pela direita, passou a ser odiado pela esquerda.

Debaixo de suas janelas, Buñuel viu passar carros civis confiscados carregando colchões amarrados no teto a fim de proteger os passageiros dos franco-atiradores escondidos nos lugares altos. Os motoristas não estendiam a mão para indicar mudança de direção por medo que esse gesto fosse interpretado como uma saudação fascista. Na Calle de la Luna, no comitê regional da Confederação Nacional do Trabalho (CNT), os anarquistas preparavam suas bombas.

Na noite de 18 para 19 de julho, Casares Quiroga renunciou. Foi substituído por Martinez Barrio, centrista, que formou um governo republicano em que os socialistas eram excluídos. Permaneceu por cinco horas no poder. Só o tempo de telefonar para o líder dos rebeldes do Norte, o general Mola, para lhe propor que entrasse no governo. Mola recusou. O povo, reunido nas ruas, caminhou até a Puerta del Sol. Continuava reivindicando armas.

Barrio foi retirado. José Giral, antigo ministro da Marinha, sucedeu-o. Os alto-falantes da Rádio Unión anunciaram que o governo aceitava a declaração de guerra dos fascistas ao povo espanhol. E as armas, enfim, foram distribuídas. Sessenta e cinco mil fuzis que as pessoas disputavam soltando vivas. Com um detalhe: desses, apenas cinco mil dispunham de culatra. Um fuzil sem culatra é como o povo sem armas. Privado de forças. Então, decidiram buscar as forças onde elas se encontravam. No Cuartel de la Montaña, onde as tropas fascistas haviam se refugiado.

– *No pasarán!*

Não passarão!

Assim começou a primeira Batalha de Madri.

E, para grande alegria de Luis Buñuel, que acompanhava as operações de sua sacada, eles não passaram. Não naquele dia.

Quando Clara e André Malraux aterrissaram em Madri, a cidade pendeu para o lado da República. No aeroporto de Barajas, cintilando sob bandeiras vermelhas, estavam parados quatro Douglas bimotores de transporte confiscados e transformados em bombardeiros. Suas asas são marcadas com duas linhas vermelhas, sinal de que pertencem à República.

Assim que Corniglion-Molinier desliga o motor do Lockheed Orion, um grupo de milicianos armados toma posição ao redor do avião. Os soldados só saem quando aparece um carro oficial. José Bergamín e Navaro, grande piloto espanhol, comandante do aeroporto de Barajas, levam os viajantes até o centro de Madri. Navaro faz um inventário da força aérea republicana, que está longe de ser uma maravilha. Por falta de aeronaves em condição de voo, precisou requisitar aviões de transporte. Voluntários pilotam-nos até as imediações das colunas franquistas, que bombardeiam ao acaso, muito raramente acertando no alvo.

De resto, as notícias são ainda piores. Em três dias, os fascistas conquistaram mais de um terço da Espanha. No Marrocos, os pogroms contra a população judia começaram. Em Sevilha, o general Queipo de Llano anunciou que dez homens seriam fuzilados para cada rebelde morto. Em Burgos, 2 mil republicanos foram passados pelas armas. Em Huesca, qualquer indivíduo com vestígio azul no ombro, marca do repuxo do fuzil, é condenado à morte. Em outras cidades, furam os olhos dos prisioneiros. Cortam a língua. Castram. Os prisioneiros? Executados sem julgamento. Com um só direito: a confissão. "Feliz é o condenado, pois é o único que sabe quando vai morrer", disse o eclesiástico-geral das prisões franquistas.[2]

Do outro lado, as igrejas estão em chamas. Queimam pelo simbolismo que representam: a cruz de que se orgulham os carlistas, os falangistas, todas as direitas autoritárias do país que lançam cruzada contra o povo. O ódio espalha-se pela Espanha. Não haverá indulgência, nenhuma piedade. Dois exércitos se enfrentam. Cada um encarna uma moral. Cada um combate para impô-la. Nenhum interesse territorial ou econômico está em jogo. De um lado, trata-se de uma guerra de religião; de outro, de uma guerra social. As urnas, que deram a vitória à República, estão escancaradas, abertas e destruídas pela sola dos fascistas.

Malraux encontra Madri em tempo de guerra. Por toda parte, bloqueios, milicianos armados, todos iguais, todos vestidos de uniforme ou de macacão de trabalho. Carregando fuzis de caça ou velhas espingardas. Inspecionando carros. Montando barricadas reforçadas por sacos de areia. Escutando as notícias que a rádio divulga por alto-falantes instalados em todas as ruas da cidade.

O Cuartel de la Montaña foi tomado de assalto pelos madrilenos que vieram conferir os estragos provocados no edifício durante a primeira Batalha de Madri. Buracos de granada. Vestígios de sangue. No interior, pessoas bem jovens fazem fila para aderir às milícias. Malraux toma notas. Talvez já pensasse no livro que escreverá um dia sobre o começo da Guerra Civil Espanhola.

Na segunda noite, janta com seu amigo Max Aub, escritor espanhol nascido na França, que colaborará no filme *Sierra de Teruel*. Depois faz uma alocução pelas ondas da Rádio Madri, encontra-se com alguns jornalistas e, sobretudo, com o presidente da República, Manuel Azaña. Antes de partir outra vez para Barcelona, envia um telegrama a Paris, garantindo que, ao contrário dos rumores, a capital não está sitiada pelas tropas fascistas.

– *No pasarán!*

Guerra e revolução

> Para que serve a revolução se não puder tornar os homens melhores?
>
> André Malraux

Também por pouco Barcelona evitou a catástrofe. Nas primeiras horas do putsch, os fascistas tomaram o hotel Colón, transformado em fortim. Também dominavam o Círculo Militar, diversas casernas, entre as quais a de Atarazanas, e o arsenal de San Andrés. Sem contar as plazas de la Universidad e de Cataluña. Já a República tomara o prédio do Conselho, a Generalidade e o Batalhão Central, a rádio e o telégrafo. As estações e os aeroportos eram dela. Era bastante coisa, mas insuficiente. Havia centenas de mortos, milhares de feridos.

Em 18 de julho, enquanto Companys, presidente da Generalidade da Catalunha, ainda se recusava a armar o povo, os sindicalistas da CNT tomaram de assalto os depósitos de armas da cidade. Haviam-nas distribuído no caos. Não tinham líderes, desconheciam a disciplina. Eram a primeira onda. Erguiam barricadas, arrancavam paralelepípedos quadrados das ruas, enchendo com os cascalhos encontrados embaixo sacos de proteção carregados pelas crianças ou mães de família em carrinhos de bebê sem rendas. Guerra. Guerra e revolução.

Nas primeiras horas após a insurreição, os anarquistas reuniram-se na Avenida del Paralelo e avançaram rumo a Paseo de Colón, e dali caminharam até a Capitania, onde o general Goded, comandando o levante com Franco e Mola, estava refugiado. Plantadas diante dos arsenais, atacadas desde os portões gradeados do porto, as divisões haviam resistido aos assaltos dos republicanos e dos carabineiros posicionados nos prédios da estação. As granadas caíam continuamente sobre as barricadas que o povo erguia sem parar, mas cada vez mais devagar.

Também havia confronto no Parque de la Ciudadela. E nas lojas da cooperativa, na estação, atrás dos trens... As ambulâncias da Cruz Vermelha não passavam mais. Os feridos arquejavam *in loco*. Já ninguém retirava os mortos. O campo de batalha estendia-se ao longo do mar, paralisado, parecia, em um conflito de forças iguais em que nenhuma conseguia tomar a dianteira. Republicanos e fascistas esperavam algo a mais que lhes desse a vitória. E esse algo era a guarda civil. Que partido tomaria?

Depois de doze horas de combate, ela enfim escolhera seu campo: junto ao povo. Pela primeira vez na sua história, fora aclamada por aqueles que combatia desde sempre. Ela desaguara na Plaza de Cataluña, indo até a Generalidade, caminhando, arma a tiracolo, em direção aos rebeldes. Os soldados avançavam dois a dois, marchando, exibindo seus bicornes de couro e seus uniformes verdes, impecáveis.

Incrédulos, os fascistas consideraram aquele espetáculo inacreditável. O canhão silenciara porque não havia mais a força para colocá-lo em bateria. Para quê, se até a guarda civil havia escolhido o lado dos miseráveis? E os soldados viram aproximar-se os guardas das falanges, os protetores dos carlistas, esses homens de quem esperavam indulgência e benevolência e que traíam seus irmãos de corporação para se aliar à rua.

Paralelamente, os anarquistas e os sindicatos da Madeira lançaram suas forças contra a cavalaria, na Avenida del Paralelo. Também atacaram o arsenal de San Andrés e a caserna Atarazanas. As guardas de assalto, os socialistas, os comunistas, aos quais se juntaram alguns grupos libertários, atacaram a Capitania. Feito prisioneiro, o general Goded mandara suas tropas cessar o combate. No dia seguinte, os anarquistas atacaram os últimos focos de resistência. À noite, haviam conquistado o arsenal de San Andrés e se apoderado de 30 mil fuzis. Também entraram na caserna de Atarazanas.

Quando Malraux chega a Barcelona, transcorridos apenas alguns dias depois do começo da insurreição, o ambiente não é exatamente o mesmo de Madri. Nas ruas, caminhões se sucedem ininterruptamente, alguns com fuzis e metralhadoras em riste, outros transportando homens, às vezes mulheres: os caminhões descobertos das guardas de assalto, os dos trotskistas do Partido Operário de Unificação Marxista (POUM), ornamentados com uma auriflama vermelha, os dos republicanos, de estandarte vermelho, amarelo e violeta, e, sobretudo, os mais aplaudidos, os da CNT, envoltos em vermelho e negro.

A Espanha é o país dos anarcossindicalistas: na época da I Internacional, os representantes operários do país escolheram Bakunin contra Marx (o que, prediziam certos visionários, os comunistas nunca perdoariam); e Barcelona mais ainda desde que os anarquistas se tornam os chefes militares da cidade. Buenaventura Durruti, seu líder, Francisco Ascaso e García Oliver, seus tenentes, gozavam de extraordinária reputação. São as figuras carismáticas do comunismo libertário espanhol. Treze anos antes, eles assassinaram o arcebispo de Zaragoza, atacaram o Banco de España e falharam em uma tentativa de atentado contra o rei Afonso. Nos tempos de Primo de Rivera, refugiaram-se na França, de onde lançaram ataques contra a ditadura. Ainda ontem, eram excluídos, banidos, perseguidos, considerados criminosos e condenados à morte em quatro países. Entretanto, no seio do povo e dos seus, tornam-se figuras lendárias. Violentas talvez, mas bravas, obstinadas, generosas, dedicadas à sua causa, detestando o fascismo. Heróis.

É o que descobre Malraux percorrendo a capital da Catalunha. Os anarquistas são donos de todos os lugares que ficaram com os governamentalistas. Cada um, do mais moderado dos republicanos ao mais extremista dos socialistas, sabe que sem os libertários a cidade já teria caído. Em menos de três dias, eles tornaram-se indispensáveis. Depois de tentar enterrá-los vivos, todos os moderados de Barcelona lhes suplicam que tomem de assalto os fortins fascistas para estancar a hemorragia. No passado, foram combatidos e presos. Agora, estendem-lhes a mão. O presidente Companys, líder da Generalidade da Catalunha, recebe a delegação a fim de lhes propor que entrem no governo. Para Durruti, é uma bela revanche ao mesmo tempo que um formidável trampolim: seus camaradas e ele não se limitarão a administrar a província. Vão fazer a revolução.

Enquanto isso, rasgam os cartazes que convocam às touradas, pois a maioria dos toureiros escolheu o lado dos fascistas. Nas Ramblas, eles entram nas grandes lojas de departamentos, fazem suas compras, saem e oferecem os mantimentos à população operária. Reunidos em colunas, marcham, em filas de três, aplaudidos pela multidão que os acompanha até a estação, lançando-lhes pães e cigarros, aclamando-os enquanto sobem em um trem blindado com as metralhadoras voltadas para cima, com destino a Zaragoza.

Eles salvaram Barcelona. Se a cidade tivesse caído, os fascistas teriam entrado na Catalunha, e o caminho pela França teria sido cortado. Ora, todos os democratas espanhóis esperam a ajuda dos socialistas franceses. É preciso resistir a todo custo: enquanto os reforços se organizam do outro lado da fronteira.

Essa é também a esperança de Malraux. Ele veio por esta razão: socorrer a República atacada.

Não está sozinho.

Em Madri, quinze dias após o início da ofensiva fascista, Luis Buñuel empurra a porta de um quarto de hotel.

Faz uma visita a um homem de 63 anos que acaba de chegar à Espanha a fim de mostrar ao país e ao mundo que é solidário ao governo eleito pelo povo. Cotovelos na varanda, vestindo uma cueca samba-canção que chega até as panturrilhas, Élie Faure, historiador da arte, chora ao ver desfilar a classe operária.

Frentes Populares

> ...Até os olhos dos cegos se abriram para descobrir o horrível e grotesco rosto impudicamente desvelado do que designaram com excessiva educação pelo nome "fascismo".
>
> Erika e Klaus Mann

Em 27 de julho, às oito e meia da noite, Corniglion-Molinier desliga o motor do Lockheed Orion na base de Villacoublay. Yvon Delbos, ministro das Relações Exteriores, está presente, bem como alguns membros do governo francês. Vieram receber o novo embaixador da Espanha em Paris, Alvaro de Albornoz, que chegou com Malraux. Por sorte, o segredo quanto à aterrissagem pôde ser preservado, e nenhum jornalista está aguardando. Essa situação não vai durar. Nos próximos dias, o segredo será revelado. O governo levará um tiro simultâneo dos jornais de direita e de extrema direita, que o acusarão de ter utilizado um avião militar para enviar Malraux, o Vermelho, aos bolcheviques espanhóis. A imprensa internacional repercutirá esse horror e essa abominação, prelúdio à invasão da Europa pelas tropas soviéticas (conforme o *Völkischer Beobachter* nazista).

Malraux, contudo, não se preocupa com rumores da imprensa conservadora ou fascista. Tem coisas mais importantes a fazer. Assim que desce do avião, precipita-se para a casa de Léo Lagrange, encontra Pierre Cot e os responsáveis franceses a favor da causa espanhola. O balanço de sua viagem é claro. Sem dúvida, metade do exército manteve-se fiel ao governo; porém, no outro front, foram recrutados 30 mil soldados do exército na África, os mais bem equipados e preparados de toda a Espanha.

A Marinha é republicana, os carabineiros, fascistas, a guarda civil e a força aérea estão divididas, as guardas de assalto, legalistas, moderadamente.

O governo dispõe da metade dos fuzis, de um terço das armas automáticas e das unidades de artilharia, de doze tanques – contra vinte do outro lado. Sua superioridade aérea não é decisiva. Parece com clareza que nenhum dos dois adversários dispõe de trunfos que permitam levar vantagem. A diferença, defende Malraux, virá então das armas que o exterior enviar – se o exterior decidir intervir.

Nesse tema, em que pé estava a situação? Na noite de 19 de julho, enquanto o primeiro-ministro espanhol enviava um telegrama angustiado a Léon Blum, Franco despachava seu representante, Luis Bolín, junto ao *Duce*. Dois dias depois, enviava mensagem a Hitler a fim de obter dos nazistas aviões para transpor o estreito de Gibraltar. Essas comunicações foram possíveis graças à boa vontade do governo da Sua Alteza Real, que ordenara aos britânicos acantonados em Gibraltar colocar as linhas telefônicas inglesas à disposição dos fascistas espanhóis para que pudessem conversar com mais facilidade com os fascistas italianos e os fascistas alemães. Alguns dias mais tarde, os ingleses bancariam os arautos da não intervenção.

Em 25 de julho, Mussolini enviava doze bombardeiros Savoia 81 ao Marrocos. No dia 29, vinte Junkers 52 e seis Heinkel 51 decolavam dos aeroportos alemães, abrindo a ponte aérea que ligaria os nazistas alemães aos fascistas espanhóis durante aproximadamente três anos.

Quanto à França... Paris hesitava. Em 20 de julho, depois de receber o telegrama de Giral, Léon Blum convocara Yvon Delbos e Édouard Daladier, ministro da Guerra. Os dois homens eram radicais e mais favoráveis ao envio de armas. No dia seguinte, os ingleses alarmavam-se com a reação da França e militavam em prol da não intervenção. No dia 22, os dois governos reuniam-se em Londres. No dia 23, sob a ilustre assinatura do não menos ilustre Raymond Cartier, *L'écho de Paris* publicava um artigo sobre a ajuda francesa à Espanha: "A Frente Popular francesa vai se atrever a armar a Frente Popular espanhola?", perguntava-se o jornalista.

Claro que não!, responderam em uníssono os corajosos radicais, liderados por Delbos e Daladier.

Foram substituídos pelo sr. Lebrun, presidente da República, que, diante da pressão dos britânicos, informou a Léon Blum que a política de intervenção levaria o país direto à guerra. O secretário-geral do Ministério das Relações Exteriores, Alexis Leger, mais conhecido por seu pseudônimo, Saint-John Perse, defendia com unhas e dentes a neutralidade. No dia 25, a posição oficial do governo francês estava tomada: Paris não mandaria armas à Espanha, mas não se oporia a transações privadas relativas a material não militar. Desse modo, a França desfez-se da maioria de seus aviões de turismo, aeronaves muitas vezes velhas e oscilantes, compradas a alto custo por intermediários suspeitos que enriqueceram à custa da República Espanhola. Esses cacos velhos serviram às ligações aéreas e ao treinamento dos pilotos.

À sombra da frouxa profissão de fé governamental, Pierre Cot, ministro da Aviação, favorável à intervenção, preparava em segredo o envio de aviões militares. Tinha apoio de seu chefe de gabinete, Jean Moulin, e de alguns dos membros do governo e da administração. Assim, foi constituída uma verdadeira rede que transgredia as disposições oficiais. A companhia Air France foi até incentivada a apoiar os republicanos – o que ela fez na ponta das asas e, sobretudo, para manter sua linha Marselha-Baleares-Argel.

Jean Moulin encontrava-se no âmago desse dispositivo. Contatava ou mandava contatar os pilotos reservistas e disponíveis da força aérea. Recebia aqueles que pareciam interessados em combater na Espanha, concedia-lhes licenças não remuneradas ou obtinha para eles as derrogações e as nomeações necessárias. Junto com Pierre Cot e Vincent Auriol, ministro das Finanças, mandara entregar o máximo de aeronaves antes da entrada em vigor do embargo. Depois do fechamento das fronteiras, ele contribuiu para a criação de um sistema eficaz através do qual os aviões eram comprados por países terceiros não partidários do pacto de não intervenção, que os revendiam à República Espanhola.

De seu lado, André Malraux também empunhava o telefone. Buscava aviões e pilotos. Sua estadia em terras espanholas havia permitido que ele medisse a fragilidade da aviação republicana. Duzentas aeronaves para cinquenta pilotos, pouca munição, bombas ainda menos. Ora, o escritor compreendera que, para interromper o avanço das colunas rebeldes, uma frota solidamente armada fazia-se necessária.

Em oito dias, graças à família de Clara, à cumplicidade ativa dos funcionários do Ministério da Aviação, ao dinheiro do Banco de España e a uma tenacidade a toda prova, ele havia comprado algumas aeronaves (entre as quais, o avião particular do imperador Hailé Selassié, deposto pelos italianos em 1935) e contratado os primeiros pilotos da esquadrilha España. Estes eram todos profissionais escolhidos a dedo e muito bem remunerados. Tinham o benefício de um seguro de vida de um valor considerável e prêmios para cada avião inimigo derrubado. Um contrato ligava o piloto voluntário à República Espanhola. A duração era de um mês, renovável com a anuência de ambas as partes. As contestações eram submetidas ao responsável pela esquadrilha e ao comandante da aviação espanhola... Em suma, um contrato de trabalho. Contudo, tão interessante que inúmeros penetras, às vezes de posse de um brevê para aviões de turismo, tentaram ser contratados.

Os pilotos que partiam por razões políticas recebiam dez vezes menos. Mas recebiam mesmo assim. Também eram mercenários. Malraux foi alvo de muitas recriminações por não ter solicitado apenas voluntários. Entretanto, ele dispunha dos meios para agir diferente? O tempo urgia. Formar amadores teria custado ainda mais caro, tanto em dinheiro quanto em tempo. Além disso, havia pouquíssimos aviões para que se corresse o risco de entregá-los a mãos a que faltasse competência. Por fim, se eles tivessem precisado fazer uma escolha, a maioria dos pilotos contratados teria se recusado a combater ao lado de Franco. A moral política, portanto, estava salva.

Os voluntários inscreviam-se em dois escritórios situados no Boulevard Pasteur e na Rue d'Alésia. Aventureiros de toda natureza se apresentaram. Muitos haviam feito suas aulas durante a Primeira Guerra Mundial. Bateram à porta traficantes, detentores de pesadas fichas criminais... Foram escolhidos os mais jovens e os mais competentes. Uma dúzia para começar. Em breve, serão 150. Mais gente do que aviões disponíveis...

Eles escoltavam os aviões desde Toulouse. Tratava-se, para os primeiros, de caças Dewoitine para um só piloto, que deviam ser entregues à Tchecoslováquia e que as autoridades francesas tinham desviado após obter a autorização do país comprador. Estavam desarmados. Todas as instruções sobre os painéis de comando eram redigidas em tcheco.

O aeroporto estava protegido por guardas. Oficialmente, eles se encontravam ali para impedir entregas de armas e de material à Espanha. Na verdade, afastavam os curiosos a fim de permitir que os pilotos ganhassem o céu. Às questões perigosas, as autoridades e as forças da ordem respondiam que as aeronaves decolavam para um voo-teste. Claro, assim que estivessem protegidos pelo véu das nuvens, os pilotos se dirigiam para os Pirineus, depois para Barcelona, onde pousavam um pouco depois. Festejados em solo como heróis, descobriam aquele clima de alegria, de revolução, de medo e de entusiasmo em que estava imersa a República Espanhola no começo da guerra civil.

Recebiam salvo-condutos entregues por todas as principais organizações políticas da cidade, eram levados dentro de limusines confiscadas para passear pelas Ramblas, em seguida, transcorridos alguns dias, voavam para Madri a fim de equipar as aeronaves. Às vezes, não recebiam nada; às vezes, velhas metralhadoras Vickers datando da Primeira Guerra Mundial. Assim, segundo os mistérios de uma não intervenção francesa desviada por algumas almas generosas...

Em 6 de agosto, depois de erguer sua esquadrilha, André Malraux deixou Paris. Clara acompanhava o marido.

A pequena Florence fora entregue à avó e a Emmanuel Berl, embora este não concordasse com seus amigos a respeito da questão espanhola: ele defendia a não intervenção.

Os Malraux foram ao aeroporto Le Bourget. Com exceção de alguns pilotos amigos, convidados secretamente para a grande viagem, o lugar estava repleto de oficiais hostis à Frente Popular e à República Espanhola. Restavam menos de três horas antes da entrada em vigor do embargo. Os militares estavam decididos a impedir a partida dos aviões.

Sem ignorar a hostilidade ao redor, Malraux fizera decolar o máximo de aviões durante o dia. Faltavam alguns velhos Bloch e um bombardeiro Potez que esperavam na pista. Teria sido melhor se partissem mais cedo, ou mais tarde, para chegar a Barcelona à luz do dia.

André encarregou Clara de ir à praça de alimentação para escutar as conversas dos oficiais presentes. Ela retornou alarmada: à meia-noite, bloqueariam as pistas. Malraux ordenou a partida. Foi preciso iluminar o terreno, pôr os aviões em ordem, decolar de modo precipitado. Alguns voluntários subiram nas aeronaves no fim da pista, protegidos dos olhares hostis. Aquela fora a primeira ordem de Malraux como chefe da esquadrilha, que tinha uma missão difícil, ao menos para um novato em matéria de aeronáutica: aterrissar à noite em um aeroporto em estado de guerra.

A esquadrilha España

> Eu disse todo o mal que pensava do engajamento. Também tinha consciência de que o não engajamento implicava certa futilidade.
>
> Emmanuel Berl

Em 8 de agosto, Malraux está no Barajas, o aeroporto de Madri. Ele é nomeado coronel (tenente-coronel) do exército republicano, encarregado pelo governo espanhol de treinar e comandar uma esquadrilha de voluntários com base em Cuatro Vientos, a dez quilômetros a sudoeste de Madri.

O coronel escolhe Abel Guidez como chefe de operações: um piloto extraordinário, oficial do exército francês, provavelmente em relação permanente com o gabinete de Pierre Cot. Os outros membros (presentes ou a chegar) da esquadrilha España são oriundos de universos muito distintos. A maior parte é de origem francesa. Há alguns italianos, espanhóis, um argelino, pilotos vindos da Europa central, um russo branco ávido para se reabilitar a fim de voltar ao seu país, um ou dois alemães politicamente suspeitos, de quem se desconfia que sejam espiões enviados pelos nazistas.

Os tripulantes nunca falam a mesma língua. A maioria é de combatentes, uns são contrabandistas, todos aventureiros, alguns devotos à causa. O importante não é de onde vêm, mas o que sabem fazer: os pilotos e os mecânicos devem ser os melhores em seu domínio. E os mercenários são forçados a se curvar às ordens dos voluntários quando estes são mais competentes. Nada fácil...

A esquadrilha dispõe de diversas aeronaves que se enfileiram nos hangares ou às margens da pista. Como identidade, cada uma carrega uma letra da palavra *España* pintada de preto no estabilizador vertical. Há alguns Bloch da Dassault, um ou dois Breguet, caças Dewoitine, Douglas, Nieuport e bombardeiros Potez 54. Estes em maior número. Podem ser percebidos com facilidade porque são estranhos, com sua cor verde-espinafre, sua longa fuselagem de madeira, o impressionante tamanho das asas, que lhes permite voltar a salvo mesmo depois de serem copiosamente alvejados pelo inimigo; enfim, são atravessados por excrescências transparentes, uma grande cúpula na frente, uma torre de artilharia na empenagem, uma carlinga na parte de baixo, onde ficam os metralhadores, os observadores, os navegadores e, mais prosaicamente, os voluntários que guiam o piloto, na aterrissagem e na decolagem, entre os buracos das pistas, muitas vezes em estado precário. O Potez carrega um motor Hispano-Suiza de 690 CV que o leva a quase trezentos quilômetros por hora diante do inimigo. Sua larguíssima superfície de vidro permite à sua tripulação ver a aproximação dos Fiat e dos Junkers rivais e se retirar antes dos combates desiguais. Entretanto, como são precisos sete homens para manobrá-lo, quando cai, torna-se, como os próprios pilotos o apelidaram, um verdadeiro "caixão voador coletivo".

O Potez às vezes lembra um trator grande. Com a vantagem que um pouco de improvisação supera suas fraquezas. Quando o motor apresenta falhas, vítima de combustível de má qualidade, a astúcia de seu piloto quase sempre consegue erguer seu peso imponente por cima das árvores. E quando, por falta de material, nenhum mecânico pôde preparar o lança-bombas no interior da aeronave, basta passar pelo orifício dos banheiros (ampliado para a ocasião) ou, de modo ainda mais simples, abrir a portinhola lateral e lançar a carga para fora.

No papel, os Dewoitine são mais confiáveis. Teoricamente capazes de fazer frente aos aviões italianos e alemães, faltam-lhes metralhadoras. Os mecânicos buscam em vão as peças de reposição necessárias. Também nesse caso, deve-se improvisar.

Malraux encarrega-se de tudo. Cigarro no canto da boca, mãos nos bolsos, ele vigia. Está nas pistas, observando o treinamento, nos hangares, de olho nos mecânicos, na tenda de comando, recebendo os oficiais espanhóis e os voluntários que cruzaram a fronteira para guerrear.

Ele nunca dá ordens: ouve, toma sua decisão e convence. Não pune: quando uma situação desanda, manda de volta à França. Por sinal, cada homem é livre para partir quando desejar: não se deserta, se deixa o grupo – mas, neste caso, sem possibilidade de retorno.

A esquadrilha não tem bandeiras. Não existem patentes. As condecorações são para os outros. Não há nem detenções simples, nem detenções rigorosas. Nada de continências militares, a mão no quepe; os integrantes erguem o punho lançando um *salud* ainda entusiasmado. Todo mundo se trata sem cerimônia. Ninguém usa uniforme. A maioria dos homens veste *mono* (macacão) ou trajes de mecânico, echarpe vermelha ou preta tremulando ao vento. Os pilotos às vezes usam bivaques, calças de equitação, botas e jaquetas de couro. Quanto a Malraux, está sempre paramentado com uma gravata. Raramente abandona um longo sobretudo aberto, calças ao avesso e um blusão de tecido. O gorro enfiado na cabeça, o sorriso irônico, ele é o retrato da unidade que comanda: mais libertário do que chefe de guerra. Contudo, infinitamente respeitado tanto por seus homens, que o admiram e o idolatram, quanto pelo comando militar, ainda não cindido pelas dissensões políticas.

Nos primeiros dias de agosto, os pilotos da esquadrilha España estão treinando. Sobem em aviões velhos, praticam pilotagem e lançam bombas sobre alvos falsos.

Em seguida, o estado-maior lhes confia missões de observação e bombardeio. Não se trata de ir logo ao combate. Não que os republicanos desconfiem desses homens que vieram, talvez, tanto pela sedução do ganho quanto por sua paixão política – bem ao contrário: eles são os melhores pilotos de que dispõe o governo. Porém, é preciso agir com prudência. Na França, a imprensa de direita enfurece-se contra as entregas de armas. Espiões vigiam os terrenos de aviação e os depósitos de munição, prontos a denunciar qualquer movimento suspeito. O próprio Malraux é atacado em todas as colunas, acusado de ser um agente de Moscou, um simpatizante "hispano-moscovita". *Candide* e *Gringoire* são os principais difamadores. Se por infelicidade um piloto francês viesse a sucumbir durante uma operação aérea, o véu da não intervenção seria erguido, e os fornecimentos de armas e de material cessariam em pouco tempo.

Na metade de agosto, todavia, o momento para hesitações passou. Aproveitando os Junkers 52 amavelmente emprestados por Hitler e inaugurando o primeiro deslocamento de tropas efetuado por via área da história, Franco transportou todo o seu exército do Marrocos até Sevilha. Desde os primeiros dias do mês de agosto, ele marcha rumo ao norte, cortando a fronteira portuguesa da República, e aproxima-se das tropas de Mola que ocupam a Galícia e a Castela Velha. Oito mil homens comandados no campo pelo tenente-coronel Yagüe. Eles sobem em comboios de caminhões, protegidos por oito Savoia 81 e nove Junkers 52. Quando chegam aos limites de uma cidade, param, deixando a força aérea investir, depois a artilharia liquidar. A seguir, marroquinos e legionários atacam. Bandeiras de caveira tremulando, mastros de fêmur na mão, eles invadem os subúrbios, fuzilam os militantes de esquerda, torturam, reabrem as igrejas, instalam-se, colocando para correr milhares de refugiados horrorizados.

Em 10 de agosto, Mérida é conquistada. A coluna de Yagüe percorreu duzentos quilômetros em cinco dias. Madri está a menos de quatrocentos quilômetros... As guardas de assalto reagrupam-se, recebem reforços, fazem frente. Mas estão prostradas. A coluna vai para oeste, conquista a cidade de Badajoz a bomba e a arma branca, massacra as pessoas, depois retoma o caminho para Madri. Avança para Trujillo. Toma a cidade. Avança para Navalmoral de la Mata. Toma a cidade. Madri está a menos de duzentos quilômetros.

Em 17 de agosto de 1936, por volta de quatro horas da tarde, três Douglas e três Potez 54 da esquadrilha España arremetem do terreno de Cuatro Vientos. Não se trata da primeira missão da esquadrilha. Dois dias antes, dois pilotos em caças Nieuport derrubaram dois Breguet nacionalistas. Na véspera, os Dewoitine enfrentaram Fiat italianos. Balanço: um avião derrubado de cada lado.

O dia 17 de agosto marca também uma etapa: pela primeira vez, o coronel toma parte no combate. Fica na metralhadora. No Potez, subiram com ele dois pilotos, dois observadores, um navegador-bombardeiro e um mecânico.

A esquadrilha foi encarregada pelo comando de cortar a coluna nacionalista atacando em Estremadura, perto de Medellín. Será preciso agir depressa e retornar tão logo a operação termine: nenhum caça acompanha os seis bombardeiros. Para atenuar essa ausência, as aeronaves deverão voar acima das nuvens de modo a permanecer invisíveis o máximo de tempo possível. Com um risco considerável: o de descer muito cedo e, longe do alvo, serem notadas pelo caça inimigo.

O piloto segue a rota segundo um mapa fixado em seu joelho por um elástico. O itinerário foi traçado de lápis vermelho. O alvo será atacado na estrada. Vai ser preciso soltar as bombas de uma altura de 1.500 metros: mais alto, a mira corre o risco de ser muito imprecisa; mais baixo, os canhões da defesa antiaérea poderiam se revelar perigosos.

As bombas esperam, cuidadosamente empilhadas na carlinga. O avião não dispõe de lança-bombas. Como para o resto, será necessário improvisar com os meios a bordo. Isto é, com todos.

Malraux e os outros observam. O Douglas que os precede de repente bate asas, desce com lentidão e assume seu lugar na fila. Cada aeronave embica. Atravessam as nuvens. Mais abaixo, é Medellín. Dá para avistar a praça principal da cidade e as estradas que convergem para ela. Naquela que vem do sul, alguns pontos luminosos aparecem, seguem-se. A coluna.

Os aviões descem com suavidade. Os alvos ficam mais perto: são caminhões cobertos. Sem que uma única ordem seja proferida, a tripulação do Potez se prepara. O navegador-bombardeiro desce em desabalada abaixo do posto de pilotagem para observar o comboio através de um vidro transparente. Levanta o braço. Quando abaixá-lo, será preciso jogar a carga de bombas para fora.

O copiloto abandona seu posto e dirige-se à portinhola do Potez. Os outros membros da tripulação distribuem-se entre a abertura e o estoque de bombas. O coronel apanha a primeira. Ela pesa dez quilos. Ele a passa ao mecânico, que estende os braços e pega outro projétil. O copiloto abre a porta e a amarra com uma corda. O vento que entra na carlinga faz os homens cambalearem. Eles seguram-se uns nos outros. Aquele que se encontra perto da beira, as duas pernas bem apoiadas, observa o navegador-bombardeiro. Quando este abaixa o braço, ele lança a primeira bomba. Depois olha para baixo. O projétil caiu no campo ao lado da estrada. O comboio parou. Do Douglas que segue o Potez, uma carga de bombas cai por sua vez. Muito à direita. O coronel passa suas bombas depressa, o mais depressa possível. Mas o ritmo é muito lento. O copiloto abandona seu posto e vem para ajudar. Ele estende os braços, palmas abertas. Recebe quatro bombas. Caminha até a portinhola, afasta os pés e atira-as todas ao mesmo tempo. Olham para baixo. Um caminhão explode. Depois outro. O entusiasmo toma conta da tripulação. A coluna está partida em dois. O primeiro terço prossegue seu caminho para Medellín. O restante, bloqueado, recebe os projéteis lançados pelos aviões da esquadrilha España. As explosões se sucedem. Embaixo, os mouros – reconhecíveis pelo turbante – saltam as proteções das carretas, abandonam os caminhões e tentam esconder-se nos campos ao redor. As metralhadoras são apontadas para os Potez e os Douglas. Como em um balé, as seis aeronaves sobem, viram, encontram a posição, impecavelmente alinhadas, e voltam acima da coluna. Cada uma despeja sua carga de bombas. Outros caminhões vão às alturas, virando-se, mortos, as quatro rodas no ar. Os demais chegaram a Medellín. Buscam abrigo na praça principal, onde os bombardeiros os procuram no caminho de volta. Quatro bombas, e não sobra nada. Chamas. Carcaças enegrecidas.

Os aviões regressam, livres do peso das munições. Cruzam com três Junkers alemães que fogem diante da barulheira das velhas Vickers colocadas sobre as torres de artilharia.

Após pousarem, é uma festa. Quando o coronel reencontra seus homens, uma vez feito o relatório ao Ministério da Guerra, pode sem bravata lhes anunciar que a coluna fascista foi bloqueada. A pressão ao redor de Madri foi afrouxada. A Batalha de Medellín é a primeira ganha pela aviação da República.

Olé!

O punhal, como um raio de sol,
incendeia as terríveis ravinas.
Federico García Lorca

A esquadrilha España não frequenta as casernas. Estabelece seu QG no hotel Florida.

O hotel perdeu seus proprietários na debandada, mas o porteiro conservou seus galões dourados. O Florida é um dos lugares mais luxuosos de Madri, e por certo o com frequentadores mais variados. Ali vêm, passam, almoçam e dormem os jornalistas que vieram dos quatro cantos do mundo para acompanhar o desenrolar da guerra civil; mas também os atletas presentes na capital a fim de participar das Olimpíadas dos Trabalhadores, organizadas pela prefeitura de Barcelona em resposta aos Jogos Olímpicos que acontecerão em Berlim; os convidados ilustres da República; os artistas que começam a chegar para tomar parte na luta contra o fascismo; os Malraux, ela e ele, que ocupa um lugar considerável nesse hotel.

O escritor provoca admiração por seu talento, e o coronel por sua coragem. Na época, ninguém sonha em lhe questionar um papel que, certo dia, alguns julgarão contestável e outros, encabeçados por stalinistas, tentarão reduzir ao de um mero agitador mais preocupado em publicidade pessoal do que em ações eficazes.

Por ora, Malraux reina no salão de jantar do Florida. Extenuado, fuma, fala, entrega-se a seus tiques, fascina, convoca suas tropas, escreve as missões do dia seguinte em um quadro-negro que todos podem avistar, fica inquieto porque faltam aviões, porque vai ter de partir para comprar novos, toma notas, apaga um cigarro, sobe para seu quarto.

Clara está ali, esperando.

Entre eles, nada mais funciona e quase tudo está decidido. Ele tem Josette? Ela, algum outro. Um piloto da esquadrilha. Essa esquadrilha que, enfim, mais os separa do que os aproxima. Clara não entende o que ele busca. Engrandecer-se? Ter seu próprio busto? E por que esse papel? O que ele conhece de aviões, ele que nem sequer sabe o que é um motor? E por que ele a censura de passear em carros com as cores do POUM? Ela não tem o direito de preferir os trotskistas aos comunistas?

Claro, responde ele, mas ela faz isso sobretudo para provocá-lo. Ela é insuportável. Aliás, todos os amigos o reconhecem: ela é muito nervosa, irrita-o sem parar, torna públicas suas aventuras amorosas...

As cenas crescem. Fecham as janelas para se ouvir melhor, haja vista que os alto-falantes da rua cospem slogans ensurdecedores. Porém, no quarto ao lado, o amigo Corniglion poderia escutar. Então ele sai. Perambula pelas ruas escaldantes da noite de Madri, busca uma mesa em um café abarrotado – pois, embora a guerra bata à porta, a vida segue seu curso. Depois retorna ao Florida para dormir algumas horas antes da missão de amanhã. Nos corredores, cruza com uma bela mulher ou uma amante que passa de um quarto ao outro, bom dia, boa noite, assim caminha a vida nesses tempos de guerra e revolução.

Às vezes, muitas vezes, a tragédia leva a melhor. Enquanto os pilotos da esquadrilha España comemoram sua vitoriosa missão em Medellín, em Granada, mais ao sul, um homem é puxado para fora da cela. Malraux o conhece: ele estava presente durante o banquete dado em sua homenagem no mês de maio, antes do levante fascista.

Esse homem bate os dentes. Tem frio. Está apavorado. É o mais importante poeta espanhol do momento. Um dos maiores do século.

Federico García Lorca foi preso dois dias antes. Em julho, recusando-se a seguir os conselhos de seus amigos (Buñuel em especial), trocou Madri por Granada, sua cidade natal. Pensava estar mais seguro no seio familiar e de sua infância que em qualquer outro lugar. O prefeito socialista é seu cunhado. Era seu cunhado. Em 20 de julho, os nacionalistas tomaram a cidade. Fizeram prisões, massacraram com particular selvageria a população operária de Granada.

García Lorca se negou a se esconder: julgava que, sendo apolítico, não corria nenhum risco. Era pecar por ingenuidade e esquecer sua reputação. Homossexual, talvez. Amigo dos vermelhos, com certeza. Ao contrário do que diziam seus amigos da Casa de Estudantes, que de longa data o perderam de vista e alegaram que o poeta não se interessava em nada por política, desde a ascensão da República, Lorca multiplicou os escritos e os posicionamentos contra a direita, contra a burguesia nacional, a favor da renovação de um teatro popular do qual se ocupou ativamente. Ajudado pelo Ministério da Educação, ele criou uma companhia de teatro composta de estudantes que apresentavam a públicos afastados da Espanha as obras-primas clássicas. De graça. De cidade em cidade, semeando por todo lado a cultura, portanto o câncer. Lorca afirmava que o artista não podia não lutar contra a miséria e a opressão. Ele apoiou a Frente Popular e condenou a insurreição fascista. Em circunstâncias agravantes, em 1933, ao lado de Buñuel, assinou uma petição para protestar contra o destino dado aos escritores na Alemanha nazista. É amigo do poeta surrealista francês Robert Desnos e do novo embaixador do Chile em Madri, o vermelho Pablo Neruda. Tantas provas definitivas que justificavam, infelizmente, os ataques de que Federico era alvo em toda imprensa de direita e de extrema direita. Ainda que não pertencesse a nenhum partido, escolhera com clareza seu lado.

Os falangistas vieram uma primeira vez à casa dos pais de Lorca. Insultaram o poeta e proibiram-no de deixar a cidade. Retornaram. Bateram nele. Lorca pediu ajuda a um de seus amigos, conhecido por sua simpatia falangista. Não sabia o que fazer: ficar, partir, esperar... Tinha medo. Era como um menino. Aterrorizado pela morte.

Recebeu algumas cartas com ameaças anônimas. Propuseram que se transferisse para a zona republicana: ele recusou, considerando que estaria mais protegido ao lado dos seus do que em uma cidade estranha.

Seu amigo o escondeu em casa. Ele ficou lá por uma semana. Os fascistas descobriram-no. Na tarde de 15 de agosto, cercaram a residência. Entraram e chamaram Federico García Lorca. O poeta se vestiu. Seguiu-os. Despediu-se dos camaradas que se encontravam ali, ele que era tão importante, e em toda a Espanha. Pediu que lhe enviassem cigarro e roupas quentes.

Trancaram-no em uma cela coletiva. Ele permaneceu dois dias. Em Granada, sua família e seus amigos tentavam conseguir sua soltura. O compositor Manuel de Falla chegou. Tem vinte anos a mais do que Federico, mas os dois homens se conhecem e se estimam há mais ou menos duas décadas. Também ele interveio. Era bem-visto pelos falangistas, que lhe pediram um hino em sua homenagem. O músico recusara. Submetido a pressão, no entanto, finalmente aceitara orquestrar uma canção para eles.

Ele foi à sede da Falange.

Era tarde demais.

No dia 17 de agosto de 1936, talvez no dia 18, Federico García Lorca foi puxado para fora de sua cela. Ele havia passado a noite fumando seus últimos cigarros. Com um companheiro de prisão, entrou em um carro que tomou a direção norte. De início, o poeta imaginou que era uma troca de cadeia. Ao vizinho, dizia que na nova detenção formariam uma trupe de teatro. Enquanto isso, eles interpretariam.

Só que o carro parou em Viznar. Em Viznar, não há prisão. O chefe de escolta mandou que o companheiro do poeta descesse. García Lorca esperou. Ouviu. Entendeu. Conduziram-no ao pé da Sierra de Alfacar. Teria se lembrado, então, do modo como imitava a própria morte na Casa dos Estudantes?

> E seus traços, que normalmente não eram belos, aureolavam-se de repente de uma beleza desconhecida.[1]

Dois disparos ecoaram. Quando os assassinos voltaram para buscá-lo, ele gritou que não havia feito nada.

– Vocês não vão me matar!

Sim. Eles iam matá-lo.

A sombra da minha alma
Foge em um poente de alfabetos
Nevoeiro de livros
E de palavras.

Quando soube da morte de seu amigo de infância, Salvador Dalí, em Paris, apenas exclamou:

– Olé!

É a saudação que se faz, na Espanha, quando morre um touro corajoso.

Pena do Comintern

> Eu era, sem dúvida, um agente remunerado, viajando com um falso pretexto; porém, eu não trabalhava para nenhuma organização militar, apenas para um serviço de propaganda – mas era o Comintern.
>
> Arthur Koestler

Willi Münzenberg retorna da URSS. Bem como Malraux. Bem como Prévert. Bem como Gide e Aragon. Com uma diferença, entre tantas outras: ele deixou o território com dificuldade. Teve de pedir ajuda ao camarada Togliatti, membro do comitê executivo do Comintern.

O Milionário Vermelho não é mais bem-visto. Ainda assim, seus méritos se contam nos dedos das duas mãos solidamente presas ao martelo e à foice tornados stalinistas. Ele permanece o criador do Comitê Internacional de Ajuda às Vítimas do Fascismo Hitleriano. Os comunistas incondicionais – assim como todos os outros – podem lhe agradecer por ter conseguido a soltura de Dimitrov das prisões do Reich: não só em razão do impacto do *Livre brun*, como também devido ao contraprocesso que ele organizou em Londres e cujo veredicto saiu na véspera da abertura do processo dos incendiários do Reichstag: a absolvição, pronunciada ao fim de uma investigação efetuada por uma comissão composta de juristas e advogados de reputação internacional – sobretudo Moro-Giafferi. Em suma, Münzenberg triunfou onde Gide e Malraux não conseguiram.

Contra o nazismo, ele assumiu então amplos riscos. Chegou até a ir aos Estados Unidos para dar uma série de conferências. *Persona non grata* na Alemanha, conseguiu, apesar de tudo, espalhar sua propaganda: difundiu livros e textos proibidos impressos em papel-bíblia e escondidos sob a capa de grandes clássicos... Suas ações contra o fascismo se contam às centenas. Isso, entretanto, não basta para lhe assegurar total liberdade de gestos e de movimentos. Ele é independente demais. Despreocupado demais com a linha oficial do Partido. Defendido demais pelos artistas e pelos intelectuais para quem, certo dia, pediu a assinatura. Verdade que parece até que ele apoiou os processos de Moscou que acabam de se abrir e cujos acusados caem e cairão uns após os outros. Mas esse apoio – dos mais contestáveis – ao regime não lhe permite continuar sua tarefa sem ter a impressão de ser trazido na coleira. Especialmente Walter Ulbricht, líder do Partido Comunista alemão (e futuro construtor do muro de Berlim), quer sua cabeça.

Em um dia nem tão longínquo, ele a terá...

Quando volta da URSS, Willi Münzenberg prova mais uma vez sua independência: a Espanha está em guerra, e ele não espera que Moscou tenha anunciado sua posição oficial para agir. Logo se lança na luta, junto com dois escritores: Gustav Regler e Arthur Koestler.

Os dois homens se conhecem. Em 1934, moravam no mesmo hotel da *rive gauche*. Com Anna Seghers e Manès Sperber, fazem parte da Associação dos Escritores Alemães em Exílio. Ambos frequentam o Comintern em geral e Willi Münzenberg em particular. Para além desses poucos pontos em comum, seus caminhos divergem.

Arthur Koestler não nasceu na Alemanha, e sim na Hungria. Estudou engenharia, instalou-se em Viena e fundou com Vladimir Jabotinsky um movimento sionista ofensivo, a União dos Sionistas Revisionistas. Em 1926, aos vinte anos, esse judeu criado em uma família não praticante emigrou para a Palestina. Tornou-se jornalista. Trabalhou em Paris, depois em Berlim. Em 1931, entrou para o KPD (Partido Comunista da Alemanha); tornou-se membro do Comintern. Em 1934, em Paris, escreveu seu primeiro romance (jamais publicado). Depois, para viver, redigiu obras de disseminação científica sobre sexualidade. Seu segundo romance, submetido como o primeiro à crítica de sua seção, foi condenado pelo representante do Comitê Central do Partido como marcado de "psicologia individualista burguesa".[1]

Em Paris, Koestler trabalhava também para um órgão do Partido Comunista, o Instituto para o Estudo do Fascismo, financiado por Frédéric Joliot-Curie e pelo sociólogo Lucien Lévy-Bruhl. Louis Aragon ("amável e vaidoso, o único que esbanjava sempre bons conselhos e nunca dava um centavo") às vezes aparecia. Também esteve ligado a uma agência de notícias dirigida por um agente soviético, onde vai conhecer Vladimir Pozner, escritor francês de origem russa... Sua existência era como a de todos aqueles refugiados antifascistas que viviam na miséria, sem domicílio verdadeiramente estabelecido. O Partido enviava-o para uma missão aqui, outra ali, em Zurique, Budapeste, Sarre, onde foi encarregado de editar um jornal humorístico...

Mas eis que eclode a Guerra Civil Espanhola.

Desde os primeiros dias de insurreição, Koestler e Münzenberg decidem que é preciso ir para lá.

– Sim, mas para fazer o quê? – pergunta o escritor.

– Testemunhar – responde o Milionário Vermelho.

A ideia de Münzenberg é fornecer a prova irrefutável de que os alemães e os italianos apoiam militarmente as tropas de Franco. Para cumprir essa tarefa, é preciso se infiltrar nas linhas inimigas. Nessa matéria, Koestler ocupa a melhor posição: ele possui um passaporte húngaro, país ideologicamente mais próximo dos fascistas que a França. A operação apresenta riscos, mas o escritor aceita a missão.

Graças a seus contatos, Münzenberg consegue fazer com que seu repórter seja contratado por um jornal inglês liberal, o *News Chronicle*. Ele lhe entrega duzentos livros, quantidade significativa para a época, e o envia a Southampton. De lá, Arthur Koestler vai a Portugal, única porta de entrada para se alcançar os territórios conquistados pelos insurgentes. Ele chega a Lisboa, onde conhece Gil-Robles, um dos líderes da direita católica espanhola. Este redige uma carta recomendando o jornalista ao general Queipo de Llano, comandante da guarnição de Sevilha e um dos principais chefes militares fascistas.

No fim de agosto, Koestler está em Sevilha. Precisa de pouquíssimo tempo para reunir as provas do apoio das tropas fascistas ao pronunciamento. Verdade que os aviadores alemães usam o uniforme branco de seus colegas espanhóis, mas, no avesso de seu casaco, a cruz gamada resplandece com intensidade. Em apenas algumas horas, Koestler obtém mais ainda: o nome de certos pilotos e o modelo dos aviões estrangeiros baseados nos aeroportos espanhóis. Para finalizar, graças à intervenção do capitão Bolín, chefe do Serviço de Informações de Franco, ele encontrou e entrevistou o general Queipo de Llano.

Missão cumprida.

Antes de regressar, Koestler vai ao hotel Christina, ponto de encontro dos oficiais alemães em Sevilha. Senta-se e pede um xerez. Em uma mesa vizinha, avista quatro pilotos nazistas e um homem em traje civil. Este homem não tira os olhos dele. Koestler revira sua memória e o reconhece: trata-se do filho de August Strindberg, o autor dramático sueco. Um jornalista que trabalha na Alemanha. Do lado mau: para a imprensa hitleriana. Os dois homens se conhecem por, no passado, terem se encontrado em Berlim. E Strindberg não ignora que Koestler é comunista. Para ser mais exato: militante do Comintern, logo, infiltrado no lado fascista.

Koestler engole a saliva. De repente, sente calor. Pede mais um copo. A seguir, decide que sua única chance está no ataque. Levanta-se e aborda Strindberg filho. O outro o recebe secamente. A situação ganha contornos dramáticos quando, de súbito, um dos pilotos com quem o nazista debatia pede os documentos a Koestler. Que recusa. Neste ponto, surge o capitão Bolín. Strindberg se precipita em sua direção, denunciando seu colega como espião. Koestler se defende tanto e tão bem que o oficial franquista dispensa os dois homens, que saem um para cada lado. Koestler volta no mesmo instante a seu hotel, faz as malas e se manda para Gibraltar.

A salvo.

Dessa vez.

Alguns meses depois, Arthur Koestler está novamente na Espanha. Só que desta vez em Madri. Ele foi encarregado de concluir sua primeira missão: deve levar a Paris documentos abandonados por políticos de direita, provando a participação nazista na insurreição. No final de suas investigações, coletou dossiês incontestáveis. Reúne-os em duas malas. Um carro e um motorista foram postos à sua disposição: um Isotta Fraschini grande luxo com capota para o zelo de seu antigo proprietário, o primeiro-ministro da Espanha pré-Frente Popular. Um veículo para um venerável rei colecionador de lindas princesas: tudo foi previsto para transformar o conversível em um lupanar de uma noite, desde as cortinas violetas até os bancos dobráveis, sem esquecer o botão escondido para ordenar que o motorista parasse o carro, simulasse uma pane e fosse buscar ajuda – para dar tempo ao monarca e à sua convidada.

Koestler embarca nessa carruagem dos sonhos, que deve levá-lo a Valência.

Está em alerta: entre Madri e Valência, a Cruz Vermelha enumerou 148 postos de inspeção.

O que fará se uma patrulha pouco compreensiva descobrir documentos ornamentados com a suástica ou as flechas da Falange?

O agente do Comintern não está nada tranquilo com os salvo-condutos espalhados em seus bolsos, um proveniente do Partido Comunista, outro dos anarquistas, o último do Ministério de Relações Exteriores... E menos ainda com os passageiros que o acompanham por toda a viagem, dois pilotos franceses que devem cruzar a fronteira para verificar aviões e um membro da esquadrilha España, ferido durante uma missão.

Mas eles passam.

Também dessa vez, a sorte esteve ao lado de Arthur Koestler.

Até quando?

Gerda e Robert

> Um correspondente de guerra tem sua aposta – sua vida – em suas mãos e pode escolher arriscá-la em um ou outro cavalo, ou pode se recusar a jogá-la no derradeiro minuto. Eu sou um jogador.
>
> Robert Capa

Em 5 de setembro, perto de Cerro Muriano, no front de Córdoba, um homem desaba. Ele veste uma camisa branca, um bivaque com o brasão da CNT, um fuzil Lebel, cartuchos presos a um cinto segurado por suspensórios de couro. Este homem se chama Federico Borrell García.[1] Ele vai se tornar o combatente mais célebre da Guerra Civil Espanhola, pois, enquanto se prepara para atravessar uma ravina na companhia de seus camaradas, um fotógrafo está à espreita. Este dispara uma saraivada de cliques contra o anarquista e seus camaradas: quando eles encostam a arma no ombro, deitados no chão; quando se preparam para responder ao fogo inimigo; no momento em que correm, fuzis brandindo no tiroteio; durante a queda, após a bala atingir frontalmente o miliciano, que titubeia, braços abertos, esgar no rosto, antes de cair.

Robert Capa tem 23 anos. Até então desconhecido pela imprensa internacional, acaba de tirar uma foto simbólica que vai rodar o mundo (e que alguns contestarão).

O rapaz arma outra vez sua Leica e desaparece através da grama pisada pelos combatentes. Encontra-se com uma moça morena de olhos verde-acinzentados, que também carrega uma máquina fotográfica a tiracolo. Ele a puxa pela mão, e os dois correm até um caminhão republicano que os leva a bordo para um destino ainda desconhecido. Assim vão Robert Capa e Gerda Pohorylles, ao sabor dos acasos e dos encontros, ao longo da guerra civil na Espanha.

Em Paris, desde o dia 18 de julho, eles perambularam pelas redações para obter duas credenciais. A revista *Vu* finalmente consentiu em enviá-los junto com outros jornalistas. Em 5 de agosto, um avião deixou o grupo em Barcelona. Todos os repórteres se espalharam pelos quatro cantos do país. Antes de chegar a Cerro Muriano, Robert e Gerda percorreram a Catalunha, em seguida foram ao front de Aragão com as milícias do POUM. Regressarão a Toledo antes de voltar a Barcelona. Depois vem Paris. E a glória.

André Friedmann tem dezessete anos. Ainda não se chama Robert Capa. É húngaro, como André Kertész, e outros que com sua inestimável contribuição elevarão a fotografia moderna. Ele participa da manifestação em Budapeste contra o regime autoritário do regente Horthy. É preso. Solto, foge para a Alemanha. Lá, precisa trabalhar. O que fazer quando não se conhece a língua de seu país de abrigo? Descobrir uma ferramenta que se possa utilizar sem palavras. Por que não a fotografia?

Ele tenta. Emprestam-lhe uma Voigtlânder 6 x 9 com a qual faz os primeiros testes. Em 1931, entra para a Dephot, uma agência berlinense de vanguarda, dirigida por um simpatizante dadaísta. Ele revela, fotografa, amplia as fotos no quarto escuro. Quando sai, os nazistas estão na rua. André nunca teve medo de pancadas. Mas como lutar com eficácia contra as hordas escuras que desfilam dia e noite pelas avenidas? No inverno, com amigos, joga baldes de água na calçada por onde os hitlerianos vão passar: o gelo escorregadio fará sucumbir as tropas verde-gris.

De volta ao laboratório, impacienta-se. O que desperta seu interesse não é o trabalho no estúdio, e sim a reportagem. Tem que esperar a oportunidade. André arrefece. Por fim, certo dia de novembro de 1932, como todos os fotógrafos da Dephot estivessem na rua, o menino do laboratório é enviado para uma missão. Trotski deve ir a Copenhague, na mesma época – coincidência de agenda – que Laurel e Hardy. Ele precisa trazer para Berlim retratos dessas três personalidades públicas. Não há grandes dificuldades em relação aos dois humoristas. Já quanto ao líder político, é outra história, pois Trotski não gosta dos fotógrafos. Sempre receia que por trás das enormes câmeras e dos flashes estalantes escondam-se assassinos armados enviados por Stalin. Uma escolta de duzentos policiais vigia a fim de tranquilizar o líder bolchevique. Como, em tais condições, passar despercebido?

André apodera-se de uma câmera de 35 mm minúscula, que ainda não se tornou lendária e que até provoca a hilaridade, quando não a desconfiança, na maioria dos profissionais experimentados: a Leica. Na época, seus colegas preferem utilizar as volumosas câmeras fotográficas de placas, de que Trotski desconfia. As redações dos jornais também as preferem aos pequenos formatos, que não permitem retoques. Henri Cartier-Bresson, que dá seus primeiros cliques na mesma época, também escolheu a Leica, assim como Kertész e alguns outros: apreciam o tamanho reduzido, a luminosidade e a velocidade do obturador, que diminuem o tempo de exposição.

Com a câmera no bolso, André vai para a entrada do estádio onde o revolucionário deve fazer seu discurso. Cruza sem obstáculos a revista e o controle, instala-se perto da tribuna, encontra um bom lugar para não se mexer durante o tempo de exposição estendido pela ausência de flash e, enfim, metralha de cliques o orador sem que ninguém perceba nada.

Quando volta a Berlim, é uma festa na Dephot: *Der Welt Spiegel* publica as fotos de Trotski.

Em 1933, depois do incêndio do Reichstag, André Friedmann, judeu e húngaro, toma, como Gustav Regler, o caminho do exílio. Parte para Viena, a seguir retorna a Budapeste, antes de chegar a Paris, sem um centavo, sem qualquer apoio. Sua única riqueza é uma câmera fotográfica que ele penhora quando a miséria triunfa sobre qualquer outro meio de subsistência, e a qual ele resgata assim que ganha os primeiros francos. Para se alimentar, pesca peixes no Sena. Imundos. Rouba pão em padarias. Atividade perigosa. Recolhe algumas moedas junto aos pintores boêmios também sem recursos que se instalam no Dôme e na Rotonde. Aleatoriamente. Conhece Henri Cartier-Bresson, que lhe dá uma mão e o leva às reuniões da Associação dos Escritores e Artistas Revolucionários.

Em 6 de fevereiro de 1934, o jovem Friedmann é contratado como assistente de um fotógrafo, encarregado de levar o material até a Place de la Concorde, onde as ligas fascistas protestam contra a democracia. Algumas semanas depois, conhece André Kertész, vinte anos mais velho, em seguida Brassaï, o Romeno. Graças a esse círculo, que sem tardar constatou seu talento, André é contratado em agências que lhe confiam tarefas secundárias – laboratório ou venda de catálogos.

Em 1934, ele conhece Gerda. Ela é judia, alemã e antinazista. Também fugiu de seu país. André logo se rende ao feitiço dessa moça independente, engajada em movimentos de extrema esquerda, brilhante, encantadora, diabolicamente sedutora. Mas ela não está solteira. E ele também não: mantém um relacionamento com uma fotógrafa de moda que trabalha na *Vogue*.

Ele termina. Ela também. Dia sim, dia não, encontram-se em hotéis escuros, em seguida se separam, pois Gerda não quer uma relação muito séria. A não ser no trabalho.

Em 1934, André é enviado pela revista *Vu* para fazer uma reportagem no Sarre. Ao voltar, compra uma Leica a prestações. Com essa máquina – que ele contribuiu para tornar lendária –, cobre as grandes greves de 1936, as manifestações e a vitória da Frente Popular. Gerda auxilia-o. Ela datilografa as legendas das fotos. Juntos, percorrem as redações para vender os negativos. Como os negócios não progredissem tão rápido quanto desejavam, eles recorreram a um subterfúgio simples que deu inestimáveis resultados. Alegam ser respectivamente o assistente e a vendedora de um fotógrafo talentoso disputado pelos jornais do mundo inteiro: Robert Capa.

É com esse pseudônimo que, de agora em diante, André Friedmann assina suas reportagens. Já Gerda Pohorylles torna-se Gerda Taro. E, não aceitando se limitar a um papel de vendedora-secretária, ela reivindica também o status de repórter-fotógrafa. Assim, ambos partem para a Espanha. Ele com sua Leica, ela com sua Rolleiflex. Eles irão a Barcelona, a Madri, a Bilbao. Às montanhas, entre Almeria e Granada. Mais tarde, a Madri e perto de Guernica. Ele, cada vez mais próximo dos campos de batalha com sua 35 mm. Rápido, ágil, os rostos captados em seu visor, inventando uma nova maneira de fotografar a guerra. Ela, menos apaixonada do que ele esperava, apesar de todos os seus esforços, de todos os seus pedidos. Esse homem alto, bonito, charmoso – que durante toda a vida, a fim de conservar sua independência, vai se recusar a casar, mesmo que com Ingrid Bergman, anos mais tarde – permanece e permanecerá profundamente ligado àquela morena pequena que estava a seu lado quando, em 1937, depois de publicar a foto de Federico Borrell García caindo no chão da Espanha, a imprensa anglo-saxã lhe concederá o título de melhor fotógrafo de guerra do mundo.

Place des Victoires

Diante de Malraux, sempre me
pergunto onde está o meu valor.
André Gide

Em 4 de setembro, Malraux está em Paris. Voltou para buscar novos aviões. Enquanto está no banho, a campainha da frente ressoa na Rue du Bac. Clara entreabre hesitante: não seria algum oficial de justiça? Desde alguns meses, de fato, os guardiões dos templos fiscais apresentam-se com bastante regularidade à porta do apartamento. Como André se recusasse a receber seu soldo na Espanha, a renda familiar está lá embaixo.

Entretanto, não se trata de um oficial de justiça. Quando a porta se abre, Clara se vê frente a frente com a capa, o chapéu de aba larga e os óculos redondos de um homem que ela conhece bem: André Gide. Ele está de volta precisamente da URSS. Eles se abraçam, se beijam, conversam... A pequena Florence está em casa, transformando uma dália em confetes.

O que conta Gide?

Que sua viagem à URSS foi uma bordoada na cabeça.

O que diz Clara?

Que sua viagem à Espanha a deprime demais. Não só porque os governamentalistas sofreram graves reveses, como também porque André representou um papel absurdo lá, porque ficou cercado de pessoas de grande mediocridade e porque ele deveria agora ficar em Paris. Ela se queixa muito do marido, cansado e exacerbado pelos acontecimentos. Porém, Gide acha a jovem mulher nervosa, ao passo que o próprio Malraux lhe parece mais sereno do que de costume, menos atormentado por seus tiques.

Os três jantam em um restaurante da Place des Victoires. É Malraux quem fala, e quase só ele. Conta a Gide que sua esquadrilha salvou Madri e que tem esperanças de reunir todas as forças revolucionárias para atacar Oviedo, região de Astúrias. Com uma volubilidade extraordinária, um talento de narrador excepcional, uma voz grave que não se perde nem se exalta jamais, ele descreve a Guerra Civil Espanhola. Fala depressa, a ponto de o pobre Gide ter dificuldade para acompanhar. A última vez que se viram foi antes de suas respectivas viagens. Desde então, ambos descobriram mundos novos. Gide havia esquecido um pouco o universo exaltado em que se move seu amigo.

Ele faz algumas perguntas, rapidamente arrastadas na onda impetuosa da conversa, mais para um monólogo pontuado de gestos de mão tão amplos, precisos e fascinantes quanto as manobras de um toureiro. Malraux exprime sua inquietação diante da situação dos republicanos na Espanha. Quando Gide aquiesce, o orador continua. Quando Gide contesta, ele apoia o queixo na palma da mão, dardeja seu interlocutor com um olhar imóvel turvo pela fumaça de um cigarro, murmura "O senhor tem razão", aprovação de cabeça, e recomeça exatamente de onde havia parado, sem linha discursiva, indo direto à quintessência de seu raciocínio inicial.

No decorrer dos pratos e dos minutos, Gide perde o norte. Uma vez mais, a presença de Malraux o esmaga. Ele está atordoado. Como ele mesmo confessou, não se esforça mais para seguir a conversa, mas finge acompanhá-la. A exemplo de todos aqueles que se aproximaram do escritor, ele se deixa levar por uma palavra incrivelmente precisa, uma espécie de gramática verbal feita de vírgulas, de aspas e de reticências, um milagre a descobrir, um prazer a escutar, vigor, força, nenhum preâmbulo, uma precisão espantosa no texto, como se tudo o que fosse dito tivesse sido amplamente refletido enquanto o registro é o da conversa, portanto da improvisação.

Gide tem apenas uma preocupação: não parecer muito tolo diante desse rapaz tão brilhante.

O que reconhecia nele? Uma qualidade imensa: ele tem "as qualidades de um grande homem".[1] O escritor, em contrapartida, não o convence. No ano anterior, leu *Le*

Temps du mépris, obra perante a qual fez muitas ressalvas: falta de emoção, estilo imperfeito, "pseudoescrita de artista". Contudo, assim como é capaz de se expressar com clareza e perfeição sobre o viés da literatura, permanece boquiaberto diante das qualidades do grande homem.

Com Malraux ocorre exatamente o contrário. Muito jovem, leu com paixão *Paludes* e *Os frutos da terra*. Nos anos 20, publicou na revista *Action* um artigo dedicado a André Gide em que reconhecia a verdadeira consciência intelectual de sua época. Mas a consciência intelectual não faz defesa política. De fato, já há alguns anos, o papa da literatura francesa presidiu diversas assembleias e outras tantas reuniões ao lado de seu jovem amigo; chegou até a ir a Berlim para pedir indulto de Dimitrov; entrou para o comitê para a libertação de Thälmann. No entanto, permanece um amador aos olhos de muitos de seus amigos. Em especial aos de Bernard Groethuysen, filósofo marxista, uma das mentes mais brilhantes de sua época, e aos de André Malraux, que admira sobremaneira este amigo de Gide. Quando estes dois estão juntos, o "tio Gide" (como o chama Malraux) silencia. Ele próprio reconhece: não se sente à altura. Malraux o impressiona demais. No fundo, o que prefere nele não são suas explanações admiráveis a respeito do anarcossindicalismo na Espanha ou do silêncio que se deve provisoriamente respeitar quanto aos processos de Moscou que estão para começar. Não. O que Gide mais gosta de ouvir da boca de André ou da de Clara é o inventário do relacionamento dos dois. Ainda se amam, pensam em se divorciar, como se chama o piloto da esquadrilha España por quem Clara se apaixonou, onde André dormirá esta noite?... Gide é um bisbilhoteiro. Adora os falatórios. E se soubesse, quando os três se despedem após o jantar, que Malraux vai se encontrar com Josette Clotis no Elysée Park Hôtel, no Rond-Point, sem sombra de dúvida não só toda Gallimard ficaria sabendo, como também toda a Grasset e todos os intelectuais indiscretos de Paris.

Só que Gide desconhece o fato. Bem como desconhece que, durante os poucos dias que Malraux há de passar em

Paris antes de seu retorno a Madri, vai dedicar todas as suas manhãs a Josette, a quem vai propor que more com ele na Espanha, caso os acontecimentos o obriguem a ficar por lá.

Gide volta para casa. Não é muito tarde. Pergunta-se quem o aguardará no Vaneau e ao lado de quem ouvirá os discos que trouxe da URSS.

De volta da URSS

Ditadura do proletariado nos prometiam. Estávamos redondamente enganados. Sim: ditadura, é evidente; mas a de um homem, não a dos proletários unidos, dos soviéticos. É importante não se iludir e há de se reconhecer com toda franqueza: não é isso o que se queria. Um passo além e até diríamos: é exatamente isso o que não se queria.

André Gide

Popu, tu és vítima do sistema! Vou te reformar o Universo! Não te preocupa com tua natureza! És todo de ouro!, te repetem! Não te censura nada! Não vai refletir! Ouve-me! Quero tua verdadeira felicidade! Vou te nomear Imperador? Queres? Vou te nomear Papa e Bom Deus! Tudo isso junto! Bum! Pronto! Foto!

Louis-Ferdinand Céline

Em 7 de setembro, enquanto Malraux retorna à Espanha, André Gide para outra vez na Rue du Bac. Clara o espera. Eles tomam um táxi e vão ao Père-Lachaise. Ali, Eugène Dabit deve ser cremado.

Convidado pelo pai, Gide caminha ao lado da família. A mãe, descomposta, aniquilada, recolhe-se chorando diante do jazigo da família, em seguida, dominada pela dor, desmaia longe dos braços que se estendem.

Paul Vaillant-Couturier e Louis Aragon pronunciam um discurso cada. Suas palavras chocam André Gide, pois fazem de Eugène Dabit um paladino da causa soviética. Pierre Herbart faz troça: em Moscou, cada vez que se despedia de Aragon, tinha a impressão de que este ia denunciá-lo...

Gide está ansioso por outra razão. Sabe que, em Sebastopol, Dabit possuía uma grande quantia de dinheiro. Ora, apenas uma parcela foi enviada a seus pais. Desastrosamente, abordou o tema com Aragon. Este, no mesmo instante, subiu nas tamancas: seria possível que a URSS abrigasse um criminoso que não fosse desmascarado?! Gide se arrependeu de ter falado. Suplicou que Aragon guardasse segredo: por que transformar em drama uma simples questão financeira? Mas Aragon não quis nem saber. Gide receia que ele venha a suspeitar de todo mundo, inclusive de Schiffrin: "Ele só vai ficar contente se enforcar alguém".[1]

Por sorte, o dinheiro será enviado três dias depois e ninguém terá a cabeça cortada...

Pouco depois da cerimônia de Dabit, Gide parte para Cuverville. Precisa agora ajustar suas contas com a União Soviética.

No exato momento em que deixava o país, enviou um telegrama que transbordava calor e entusiasmo a Moscou:

> Ao fim de nossa inesquecível viagem através da grande pátria do socialismo vitorioso, envio da fronteira um último e cordial cumprimento aos magníficos amigos que deixo com tristeza, dizendo-lhes, assim como a toda a União Soviética: "Au revoir!".

Entretanto, no fundo de si mesmo, sentia algo bem diferente. Para ser exato, "Uma imensa, uma assustadora perturbação".[2] E esse sentimento ele deve imperativamente elucidar. Para si mesmo e para os outros.

Certo dia em que passeava em Paris com seu amigo Schlumberger, confessou-lhe o desgosto que sentia ao ver, durante os processos que decorriam em Moscou, os réus trocarem acusações e ataques. "É o equivalente ao golpe de Hitler contra Röhm."[3] Porém, suplicou a Schlumberger manter silêncio quanto a suas confidências: queria guardá-las para seu livro.

Ao longo de todo o mês de setembro, Gide trabalha com cuidado nessa bomba que vai explodir em novembro, quando da publicação de uma obra que, por vários meses, vai dar muito o que falar no meio político e literário da época: *De volta da URSS*.

Gide preparou com cautela o pavio. Antes de acendê--lo, consultou seu círculo de amigos. Jef Last passou por lá antes de ir para a Espanha, onde vai se alistar; voltando de viagem, havia se escondido em seu vilarejo na Holanda para não ter que falar da URSS.

Pierre Herbart está na cidade, bem como Jacques Schiffrin e Louis Guilloux. Certa noite, no Vaneau, Gide abre sua caixa de Pandora.

O que ele diz?

Que mudou de ideia. Ele lembra que há muito tempo já escreveu a favor da URSS. E que mesmo na Praça Vermelha, durante o funeral de Gorki, ele assegurava que, a seus olhos, o destino da cultura dependia da defesa do país. Ele se enganou. Menos a respeito da URSS do que "daquele que a controla". Esperava ver uma terra em construção, uma utopia a ponto de se realizar. Por certo, descobriu algumas maravilhas. Mas as falências levam a melhor. Ampla, terrivelmente. Devido ao nivelamento social. À uniformidade dos pensamentos. À falta absoluta de tudo o que é necessário. À ausência de escolha. A uma preguiça geral. A uma opinião conforme e conformista. "Cada vez que se conversa com um russo, é como se se conversasse com todos."[4] Porque só há uma linha oficial e da qual não se deve sair. Porque, desde a infância, as mentes são fabricadas. A cultura visa a isto: reconhecer o inalterável valor do paraíso soviético. O espírito crítico foi aniquilado. A autocrítica é um modo de apreciação do seguimento da linha. Sem falar das denúncias. Do fechamento ao outro e ao exterior. Da mentira: aqui tudo vai melhor do que nos outros lugares. Os russos se perguntam se existem escolas na França, se lá batem nas crianças, se os ônibus andam, por que se proíbem os filmes soviéticos... A pequena burguesia não existe na URSS; todavia, a burguesia operária está satisfeita consigo mesma. O aborto é proibido. Os homossexuais são contrarrevolucionários passíveis de deportação. "Não há mais classes na URSS, é verdade. Mas há pobres. Muitos, muitíssimos. Contudo, eu esperava não vê-los mais, ou melhor, para ser mais exato: foi para não vê-los mais que eu havia ido para a URSS."[5]

André Gide não diz nem mais nem menos do que aquilo que vai escrever, em um estilo bem diferente, outro escritor que se encontrava na URSS exatamente no mesmo momento em que o autor de *Os frutos da terra*: o doutor Destouches. Louis-Ferdinand Céline.

Eugène Dabit conhecia-o muito bem. Céline e ele trocavam correspondências com regularidade. O segundo até fizera uma provocação afirmando que, se havia escrito *Viagem ao fim da noite*, fora depois do sucesso de *Hôtel du Nord*, com qual o primeiro ganhara muito dinheiro. Queria fazer igual para comprar um apartamento...

Publicado em 1934 em uma tradução de Elsa Triolet, *Viagem ao fim da noite* havia alcançado grande sucesso na União Soviética. Apenas Máximo Gorki havia demonstrado desaprovação a respeito desse livro saudado pela maioria dos críticos como uma obra popular. Na URSS, Céline dispunha então de uma quantia confortável, resultante da venda de seu romance: os direitos autorais dos escritores traduzidos para a língua russa nunca eram revertidos a seus editores.

Em agosto de 1935, sucedendo a Louis Aragon, Henri Barbusse, André Chamson, Roland Dorgelès, Georges Duhamel, André Malraux, André Gide, Louis Guilloux, Eugène Dabit e alguns outros, Louis-Ferdinand Céline desembarcava na União Soviética. Acompanhado permanentemente por uma intérprete-policial chamada Nathalie, ficou em Leningrado e cercanias.

O que Céline esperava de sua estadia em terras comunistas?

Nada. Em todo caso, ao contrário de Gide, nada de positivo. Esperava apenas que o regime permitisse demonstrar o quanto o homem, sem suas desculpas habituais, é uma soma de mentiras, de perfídias, e a que ponto a burguesia é "tirânica, avara, gananciosa, profundamente hipócrita! Moralizante e volátil! Impassível e lamuriosa! [...] Enfim, podridão perfeita".[6] Estimava por outro lado que o homem do povo, "lacaio de tão longa data", devia mudar de status, alegrava-se com o fato de que os menores iam poder se vingar – "fuzilar os ricos é mais fácil do que atirar de espingarda de ar nas feiras populares" – e admitia que naqueles tempos era preferível se mostrar do lado do povo.

O que encontrou Céline em terras comunistas?

O horror, a lábia, a mentira, a pobreza... Na religião cristã, segundo o autor, o homem sai do universo imundo dentro do qual se move para fazer gesto de humildade. Na sociedade comunista, acredita que vai atingir a felicidade. Na verdade, não divide as riquezas, e sim as penas. Os ricos empobreceram, e os pobres não enriqueceram. O povo – "Prolovitch" – tem ciúme dos engenheiros, que ganham muito mais do que ele. "Ele fede também a lacaio." Ele tornou-se suficiente, presunçoso (Gide fala de complexo de superioridade). Ele é venal. "Veja então nessa URSS como a grana depressa recobrou a força."

Prolovitch está embrutecido. Quando não se encontra na prisão, mais bem protegido que antes, aborrece-se por falta de lazer. Olha passar os comissários do povo dentro de seus belos carros, a polícia "mais abundante, mais suspeita, mais dura, mais sádica do planeta". Doente, é levado para hospitais "francamente sórdidos"...[7]

Em suma, tudo apodreceu. Até Louis Aragon, mas por outras razões que as que prevalecem em Gide: Céline o censura de estar com Elsa Triolet, e Elsa Triolet de ter traduzido muito mal sua obra *Viagem ao fim da noite* (de fato, talhada pela censura).

Enquanto André Gide lê a seus amigos uma primeira versão da obra *De volta da URSS*, Louis-Ferdinand Céline redige *Mea culpa*. Seu livro sairá alguns meses depois do de Gide. Não causará o mesmo escândalo, pois Céline é um "viajante solitário" (Eugène Dabit) ao passo que Gide é uma consciência literária. A palavra do primeiro é um vômito em prosa, uma maré, um tormento. A do segundo é franca, mais redonda e sempre bem construída. Gide mostra a realidade, enquanto, a seus olhos, Céline pinta "a alucinação que a realidade provoca".[8]

Quando, na Rue Vaneau, Gide vira a última página de seu manuscrito, Louis Guilloux e Jacques Schiffrin estão, segundo o próprio testemunho da Pequena Senhora, consternados. Justamente em razão da estatura de André Gide, seu livro vai criar uma onda cujas consequências ninguém pode prever. Vai escandalizar ou maravilhar, ser utilizado por um lado contra o outro, agitar uma situação ideológica que se tornou dramática pela Guerra Civil Espanhola, na qual fascistas e comunistas se enfrentam.

Louis Guilloux, o primeiro, assinala os limites que, a seus olhos, se impõem. Pede a Gide para suprimir uma frase que torna seus companheiros de viagem mais solidários do que o são de verdade. Quando deixa o Vaneau, está amargo, perturbado, com dúvidas.

Nos dias seguintes, Gide foge de Paris e confina-se no hotel-restaurante La Colombe d'Or, em Saint-Paul-de-Vence, onde corrige seu livro sob o olhar benevolente de Pierre Herbart. Este, contudo, observa com otimismo a nova política externa da URSS que, denunciando o pacto de não intervenção, defende a Espanha atacada. E levanta uma questão que logo vai atormentar todos os amigos do escritor: seria um bom momento para a publicação?

Sim, responde André Gide, transtornado pelos primeiros processos de Moscou, que, para ele, equivalem àqueles instaurados pelos nazistas contra os comunistas depois do incêndio do Reichstag.

Talvez não, dizem todos os demais, para quem a vitória de Hitler e a ameaça do fascismo impõem que se apoie a URSS, único país que pode militarmente fazer frente à Alemanha.

Da Espanha, onde combate, Jef Last envia uma carta a fim de pedir ao escritor para adiar a publicação de seu livro. Mas as provas acabam de chegar da gráfica. Dentro em pouco, o rumor ultrapassa o círculo dos amigos íntimos para se espalhar por Paris. Aragon se manifesta. Depois é a vez de Ilya Ehrenburg. A Pequena Senhora vê em todas essas manobras um modo de impedir o autor de publicar seu livro. E, por ouvir uns e outros, Gide está confuso. Ele pede que Pierre Herbart leve as provas da obra à Espanha e as entregue para André Malraux, que se encontra lá, fazer uma leitura.

A viagem não vai ser uma moleza.

O ALCÁCER

> O baixo é a esquerda. O alto é a direita, em que se situam a monarquia, a hierarquia, a Cúpula, a arquitetura e o Anjo.
>
> SALVADOR DALÍ

Em setembro, a República perdeu uma parte da Andaluzia, três quartos da Estremadura, a Galícia, a região de Astúrias, a Castela Velha, a metade de Aragão. Desde a tomada de Badajoz, bem próximo da fronteira portuguesa, a junção é feita entre os exércitos do Norte e os do Sul. Os nacionalistas ocupam o Oeste; os republicanos estão no Leste.

Ao norte, os nacionalistas tomaram Irun em 4 de setembro. No dia 12, entram em San Sebastián.

Ao sul, a coluna Yagüe, parcialmente desfeita pela esquadrilha España em agosto, reconstituiu-se. Conquistou Navalmoral de la Mata. Avança para Oropesa. Toma a cidade. Avança para Talavera de la Reina. Toma a cidade. Madri está a 120 quilômetros.

Em 4 de setembro, cai o gabinete de Giral. O socialista Largo Caballero torna-se primeiro-ministro. O novo governo organiza uma contraofensiva que acaba em uma debandada. O estado-maior recorre à esquadrilha de Malraux. Dois bombardeiros levantam voo. A bordo, seis homens e 26 bombas de doze quilos. Não há cobertura de caças, e os lança-bombas estão inutilizáveis: os cabos de lançamento foram retirados. Uma das aeronaves corre o risco de se destroçar na decolagem, já que sua carga de bombas se deslocou para frente, aumentando dramaticamente o peso sobre o bico do avião. No derradeiro momento, o piloto transpõe a linha das árvores.

Os aviões voam durante uma hora, quando uma zona de tempestade os envolve. Assim que saem do trecho turbulento, estão sobrevoando o Tejo. As duas aeronaves largam sua carga de bombas. No momento em que preparam a volta, avistam três Fiat italianos que avançam em sua direção. As balas assobiam. Os franceses conseguem se safar no segundo assalto. Por milagre, o metralhador acerta um dos Fiat, que desce em pirueta antes de se espatifar. Os outros dois batem em retirada.

Atingida, uma das aeronaves da esquadrilha é obrigada a aterrissar em um campo, entre Talavera e Toledo. O avião arrebenta em três pedaços. Um dos tripulantes está ferido, mas não se lastima nenhuma morte.

A coluna nacionalista foi apenas desacelerada. Um dia depois do ataque, volta a partir. Avança para Santa Olalla. Toma a cidade. Avança para Maqueda. Toma a cidade. Madri está a oitenta quilômetros.

A coluna faz um desvio à direita e avança para Toledo. Para o alcácer de Toledo, mito, símbolo, academia militar de prestígio, fortaleza inexpugnável, ilhota fascista em terra republicana.

Alguns dias depois do levante das tropas marroquinas, e enquanto a cidade pendera para o lado republicano, 1.200 soldados, arrastando seiscentos reféns civis apanhados pelas ruas, confinaram-se lá. Durante dois meses, os sitiados souberam resistir a todos os ataques. Foram minadas as torres laterais da cidadela: elas resistiram. Foram incendiadas as muralhas e lançadas granadas: o fogo não pegou. Foram enviados a infantaria, a artilharia, os tanques: em vão. Os aviões da esquadrilha España bombardearam os cumes: e nada... O alcácer havia se tornado um símbolo tão importante que um lado precisava destruí-lo, e o outro enaltecê-lo salvando seus ocupantes.

Em 27 de setembro, menosprezando o caminho que levava à capital, as tropas nacionalistas avançam para Toledo. Tomam a cidade. Depois avançam para Olías. Tomam a cidade. Avançam para Illescas. Quinze mil homens saem de Madri, acotovelados nos ônibus da capital, para defender esse ponto estratégico. Ele cai por sua vez. Madri está a 35 quilômetros.

No hall do hotel Florida, Malraux telefona. Os alto-falantes suspensos na rua cospem sempre os mesmos slogans. Entretanto, agora, as exclamações são pontuadas pelos barulhos surdos dos tiros de canhão ribombando a algumas milhas. Noite e dia, as bombas caem sobre Madri. Nas ruas, a população cava trincheiras. Como os outros, Malraux busca ajuda.

Nessas últimas semanas, a esquadrilha estava baseada no Barajas, o aeroporto de Madri. O estado-maior decidiu transferi-la para Alcalá de Henares, a cinquenta quilômetros a leste. O terreno é imenso; os barracos, sumários; os hangares, vazios; e o posto de observação, praticamente inexistente: parece um terraço de onde o vigia espreita os arredores com binóculo, acionando a sirene em caso de ameaça. Como a República não dispõe de nenhuma defesa antiaérea, o aeroporto está desprotegido. Ora, os nacionalistas não estão longe. Descobriram a esquadrilha e bombardeiam os aviões na decolagem e na aterrissagem. Em 30 de setembro, um Potez é abatido por um Fiat. Antes disso, no terreno de Cuatro Vientos, uma esquadrilha de Junkers largara suas bombas, reduzindo a cinzas seis aeronaves. Devem-se achar novos aviões. E pilotos. Malraux telefona. Também ele se prepara para o próximo combate. Como todo o estado-maior republicano, teme não conseguir reequilibrar o fiel da balança dos ganhos e das perdas. Dos combates vencidos e dos duelos perdidos. A próxima batalha é decisiva: é a de Madri.

Cada lado convocou seus aliados. Depois da França, que apenas entreabriu a porta (para não dizer menos), o governo da República dirigiu-se à URSS. Tal pedido não é evidentemente novo: data do mês de agosto. Até então, os soviéticos não haviam respondido de verdade. Limitaram-se a enviar alguns pilotos e técnicos que estudam a situação em Madri. Ninguém viu tanque ou avião estampado com a estrela vermelha. Ora, a partir de agora, é preciso agir depressa. Está em jogo a sobrevivência da democracia espanhola.

Em setembro, em Moscou, ocorre uma reunião ultrassecreta durante a qual o governo soviético decide enviar maciçamente armamentos à República. Essa reunião tem lugar na sede da Lubianka, o que, no mínimo, é um mau presságio. Outro sinal: a responsabilidade do envio de armas é confiada ao NKVD, a polícia secreta do regime.

No começo do mês de outubro, os primeiros navios com destino à Espanha deixam o porto de Odessa. Enfim. Tarde demais. Se a URSS tivesse intervindo com tanta rapidez no conflito como Alemanha e Itália fizeram do outro lado, a situação teria sido diferente: nunca os fascistas teriam conseguido conquistar tanto território em tão pouco tempo. De acordo com os maiores especialistas do conflito, a República teria sido salva.

Por que Stalin demorou tanto a interceder? Provavelmente porque, preocupado antes de tudo em preservar seu próprio poder, e, portanto, a paz na Europa, ele não desejava colocar o pé soviético no atoleiro espanhol. Nesse caso, correria o risco de um confronto direto com a Alemanha, o que não desejava por nada no mundo (a assinatura, alguns anos mais tarde, do pacto Germano-Soviético demonstra isso). Os historiadores e os diplomatas daquela época justificam essa mudança de atitude por uma dupla pressão: a dos partidos comunistas mundiais, eles próprios questionados por militantes escandalizados; a luta final dos bolcheviques de primeira hora, antigos companheiros de Lenin e Trotski, que, antes de morrer, confrontaram seu carrasco a respeito dessa questão.

Seja como for, embora tarde demais, Stalin muda de ideia e envia o *Komsomol* e, logo, outros navios rumo à Espanha. Assim como embarcações abarrotadas de material militar. Para obter os fuzis (307.670 no total), as metralhadoras (5.150), os canhões (889), os carros e os caminhões blindados (40), os tanques (406) e os aviões desmontados (406)[1] que tanta falta fizeram, a República pagou. Caro. Caríssimo.

Em 1936, a Espanha possuía a quarta maior reserva de ouro do mundo. Essa riqueza considerável foi entregue à URSS. Em outubro de 1936, 510 toneladas de ouro, fechadas em 7.800 caixas, foram transportadas secretamente de

Madri a Cartagena, e dali embarcadas em quatro cargueiros soviéticos. Estava acordado entre as autoridades espanholas e os responsáveis russos que Moscou reteria dessa reserva o montante que lhe era devido. O resto regressaria à Espanha assim que ela pedisse.

Governo algum jamais reviu a cor desse dinheiro...

A ajuda à Espanha não passa apenas pela entrega de armas. Também são necessários homens: pilotos, pessoal de comando, oficiais superiores, conselheiros militares, tanqueiros, marinheiros, integrantes da artilharia, soldados...

Por intermédio do Comintern – e de servidores hábeis e dedicados como Willi Münzenberg –, os partidos comunistas do mundo inteiro põem a mão na massa. Cada um recruta, contabiliza e envia voluntários. Assim nascem as Brigadas Internacionais, compostas majoritariamente por combatentes oriundos dos PC europeus, mas não apenas. Somam-se a eles militantes que escaparam dos interrogatórios para incorporação, outros que se alistaram direto na Espanha, alemães e italianos antifascistas já *in loco*, aficionados esportivos que vieram assistir às Olimpíadas de Barcelona e escolheram ficar e depois se alistar. Antes mesmo da chegada maciça das Brigadas Internacionais, estes já combateram em Aragão, em Irun ou no vale do Tejo, onde formaram as companhias Thälmann, Commune-de-Paris, Gastone-Sozzi...

Em 14 de outubro, um primeiro contingente de quinhentos brigadistas chega à Espanha. Em sua maioria, é composto por franceses. Os voluntários são enviados para uma antiga caserna da guarda civil, em Albacete, a duzentos quilômetros a sudoeste de Madri. Essa cidade tem a vantagem de estar afastada tanto do front Sul quanto do front Norte, além de ficar bastante próxima do porto de Cartagena, onde aportarão os navios soviéticos. Albacete vai se tornar o centro das Brigadas Internacionais e também, por algumas semanas, a sede da esquadrilha España.

No começo do mês de novembro, André Malraux e seus homens deixam Madri, então demasiado exposta. O próprio governo abandonou a capital para se refugiar em

Valência. No dia de sua saída, decidiu chamar os anarquistas nos gabinetes ministeriais. E os conselheiros militares soviéticos ao estado-maior. Sob as ordens diretas ou indiretas de Orlov, chefe da polícia secreta de Stalin, quinhentos russos dirigem os oficiais espanhóis. Outros cruzam as linhas a fim de estudar de perto – mas clandestinamente – o material e as tropas inimigas. Vão ter muito trabalho: em 6 de novembro, quatro esquadrilhas de bombardeiros, bem como caças, hidroaviões, canhões antiaéreos e antitanques, quatro companhias de blindados deixam a Alemanha nazista rumo à Espanha fascista.

A Legião Condor está chegando.

A Segunda Guerra Mundial começou.

Os escritores de Albacete

> Entrarei em Zaragoza à frente e proclamarei a cidade livre... Nós lhes mostraremos, bolcheviques, como se faz uma revolução.
>
> Durruti

Em Paris, Pierre Herbart embarca no avião. Antes de partir, foi se encontrar com Louis Aragon para deixá-lo a par de sua missão: ele vai ver André Malraux, esperando que este emita uma opinião desfavorável à publicação do manuscrito de Gide, *De volta da URSS*. Pois nos meios políticos e literários, todos esperam agora uma bomba-relógio. Muitos temem-na. Alguns – entre os quais Herbart – julgam que é um mau momento para criticar a URSS, única potência a defender a Espanha, que sangra.

Herbart aterrissa em Barcelona. As provas do livro estão em seu bolso. Espera fazer uma viagem-relâmpago: encontrar Malraux, entregar-lhe a obra, ouvir seus comentários e partir.

Em Barcelona, os anarquistas lamentam-se da chegada das Brigadas Internacionais. O país precisava de armas, não de homens... Muito menos esse tipo de homens... Os libertários receiam que Moscou exporte seus métodos para a Península. Sob pretexto de ajuda, não iria o Comintern ajustar suas contas com seus inimigos, não apenas os nazistas, como também, e talvez especialmente, os companheiros daqueles que são eliminados em Moscou após ter confessado crimes que evidentemente não cometeram? Não iria aplicar ali os mesmos processos que lá, de uma maneira mais sumária, enviando às valas comuns os trotskistas, os anarquistas e todos que se opõem a Stalin? Durruti e seus homens estão de olhos abertos. Pierre Herbart, também. Mas, por ora, seu problema maior não é esse.

Ele encontra André Malraux em Albacete. Na cidade paira uma estranha atmosfera, feita de angústias e de entusiasmos. Os integrantes das Brigadas Internacionais se alojam nas casernas, mas também nas igrejas e nos castelos confiscados. Todos esperam a Batalha de Madri. O povo está nas ruas, nos cafés, trocando opiniões e informações. De vez em quando, em um ruído de ferro-velho, passam os tanques da República, isto é, alguns caminhões toscamente protegidos por placas de blindagem ajustadas sobre as carrocerias pelos ferrageiros da cidade.

Na estação, desembarcam os contingentes de voluntários. Chegam depois de uma viagem extenuante. Toda a Espanha aclamou-os, parando os trens para oferecer aos brigadistas comida e bebida. Eles carregam gaitas de fole, trouxas, malas de papelão... Um comitê de boas-vindas aguarda-os na chegada para levá-los à Plaza de Toros, na grande arena da cidade. Eles se acomodam nas arquibancadas. No centro, onde os toureiros praticam habitualmente o sacrifício do animal, um homem aguarda. Está cercado por sua guarda pessoal, a trinca de líderes das Brigadas Internacionais. É alto, curvado, tem um bigode branco e uma boina virada para trás. Sua reputação rodou o mundo. Sua fama é grande entre os voluntários estrangeiros que ouvem seu discurso de recepção. André Marty, o rebelde do Mar Negro. Em 1917, era mecânico em um dos navios enviados pela França para combater os bolcheviques. Ele havia orquestrado a rebelião dos marinheiros. Desde então, experimentou os desvios stalinistas. É obstinado e intransigente, paranoico e feroz. Sem compaixão para com esses voluntários que chegam do mundo inteiro, a quem logo manda o recado: o entusiasmo não vale nada, a única coisa que conta é a disciplina.

Os brigadistas marcham devagar. Usam uniforme. Dispõem de armas. É verdade que a boa cadência da marcha vai depender muito dos chefes de divisão, a maioria menos exigente que o autoritário Marty. Seus uniformes são feitos como de uma colcha de retalhos, e seus capacetes quase nunca têm o brilho de novos: são antes gastos pelos anos, com furos dos impactos e dos chacoalhões na cabeça. Enfim, suas armas nunca são de último modelo e raramente de penúltimo. Entretanto, quando desfilam marchando pelas ruas de Albacete, ninguém repara muito na variedade dos equipamentos, nas alpargatas furadas ou nas botas sem cadarço: tudo isso é muito comum. Menos habitual é o desfile dos enviados soviéticos, cujos calcanhares batem de modo impecável no chão, enquanto os uniformes se confundem uns com os outros, por serem perfeitos e de molde único.

Pierre Herbart olha, fascinado, essa mescla de gêneros. Não é o único. No terreno de Los Llanos, onde a esquadrilha España está então baseada, os pilotos e os mecânicos observam com estupor misturado a admiração o equipamento soviético que chega enfim. Os biplanos Chato, os monoplanos Mosca, que voam a mais de quatrocentos quilômetros por hora, atiram melhor e mais rápido do que os Fiat e os Junkers inimigos; os bombardeiros Katiuska, capazes de carregar mais de uma tonelada de bombas em seus compartimentos; no chão, os tanques T 26, pesados, blindados de modo correto, admiravelmente armados... Deste lado das linhas, ninguém sabe ainda que a Legião Condor logo apresentará os novos Heinkel e Messerschmitt do grande Reich, os Stukas que vão aterrorizar todos os povos da Europa em menos de quatro anos, os Panzers de último modelo, as metralhadoras, os canhões, as bombas e as granadas que as tropas de Hitler utilizarão ao lado de Franco, antes de espalhá-los maciçamente pela Europa inteira. A Batalha de Madri, quando tiver início, não passará de uma bateria de teste para os novos armamentos.

Em uma rua de Albacete, Pierre Herbart entrega as provas do livro de André Gide ao tenente-coronel Malraux. Este promete ler sem demora.

Malraux entra em um café, onde se encontra com um homem que conhece bem, sem saber que é – ou vai se tornar – amante de Clara: Gustav Regler.

O escritor alemão queimou seu manuscrito sobre Inácio de Loyola, em seguida deixou Moscou. Passou por Paris com um só desejo: chegar à Espanha. Perdeu algumas semanas para bolar um plano que lhe permitisse cruzar a fronteira e ganhar as fileiras republicanas sem obstáculos: achou uma caminhonete que carregou com um aparelho de projeção, filmes virgens e uma prensa de impressão, tudo constituindo um presente que esperava enviar aos legalistas de Barcelona. Comentou o projeto com Louis Aragon, que se ofereceu para participar da operação acompanhando-o.

Eles partiram. Aragon de trem, Regler em sua caminhonete, dirigida por um operário de Ivry. Reencontraram-se em Barcelona. Um fotógrafo estava a postos quando os dois escritores ofereceram o presente ao governo republicano. Aragon colocou a mão na porta do veículo, sorriu. A seguir, foi a Madri, onde, durante uma assembleia triunfal, prometeu com juras que faria tudo para salvar a Espanha. No dia seguinte, estava em Paris, na cama de Elsa.

Já Regler se dirigiu a Albacete, onde ingressou nas Brigadas Internacionais.

Regler senta-se em frente a Malraux, nesse café de Albacete frequentado também por alguns pilotos da esquadrilha. Em pouco tempo, uma atrás da outra, as folhas são viradas e os dois homens leem juntos as provas do último livro de André Gide.

Uma hora basta. Ao final dela, trocam suas opiniões.

– Perfeito – declara Regler.

– Razoável – contesta Malraux.

Ele não desaprova o ponto de vista. É o momento escolhido que o incomoda.

– Concordo com a análise de Gide – continua Regler.

– Essa não é a questão mais importante – objeta Malraux.

Aponta o pequeno grupo de soviéticos que atulha o café, evoca as armas, os aviões, os tanques.

– É o momento certo de condená-los? – resmunga. – Além deles, quem nos ajuda?

Quando reencontra Pierre Herbart, transmite suas dúvidas.

– Sou da mesma opinião – aprova Herbart. – Por isso vim: tinha esperança de que fôssemos ter o mesmo ponto de vista. Vou tentar convencer Gide a adiar a publicação.

– Tome cuidado – conclui Malraux, devolvendo as provas a Herbart. – Está viajando com uma verdadeira bomba-relógio.

Herbart deixa Albacete e parte para Madri. Vai direto à embaixada soviética, onde encontra uma figura que todos os artistas e intelectuais que têm certa ligação com Moscou conhecem: o correspondente do *Pravda*, Mikhail Koltsov.

Trata-se de um *apparatchik* amável, de rosto aberto e simpático, "tão notavelmente talentoso quanto compreensível e afável", segundo Victor Serge. Sua mulher está internada em uma clínica de Moscou por distúrbios psíquicos. Já Koltsov é amante de uma jornalista alemã com quem, para seu grande desespero, não pode casar: um membro do Partido tão eminente como ele não tem o direito de se divorciar...

Koltsov recebe Herbart em sua sala. Pede caviar e vodca. Herbart entrega-lhe o manuscrito de Gide, pedindo para que leia o quanto antes: Koltsov, que organizou a viagem do escritor à URSS, provavelmente não sairá ileso de uma publicação. Neste momento, o telefone toca. Dois aparelhos se encontram em cima da mesa. O jornalista os mostra a Herbart.

– O da direita, é o Kremlin. O da esquerda, é Aragon.

É o da esquerda.

Aragon anuncia ao correspondente do *Pravda* que Gide prepara a publicação de seu livro, que será terrível para a URSS.

Koltsov desliga e, apontando o telefone da direita a seu convidado, declara:

– Imagino que não vai demorar a tocar.

Informa a Herbart que vai ler o texto bem depressa, mas que ele provavelmente será obrigado a prestar esclarecimentos.

– Espere ser interrogado.

Herbart se hospeda em um quarto de hotel. À noite, depois de colocar sua pistola sobre a mesa de cabeceira, deita-se e adormece.

À meia-noite, é despertado por um desconhecido que invade seu quarto. Este senta em uma cadeira e interpela o dorminhoco:

– Sente-se. Vamos beber champanhe!

Ele toca a campainha, manda buscar uma garrafa e duas taças. Enche-as, ergue a sua e bebe à saúde do traidor André Gide.

Herbart enfia-se debaixo dos lençóis e cobre o rosto com a coberta. Recusa-se energicamente a responder às questões de seu visitante. Cansado, este acaba desaparecendo – não sem ter roubado o revólver do escritor francês.

Na noite do dia seguinte, o homem retorna, desta vez acompanhado por dois comparsas armados. Herbart é levado sob a mira de uma metralhadora. Por milagre, é solto na rua graças à intervenção de um poeta madrileno que toma sua defesa. Herbart vai no mesmo instante à embaixada soviética, onde Koltsov lhe prepara uma cama em sua sala.

– Você se meteu na boca do lobo – diz ele inquieto.

– Talvez não – responde Herbart.

Ele pega o telefone da direita e disca um número: estação Littré 13-31. É a residência dos Malraux.

Clara atende. Herbart informa-lhe onde se encontra. Assim, tomou uma precaução elementar: caso desapareça, saberão em Paris qual foi seu último refúgio.

Na mesma tarde, André Malraux desembarca em Madri. Sem perder tempo, conduz Herbart a Albacete, onde um avião o leva de volta ao aeroporto Le Bourget. Quando reencontra André Gide, é tarde demais: na manhã de 5 de novembro, depois de fazer as últimas correções nas provas e sem ter esperado a opinião de Malraux, Gide entregou sua cópia a Jacques Schiffrin.

Morrer em Madri

> Madri, Madri, como teu nome ressoa,
> Quebra-mar de todas as Espanhas!
>
> Antonio Machado

Madri cava suas trincheiras. Madri ergue suas barricadas. Os alto-falantes públicos cantam a "Internacional". Nas ondas curtas, a "Pasionaria", Dolores Ibárruri – morena pequena e pálida, sempre vestida de preto, filha de mineiro e mulher de metalúrgico, deputada de Astúrias, membro do Comitê Central do Partido Comunista espanhol, adorada pelas mulheres em razão da luta que trava em nome delas em um país onde a Virgem constitui o modelo ideal da feminilidade, detestada pela direita que a acusa de ter degolado um padre com seus dentes –, chama à guerra e à resistência.

Nos Cadillac confiscados e transformados em veículos de transporte de tropas, os anarquistas da CNT-FAI (Confederação Nacional do Trabalho – Federação Anarquista Ibérica) encaminham-se para o front. As bandeirolas estendidas entre os imóveis exibem os orgulhosos slogans da República. *No pasarán!*

Em Albacete, a esquadrilha España está em alerta. André Malraux espera ordens.

A XIª Brigada Internacional, novamente formada, avança outra vez para o front. Dois mil homens, cem cartuchos para cada um. Os combatentes usam os uniformes dos antigos bombeiros de Madri: jaquetas vermelhas com botões de prata.

Nos subúrbios distantes da cidade, quatro linhas inimigas se aproximam. Vinte mil homens.

Avançam sobre a base aérea de Getafe.

Tomam a base.

O telefone toca na Rue Vaneau. André Gide atende. É Louis Aragon. Está desesperado.

– Madri vai cair... Precisamos mandar para lá algumas personalidades.

– Quem?

– O arcebispo de Paris, por exemplo.

– Quem mais?

– Outras...

Louis Aragon se dispersa em uma verborragia patética e vibrante. Fascinado, André Gide ouve seu interlocutor: ele fala como se chorasse, como se o mundo fosse afundar em um abismo de insuportáveis dores, que talvez ele, Louis Aragon, fosse capaz de aliviar.

– O que devemos fazer? – pergunta Gide.

– Seguir o conselho que Jef Last acaba de me dar por telefone.

– Jef Last?! Então tem notícias dele?!

– Tenho. Ele deseja que o senhor não publique seu livro sobre a URSS.

No dia seguinte, Gide vai à casa de Aragon. Não para falar outra vez de sua obra, no momento em impressão, e sim para colher notícias de Madri. A situação vai mal. Muito mal. A ponto de Aragon ter ido à presidência do Conselho para pedir que a França enviasse oficialmente personalidades a Madri. Estava tão agitado que as autoridades supuseram que se tratasse de um pedido da Espanha transmitido por via diplomática. Ligaram para o governo de Largo Caballero, que mandou avisar que não solicitava nada. Apenas armas. Todavia, nesse campo, infelizmente, a França estava de portas fechadas.

Na companhia de Pierre Herbart, de volta de Albacete, Gide vai à embaixada da Espanha. Propõe que uma delegação composta de personalidades neutras seja enviada a Madri a fim de evitar, por sua própria presença, os massacres esperados.

– Por que não? – responde o embaixador, que não sabe o que fazer.

Gide e Herbart voltam para casa. Logo, o Vaneau recobra o ar dos grandes momentos. Para organizar uma delegação apresentável, há de se encontrar um ou dois padres, um neutro mais inclinado para o lado dos vermelhos, um neutro mais inclinado para o lado dos brancos, um bem-visto pelos fascistas, outro bem-visto pelos republicanos, uma eminência acima de qualquer suspeita. Entram em contato com o arcebispo. Louis Martin-Chauffier serve como mediador. Duhamel e Mauriac se esquivam. O primeiro por estar doente, o segundo porque não vê utilidade na solicitação. Victor Basch acorre. Mas Jules Romains, não. Falam com Paul Langevin. Aragon está furioso. Thorez vai propor dois comunistas. Julien Benda concorda em relação à forma, não quanto ao conteúdo. Por que não sondar a duquesa de La Rochefoucauld, presidente da Sociedade das Damas da França? E Montherlant? E madame Curie?

A duquesa de La Rochefoucauld recusa o convite: receia uma repreensão do marido. Montherlant está ausente. Madame Curie não responde. Jules Romains retornará a ligação. Aragon encarrega-se dos vistos. Gide, de conseguir aviões e passaportes diplomáticos junto a Léon Blum. Joseph Bédier concorda. Depois não. Depois sim. Por fim, não. O Ministério das Relações Exteriores financiará até o limite de 25 mil francos. Gide telefona à sua mulher, Madeleine, para mantê-la informada. Halévy iria se Gide não fosse. A Air France levará os voluntários.

Entretanto, afinal, não haverá voluntários. Os homens de direita se esquivam, e a viagem é adiada. Antes de ser abandonada, de uma vez por todas.

Em Madri, alemães e russos estão agora frente a frente. A Legião Condor bombardeia a cidade para medir a reação dos civis. Os tanques soviéticos lançam-se contra a cavalaria nacionalista, que ataca maciça e frontalmente, seguindo a tática de Guderian que as tropas alemãs utilizarão de modo vitorioso quatro anos depois, quando invadirem a Europa ocidental.

Na Gran Via, desfilam os batalhões das Brigadas Internacionais. São aclamados pela população, reforçada por todos os refugiados que os fascistas puseram para correr. A XIIª Brigade é comandada pelo general Lukács, que se trata do escritor húngaro Máté Zalka. Ela é enviada para a estrada que liga Madri a Valência. Os batalhões Dombrowski e Lister são mandados a Villaverde. Os batalhões Edgar-André e Commune-de-Paris unem-se na Casa de Campo, espaço verde às margens da cidade.

Gustav Regler alistou-se na XIIª Brigada, composta por dezessete nacionalidades. Outro escritor alemão, Ludwig Renn, outrora prisioneiro dos nazistas por ter escrito livros que não os agradavam (e por isso as Seções de Assalto queimaram todos os manuscritos), comanda o batalhão Thälmann. Durruti chega, à frente de uma tropa de quatro mil anarquistas. Em Albacete, André Malraux prepara seus aviões.

Os fascistas atravessam o rio Manzanares. Tomam a ponte dos franceses e avançam para a Casa de Campo e para a Cidade Universitária. Ocupam o parque. Durruti recua, a despeito do apoio da aviação republicana, desconcertada pela Legião Condor.

Os fascistas se apoderam dos pavilhões das Letras e das Ciências, do Instituto francês. As Brigadas Internacionais se reagrupam.

As metralhadoras ressoam nos anfiteatros e nas salas de aula. Os púlpitos voam em pedaços, as janelas são estilhaçadas, bombas são lançadas para dentro dos elevadores. Os marroquinos de Franco travam combate contra os poloneses, os alemães, os italianos, os franceses das Brigadas Internacionais. De revólver e de faca, de baioneta, atrás das paredes, debaixo das mesas. Matam-se em todas as línguas. Faz um frio de congelar. Os republicanos batem os dentes: não têm casacos. Os republicanos morrem atingidos na cabeça: não têm capacetes.

No céu negro, cruzam os aviões da Legião Condor, os Chato soviéticos e os Potez da esquadrilha España. Os nacionalistas largam toneladas de bombas sobre Madri, bombas explosivas, bombas incendiárias. Nunca uma cidade fora tão bombardeada. Os alemães tomam nota para mais tarde.

Nas estradas que levam a Madri, em grandes caminhões com armações de toldo cobertas de gelo apodrecem as provisões que os nacionalistas trouxeram em suas bagagens para recobrar as energias na cidade. Na Casa de Campo, os soldados da República comem os cervos abatidos.

Em 19 de novembro, Durruti morre diante da Cidade Universitária. Seu fim é (e permanecerá) um mistério: teria sido morto pelos fascistas, por um dos seus ou, mais provavelmente, por uma fatalidade, depois de colocar, por acidente, o pé no gatilho de seu fuzil ao descer do carro?

Os milhares de anarquistas presentes na Cidade Universitária intensificam o ataque berrando seu nome. Apoiados pelos brigadistas e pelos russos, auxiliando-os mais tarde no front do Pavilhão Clínico, da Casa de Velázquez, no Paseo de Rosales ou na Plaza de España, finalmente detêm a ofensiva fascista. Os combatentes dos dois exércitos estão frente a frente nas trincheiras, exaustos, esgotados, incapazes de continuar, tanto de um lado quanto do outro.

– Vamos esperar o final do inverno – vocifera Franco.

É pretensão demais: Madri resistirá por muito mais tempo.

VINGANÇAS

André Gide veio ao comunismo por más razões. E por más razões vai deixá-lo. O todo não terá passado de um mal-entendido.
PIERRE HERBART

Enquanto os combates causam estragos ao redor de Madri, outra batalha eclode em Paris.

Menos sangrenta: é apenas um conflito de pena.

André Gide publicou seu livro *De volta da URSS*.

Segundo rumores, Moscou acendeu o primeiro fósforo. O *Pravda* informou seus leitores que, durante sua viagem, o grande escritor André Gide teria seduzido um rapaz que teria sido condenado à deportação à Sibéria. Reação de Gide: "Não era ele que deveriam ter enviado a um campo. Era eu!".

Le Figaro littéraire, através da pena de André Rousseaux, também aludiu ao caso, dedicando suas forças a ridicularizar o amadorismo de Gide. Jean Galtier-Boissière, no *Canard enchaîné*, aplaudiu a coragem do escritor. Assim como Emmanuel Berl, na *Marianne*. Paul Nizan, no *Vendredi*, contestou. O mesmo jornal publicou uma carta aberta de Pierre Herbart criticando o momento da publicação. André Wurmser enfureceu-se na *Commune*, e Georges Friedmann, em *Europe*. *L'Humanité*, depois de ter criticado a hipocrisia do falso amigo e divulgado o telegrama de agradecimentos enviado por Gide a Moscou, publicou uma carta homicida de Romain Rolland: *De volta da URSS* é "medíocre, surpreendentemente pobre, superficial, pueril e contraditório".[1]

Quando não escarrou sobre o autor do polêmico livro, a imprensa comunista ignorou-o – após ser bajulado e depois desprezado, Gide desaparecerá dentro de pouco tempo, como se jamais tivesse existido. Inversamente, para grande desespero do autor, ele foi quase dignificado pelos jornais de direita e de extrema direita. Na Alemanha, *Der Völkische Beobachter*, órgão oficial dos nazistas, chegou a fazer dele o cavaleiro branco da luta contra os comunistas. Vergonha e desespero!

Tais reações, de extrema violência, demonstram o quanto *De volta da URSS* foi, ao menos para a época, objeto de puro escândalo e, portanto, uma realização de uma coragem incontestável: uma das primeiras obras não assinadas por um militante ou por um homem político que levantava a questão da verdadeira natureza do regime soviético. Por sinal, Ilya Ehrenburg não terá dúvida e logo manterá insondáveis distâncias do homem que mandara convidar à URSS. Gide? Um "velho renegado ranzinza com consciência impura"[2], um espírito leviano, venerado por alguns, não amado por ninguém... Pobre Gide!

No final de novembro, ele recebe um formidável consolo através de uma carta remetida da Espanha por seu amigo Jef Last. Este, que se tornou capitão, lutou no front de Madri. Ele depressa entendeu o papel dos comunistas na Espanha (aliás, os comunistas vão acusá-lo de trair a favor dos fascistas). Diretamente confrontado à questão que perturba Gide, escreve:

> Acredito que você tem razão. É preciso que acabe essa propaganda, não fundada senão na mentira, até a tragédia heroica daqui serve de bom negócio para a maior glória do chefe. Mas eu gostaria de ver enfim as armas de que tanto nos falaram! Solidarizo-me completamente com você.[3]

Em dezembro, Gide assina a Declaração dos Intelectuais Republicanos Contrários à Não Intervenção. Nem por isso, as críticas cessam.

Seis meses (e quase 150 mil exemplares vendidos) mais tarde, após a publicação de *Retoques no meu De volta da URSS*, elas duplicam. Gide retomou a pena depois dos processos de Moscou. Em seu primeiro livro, autorizava-se algumas aberturas. Em *Retoques*, fecha todas as portas. E responde a alguns de seus detratores, em particular Romain Rolland e Paul Nizan, cujas críticas o magoaram muito: ele tem estima pelos dois.

Dessa vez, as reprimendas chegam de todos os lados. Até seus amigos ficam em situação embaraçosa. Louis Guilloux, por exemplo. Ele cala, mas não consente. Segundo sua opinião, Gide deveria ter deixado a URSS mais cedo e recusado os presentes oferecidos. Entretanto, não cede às pressões daqueles que insistem para que condene o escritor.

Em janeiro de 1937, Guilloux colabora nas páginas literárias do jornal comunista *Ce soir*, que Louis Aragon dirige com Jean-Richard Bloch. Ele sofre a censura dos dois diretores, que não aceitam que se fale positivamente de autores muito afastados da linha. André Gide está entre eles. Aragon defende Romain Rolland e busca alguém para atacar Gide. Ele faz a pergunta a Guilloux:

– Gostaria?

– Não – responde o autor de *Sang noir*.

– Mas esteve na URSS com ele...

– Eu era seu convidado.

Diante da insistência de Aragon, Guilloux objeta que, de todo modo, julga ter visitado a URSS como turista, o que não lhe permite escrever um artigo sério.

Essa conversa ocorreu na livraria de Sylvia Beach, na Rue de l'Odéon, onde é oferecido um coquetel em homenagem à publicação de uma revista inglesa. Aragon toma Guilloux pelo braço e o arrasta para beber uma cerveja em um bar próximo. Continua insistindo: é preciso responder a André Gide. Guilloux recusa.

Ao fim de algumas semanas, ele será demitido do jornal *Ce soir*. Paul Nizan assumirá seu lugar. Louis Guilloux voltará à Bretanha, onde, durante os meses da guerra civil, vai se dedicar aos refugiados espanhóis. Será que então se lembrará daquela frase de André Gide que finalizava *De volta da URSS*: "A ajuda que a URSS acaba de dar à Espanha nos mostra de quais felizes restabelecimentos continua capaz"?

Era novembro de 1936.

É APENAS UM ATÉ BREVE

> Voar na Espanha tornava-se uma exercício perigosamente sem esperança, que André prosseguia com a obstinação e a inconsequência que eu sempre vira nele nas situações difíceis.
>
> CLARA MALRAUX

Já Malraux aprecia o apoio soviético. E a disciplina que anda junto: ela lhe parece agora necessária. Em *A esperança*, Malraux/Magnin admite: "Pertenço a um partido fraco: a esquerda revolucionária".[1] Contudo, deplora que, após ter criado e organizado a esquadrilha, comprado aviões, contratado e formado pilotos, arriscado cem vezes a vida, sua opinião não seja levada em conta pelos comunistas: "Ele não era um dos seus. Não era do Partido. Sua palavra pesava menos do que a de um fuzileiro incapaz de desmontar um fuzil".[2] Todavia, o escritor se submete sem pestanejar à nova regra do jogo imposta pela chegada dos soviéticos: sem eles, a Espanha está perdida.

Em Madri, a esquadrilha combateu ao lado das unidades russas. Os pilotos franceses admiraram a qualidade dos caças soviéticos, rápidos, eficazes, bem munidos e necessitando de pouco pessoal no chão.

Em Albacete, o coronel teve autorização de recrutar pilotos e mecânicos entre os voluntários das Brigadas Internacionais. Os mercenários partiram. Foram substituídos por tripulações que recebiam o mesmo salário, independentemente de sua patente: assim é a norma do exército da República, em que o soldo é igual para todos.

Os russos têm o senso da organização e da disciplina. Impuseram seu rigor ao estado-maior. Os membros da esquadrilha España vestiram uniforme. Mais ainda: perderam seu status independente e se tornaram uma seção entre outras da força aérea republicana.

Aproveitando uma ausência de seu chefe, pilotos e mecânicos decidiram renomear o grupo. A esquadrilha España deixou de existir: tornou-se a esquadrilha André-Malraux. Quando o escritor-coronel regressou da França, onde fora buscar novas aeronaves, foi recebido pelo ônibus (russo) da esquadrilha, com seu nome impresso. Julien Segnaire (Paul Nothomb) fora nomeado subitamente comissário político. Um terço da esquadrilha havia virado comunista.

Em dezembro, o estado-maior decide transferir a esquadrilha para a base de La Senera, perto de Valência. Como a cidade é agora a nova capital da República, Malraux pode com facilidade bater às portas oficiais para obter as munições que lhe faltam. Os Mosca e os Chato russos dividem o mesmo terreno com os Bloch e os Potez da esquadrilha. Durante missões de bombardeio, escoltam com frequência as aeronaves francesas. Apesar da mudança de status da esquadrilha, ela não foi afastada dos campos de batalha. Ela se distanciou de Madri, mas se aproximou de Teruel, a leste. Ocupada pelos fascistas, Teruel é como uma base avançada em direção ao mar. No dia em que o inimigo decidir cortar a Espanha republicana, avançará a partir dessa cidade. Por isso, a esquadrilha recebeu a ordem de bombardear os arredores de Teruel.

Em dezembro, quando a XIIIª Brigada Internacional atacar nesse setor, os Potez darão o apoio aéreo necessário. Eles lançam suas nuvens de bombas sobre a estação, a ferrovia e as usinas próximas. Malraux participa de todos os combates, como metralhador. Missão após missão, sai a salvo, mesmo no dia em que seu avião se despedaça na decolagem. Com ferimentos leves, retoma seu posto. Nessas horas dramáticas para a Espanha, ele permanece ao lado de seus homens. Todos se preocupam, pois os bombardeiros caem uns atrás dos outros. Na maioria dos casos, só é possível recuperar peças soltas. Às vezes, o drama é ainda pior. Como naquele funesto dia para a esquadrilha, quando um Heinkel alemão destruiu um Potez.

Por milagre, o piloto conseguiu aterrissar a aeronave na serra. Balanço: um morto, cinco feridos.

Da base, o coronel organizou os socorros. Criou uma expedição para buscar a tripulação. A seguir, dirigiu-se de carro a fim de acompanhar pessoalmente os camponeses que desciam os feridos das costas de mulas. No gelo e na neve, os mecânicos desmontaram os restos do avião, recuperando o que era possível.

No fim de janeiro de 1937, a esquadrilha não tem mais do que dois Potez. Devem à aptidão dos mecânicos o fato de ainda poderem voar. Malraux busca em vão aeronaves. E pilotos. E peças avulsas. E ordens de missão. Quando não está voando, pega seu Packard confiscado, suntuosa limusine toda preta e cromada, vai até Valência a fim de pleitear a causa de sua esquadrilha. Porém, com a chegada dos russos, seus interlocutores mudaram. Hidalgo de Cisneros, chefe da aviação republicana, aproximou-se dos comunistas. Vê com maus olhos essa formação estrangeira, independente apesar de ligada às forças aéreas: critica seus métodos, sua eficácia, chegando até a contestar seu papel e sua ação. O grosso de seus ataques abrange a indisciplina inalterável dos membros da esquadrilha. Cita de bom grado uma operação passada que deu o que falar e escandalizou o estado-maior republicano. De volta de uma missão em um dia de verão, dois pilotos sobrevoaram um vilarejo onde um grupo de milicianos perseguia um padre. Os dois caças abriram algumas brechas com rasantes, deixando três salvas de metralhadoras entre o sacerdote que fugia e os perseguidores que seguiam no encalço. O representante da Igreja conseguiu escapar. Muitos não apreciaram.

Seja como for e apesar dos rancores, Hidalgo de Cisneros não pode contestar um evidente fato consumado: até a chegada dos aviões soviéticos, uma parte das missões executadas pela aviação republicana foi obra dos homens de André Malraux.

Em fevereiro, depois da tomada de Málaga pelas tropas fascistas, os dois últimos aviões da esquadrilha levantam voo para proteger os habitantes que fogem diante das linhas de Franco. Rota ao sul. Nas estradas, cem mil refugiados avançam para Almería. São metralhados de um lado pelos Fiat, que os perseguem com rasantes, do outro pelos navios fascistas, que atracam às margens da estrada à beira-mar.

O primeiro dos Potez franceses faz um pouso forçado. O segundo é atacado por uma esquadrilha de caças italianos. Um dos pilotos é atingido nas costas por duas balas explosivas; o copiloto é ferido no braço; o responsável pela metralhadora de cabine, na perna. Os motores estão em chamas. O avião mergulha no mar, ricocheteia e sobe em um banco de areia. Os sobreviventes arrancam seus camaradas da carlinga arrebentada. Um está em coma, outro tem a perna quebrada, o terceiro, o pé fraturado, o quarto foi ferido no braço. A esquadrilha André-Malraux não existe mais.

Em Paris, Clara Malraux pede ajuda a André Gide para trazer de volta seu marido. Já há muito, ela considera que Malraux não tem mais nada a fazer na Espanha, que se expõe inutilmente.

Ela liga e torna a ligar para o Vaneau. Em todas as vezes, é atendida pela Pequena Senhora, que não demonstra ternura: "Clara Malraux geme sempre por telefone; ela precisa estar em cena e que os homens lhe deem atenção".[3]

Contudo, de tanto insistir, Clara atinge seu objetivo. Certa manhã, ela se encontra na companhia de André Gide e de Pierre Herbart na embaixada da Espanha. Os três defendem uma intervenção das autoridades da República para fazer com que André Malraux regresse à França.

Ele aceitará?

Sim, alega Clara, contanto que lhe confiem uma missão de propaganda.

Em 13 de janeiro de 1937, André Malraux retorna a Paris.

Em 1º de fevereiro, defende a causa dos republicanos espanhóis na tribuna do Palais de la Mutualité.

No dia 17, embarca do Havre para os Estados Unidos, onde é aguardado para uma série de conferências sobre a Espanha. Josette Clotis vai com ele. O rosto de Malraux recobrou aqueles tiques e esgares que o acompanharão ao longo de toda sua vida, com exceção de uma circunstância particular: quando ele combatia nos Potez da esquadrilha España.

A bela de Sevilha

> A morte passava pelo corredor com passos leves, mudava de velocidade, batia aqui e ali, fazia piruetas...
>
> ARTHUR KOESTLER

Enquanto no céu de Málaga os últimos aviões da esquadrilha André-Malraux tentavam proteger os refugiados que fugiam em direção a Almería, um homem assistia à agonia dessa província do Sul da Espanha: Arthur Koestler.

Pela terceira vez em alguns meses, o escritor húngaro voltou ao país. Ele dedicou o fim de 1936 a escrever algumas obras sobre a República atacada, entre as quais *L'Espagne ensanglantée*, publicada por seu amigo Willi Münzenberg pelas Éditions du Carrefour, que conta suas desventuras em terras franquistas.

Mais ainda do que todos os outros, os refugiados alemães vivem a Guerra Civil Espanhola como um drama absoluto. Hitler estende suas fronteiras. Onde e quando vai parar? Em Paris, o Milionário Vermelho usa todos os seus recursos para editar textos de propaganda denunciando as atrocidades cometidas pelos fascistas. Ele vigiou com atenção o trabalho de Koestler, encorajando-o ininterruptamente a bater na mesma tecla:

> Ele pegava algumas páginas datilografadas do manuscrito, percorria o texto e me gritava: "Muito fraco. Muito objetivo. Bata em cima! Bata duro! Diga ao mundo como eles esmagam seus prisioneiros sob os tanques, como eles os banham de gasolina e os queimam vivos. Faça o mundo sufocar de horror. Meta-lhes isso na cabeça a marteladas. Desperte-os...". Ele batia na mesa com seus punhos. Eu nunca vira Willy em semelhante estado.[1]

Havia alguns meses, o governo republicano criara uma agência internacional de notícias. O gabinete de Paris é dirigido pelo círculo de Willi Münzenberg. Arthur Koestler foi enviado a Málaga a fim de acompanhar o front do Sul.

Ele deixou Paris em 15 de janeiro de 1937. Fez escala em Valência, de onde ditou alguns artigos por telefone. O cerimonial é sempre o mesmo e vale para todos os jornalistas: o profissional entrega uma cópia a um censor cuja tarefa consiste em verificar, depois da aprovação do texto pelas autoridades competentes, que ele é escrupulosamente respeitado pelo repórter que está ditando seu artigo. E, quando este se afasta do original, o censor, instalado atrás de uma mesa de escuta, ordena que se retorne à versão aprovada pelas autoridades.

No momento da chegada de Koestler a Málaga, os cruzadores fascistas, ancorados em alto-mar, bombardeavam a cidade. Nunca antes das nove da manhã: mesmo em tempos de guerra, os espanhóis acordam tarde.

Koestler assistiu à última missão da esquadrilha España. Em seguida, viu as estradas que levavam a leste se abarrotarem de refugiados, de caminhões, de carros, de resquícios do estado-maior republicano que fugiam com os civis da mão que preparava para se fechar sobre todo o Sul da Espanha.

Málaga caiu em 8 de fevereiro. Prudente, Arthur Koestler queimou todos os seus documentos. Ele acompanhou a progressão das tropas franquistas, auxiliadas por batalhões italianos que desfilavam cantando o hino fascista. Em 9 de fevereiro, foi reconhecido pelo capitão Bolín, o chefe do Serviço de Informações de Franco que, alguns meses antes, apresentara-o ao general Queipo de Llano, e a quem o filho de August Strindberg havia denunciado o escritor húngaro como espião.

Koestler é preso no ato e trancafiado na prisão de Málaga. Dali é transferido a Sevilha e fechado na ala dos condenados à morte.

Transcorridos alguns dias do cárcere, uma jovem falangista, escoltada por dois oficiais, faz-lhe uma visita em sua cela. Alega ser correspondente de imprensa, mas do campo oposto. Ela trabalha no Gabinete de Informação e Propaganda do capitão Bolín. Pergunta se ele é mesmo Arthur Koestler, inglês e comunista.

– Nem inglês, nem comunista – responde o prisioneiro.

– Mas vermelho?

– Apartidário.

– Não tem simpatia pela República?

– Certamente – admite Koestler.

A jovem falangista baixa sua primeira carta.

– Suspeitam que seja um espião. Então corre o risco da pena de morte.

Depois, abre o jogo.

– Seu jornal, o *News Chronicle*, defendeu sua causa junto ao general Franco. Este mandou responder que uma pena de morte podia ser comutada por prisão perpétua.

Canastra de corações, com um grande sorriso:

– No seu caso, sempre existe a esperança de uma anistia.

A moça senta-se no leito do prisioneiro. Pergunta se ele toparia fazer uma declaração pública a respeito do general Franco.

– Talvez eu pudesse dizer que ele não é desprovido de humanidade.

– Perfeito – comenta a moça.

Ela toma nota.

– O que mais?

– Eu poderia especificar que aceito confiar em sua visão humanitária.

– Formidável!

A falangista estende a folha em que estava escrevendo.

– Poderia assinar este papel?

Koestler apanha-o, lê e risca.

– Não este. Mas outro...

E ele registra:

> Eu não conheço pessoalmente o general Franco, assim como ele não me conhece. Por consequência, se ele me

conceder a comutação da minha sentença, não posso senão supor que o faça por motivos acima de tudo políticos. No entanto, eu não poderia deixar de lhe ser pessoalmente grato, como qualquer homem é grato a outro que lhe salva a vida. Porém, acredito na concepção socialista do futuro da humanidade e nunca deixarei de acreditar.

A moça lê, faz uma careta e se retira.

Koestler não tornou a vê-la. Ele fez inúmeras greves de fome sem saber que, no mundo todo, amigos e camaradas agiam em seu favor junto a Franco. Sua esposa, embora fossem separados, alertou os deputados britânicos, que evocaram seu caso na Câmara dos Comuns. Ela também conseguiu a intervenção do governo húngaro. O *News Chronicle* organizou uma intensa campanha de mobilização que acabou dando resultados: depois de ter ficado três meses em prisões espanholas, Arthur Koestler foi trocado pela mulher de um piloto franquista detida pelos republicanos.

Ele regressou à Inglaterra, onde reatou (por um tempo) com sua primeira mulher. Escreveu *Un testament espagnol*, fruto da prova por que passou.

O *News Chronicle* enviou-o como repórter para o Oriente Médio, a seguir para a Grécia. O Comintern continuava batendo à sua porta, mas ele não respondia mais. Os stalinistas desejavam que ele lhes estendesse a mão para riscar o fósforo que acenderia a fogueira sobre a qual eles reuniriam os malditos trotskistas e os detestáveis anarquistas. Koestler havia se afastado. Os processos de Moscou o assombravam. E mais ainda os ajustes de contas que os stalinistas faziam em Madri e em Barcelona, exportando para lá técnicas amplamente testadas na sua pátria. Eles atacavam seus inimigos de sempre, transgressores históricos e muitas vezes mártires, assassinados por todos os cantos do vasto mundo, sobretudo na Península Ibérica. Bakunin contra Marx: a história se repetia. Não como uma farsa, mas como um drama.

Corra, camarada, o Velho Mundo está atrás de ti!

> O único contorno inesperado na situação espanhola – e que, fora da Espanha, causou inúmeros mal-entendidos – foi que, entre os partidos de apoio ao governo, os comunistas não se encontravam na extrema esquerda, mas na extrema direita.
>
> George Orwell

Koestler fora preso em Málaga. Sobre todas as linhas do front, os aviões nacionalistas haviam atirado panfletos anunciando a tomada da cidade.

Em uma trincheira de Aragão, um homem apanha a mensagem e a lê. Esse homem está na Espanha desde o mês de dezembro. Ele alistou-se nas milícias do POUM (trotskistas), amaldiçoadas pelos soviéticos. Inglês, nasceu na região de Bengala, é escritor, tem 35 anos e chama-se Eric Blair.

Na Birmânia, depois na Índia, onde servia no exército britânico, tomou ódio pela ocupação colonial. Tornou-se socialista. Viveu um ano e meio em Paris, onde ganhava a vida lavando louça nos restaurantes e nos hotéis de luxo. De volta à Inglaterra, preocupado em conhecer a miséria interna, conviveu durante algumas semanas ao lado dos mendigos. Tentou (em vão) ser preso na época de Natal a fim de passar diversas noites na prisão. Seu primeiro livro editado, *Na pior* (1933), relatava sua experiência de pobreza. Estava assinado com um pseudônimo que viraria seu nome de guerra e rodaria o mundo: George Orwell.

Pouco antes de partir para a Espanha, Orwell publicou nova obra, *O caminho para Wigan Pier*, que aborda a condição de vida dos desempregados no Norte da Inglaterra. Como os direitos autorais não lhe possibilitassem financiar sua viagem, penhorou os poucos bens que sua mulher e ele possuíam. Em seguida, foi ver o secretário-geral do Partido Comunista britânico para conseguir um salvo-conduto. Orwell foi submetido a um interrogatório legal cujas conclusões não foram julgadas satisfatórias – em todo caso, não o bastante para que o Partido Comunista fosse o fiador desse novo recruta. Orwell finalmente conseguiu uma carta de recomendação – do líder de uma organização próxima do POUM – para seus camaradas espanhóis.

No fim de dezembro, o escritor embarca para Paris, escala indispensável a quem deseja se unir à República. Depois chega a Barcelona. Encontra uma cidade livre, alegre, embandeirada com as cores vermelhas e negras da revolução. No alto dos prédios, os estandartes tremulam vitoriosamente ao vento. Os caminhões, os táxis, os ônibus elétricos foram pintados com as mesmas tintas. Até os engraxates mergulharam sua caixa no ébano e no carmim! Os muros estão cobertos de grafites proclamando a esperança em um mundo melhor. Grande número de revistas foi coletivizado. Aqui e ali, nas ruas, pedreiros destroem sistematicamente as igrejas. Os transeuntes trocam *salud* triunfantes. Não há mais burgueses, apenas camaradas; os ternos e os vestidos de gala foram guardados e deram lugar aos macacões azuis do proletariado, com que todos se enfarpelam. As classes sociais ainda existem – Orwell vai descobrir bem depressa –, mas os barcelonenses exercitam uma solidariedade que vai fazer água.

Orwell recebe uma proposta para trabalhar em um gabinete na cidade, onde poderia escrever artigos para a glória da República. Todavia, ele veio para combater e espera fazê-lo.

É levado à caserna Lenin, onde se alista nas forças do POUM. Pouco lhe importa, então, as divergências entre as milícias. Concebe que umas sejam trotskistas, outras anarquistas, outras ainda comunistas; para ele, são todas socialistas e antifascistas, esse denominador comum que as une para além de suas divergências. No que peca por ingenuidade.

O treinamento na caserna Lenin está reduzido ao mínimo necessário: marchar no ritmo, meia-volta, volver, um pouco de ginástica... Aprender a atirar de fuzil ou a lançar granada representa a mais alta fantasia. Quanto a obedecer às ordens, é uma história que data de uma época passada.

Os uniformes? Estes: calças e jaquetas incompletas, botas usadas, bivaques, bonés, mas não capacetes.

Como fora oficial de polícia na Birmânia, Orwell conhece o manejo das armas. Vantagem inestimável. Ele recupera uma velha espingarda Mauser e dá aulas aos jovens recrutas.

Depois de uma volta de exibição pela cidade, a companhia é enviada para o front de Aragão, não distante de Zaragoza. Orwell torna-se cabo, comandando uma dúzia de homens. Recebe cinquenta cartuchos e uma arma: um velho fuzil alemão, ano 1896, enferrujado, prestes a travar. Sempre sem capacete, sem baioneta, sem binóculo, sem mapas, sem lanterna. Mas com um cão, mascote do grupo, um vira-lata com as quatro letras do POUM marcadas no pelo. E com granadas de fabricação anarquista, tão pouco confiáveis que são chamadas de "imparciais": matam indiscriminadamente aqueles que as utilizam e aqueles para quem são destinadas. Drama algum para um fascista.

De qualquer maneira, fascistas, nessa parte do front, quase não são vistos. Ocupam uma trincheira em frente, o que permite a troca de insultos da hora de acordar até a de dormir. Há alguns feridos, logo removidos para a retaguarda, mas a maioria se atinge sozinha, na maior parte das vezes ao limpar os raros fuzis à disposição. Quanto a Orwell, guerreia sobretudo dentro do front, contra o frio, a fome, os ratos que pululam e as pulgas que importunam. Também contra sua alta estatura, que o obriga a correr curvado enquanto seus homens se movimentam de pé. Dá para vê-lo de muito longe, e ele é inconfundível: usa botas enormes, perneiras, uma calça de equitação, uma jaqueta de couro amarelo, um gorro, uma echarpe que lhe cobre o rosto, os ombros e o peito, seu velho fuzil a tiracolo e um par de granadas no cinturão. Escreve vestido assim, auxiliado, à noite, pela luz vacilante de uma vela, fumando os cigarros que lhe envia sua mulher Eileen, que acaba de desembarcar em Barcelona para ajudar os republicanos. Às vezes, durante o dia, pede emprestado um saco e vai apanhar batatas em um campo vizinho, rastejando sob o fogo dos fascistas que, na distância em que se encontram, não conseguem atingi-lo. Orwell se faz uma pergunta lancinante: "Como, diabos, um exército desse tipo poderia ganhar a guerra?".

Em meados do inverno, enfim, a tropa recebe material e armas dignos desse nome. Passam à ofensiva, atacando a granada e a baioneta os fascistas de frente.

Em maio, Orwell obtém uma licença e retorna a Barcelona, após cem dias. Não a reconhece mais. O clima revolucionário que prevalecia no inverno anterior desapareceu por completo. "Barcelona era outra vez uma cidade comum, um pouco na miséria e um pouco arranhada pela guerra".[1] Os oficiais exibem uniformes majestosos e armas cintilantes. Os restaurantes estão lotados – e caros. Os mendigos reapareceram. As milícias são alvo de críticas incessantes formuladas pela imprensa governamental. Mais do que tudo, os comunistas agora se defrontam com os anarquistas e os trotskistas. Ao contrário do ponto de vista – tão lógico – de Orwell, entre os três grupos, o buraco foi cavado até virar abismo, precipício, pântano. Em Barcelona, não param mais de ajustar suas contas. Disputam a apropriação das usinas, dos comitês, dos sindicatos. Não estão mais de acordo sobre nada. O POUM e a CNT-FAI pregam a coletivização, o controle operário e a revolução. Já os comunistas são a favor de uma esquerda moderada, preocupada unicamente em ganhar a guerra. Esqueceram o exemplo das revoluções francesa e russa, nas quais apenas o ímpeto revolucionário permitiu vencer os exércitos europeus e as tropas brancas.

A oposição de esquerda aos comunistas, composta essencialmente por anarcossindicalistas e trotskistas, foi alertada de que uma operação se orquestrava contra eles. Victor Serge, em visita a Bruxelas, soube por um responsável comunista que estava programada a liquidação dos anarquistas e dos militantes do POUM. Ele sem demora preveniu seus amigos espanhóis: Stalin continuava na Espanha a depuração sangrenta começada na URSS.

No final do mês de abril, cada campo reuniu suas armas e fortificou suas instalações. Metralhadoras foram instaladas sobre os tetos dos imóveis que abrigavam os comitês e os quartéis-generais. A imprensa oficial deu o tom. Desse modo, no *Pravda* soviético, o próprio Koltsov abriu fogo contra os trotskistas espanhóis.

Em 3 de maio, a polícia invade a Telefónica, a central telefônica da cidade, ocupada pelos anarquistas. A guarda civil é chamada como reforço. O POUM e os anarquistas unem-se nas calçadas. Assim começa a Batalha de Barcelona, da qual Orwell vai participar, a contragosto e atormentado por uma corrosiva cólera: pegar em armas no front é uma coisa, prosseguir o combate para defender camaradas de outros camaradas é outra história.

Em 7 de maio, cedendo às objurgações dos grandes ícones do movimento, em especial os ministros sediados em Madri, os anarquistas aceitam depor as armas. Os combates de Barcelona fizeram quase mil vítimas. Ao fim dessa queda de braço, os anarquistas afastaram-se mais do caminho que levava à revolução. De agora em diante, esse sonho desaparece diante da urgência imediata: reagrupar-se para guerrear contra os fascistas.

Nessa óptica, Orwell planeja ir combater em Madri. Entretanto, para se juntar àquele front, deve obter um salvo-conduto do Partido Comunista. Difícil quando o pretendente passa por um renegado trotskista.

Nomeado tenente, Orwell é enviado às proximidades de Huesca. Permanece ali apenas alguns dias. Certa manhã, enquanto narra aos camaradas a vida nos bordéis parisienses, recebe uma bala na garganta: havia esquecido de curvar seu corpo de um metro e noventa para dentro da trincheira.

Seus camaradas retiram-lhe sua pistola, sua faca e seu relógio, depois disso o escritor é removido para um hospital da retaguarda. Por sorte, não é um ferimento grave. Orwell fica alguns dias em Lérida (onde sua esposa vai encontrá-lo), em seguida vai para Tarragona, antes de ser conduzido a um hospital nos subúrbios de Barcelona. E presencia *in loco* os ajustes de contas que liquidam definitiva e dramaticamente os dias do mês de maio.

Os acontecimentos da Catalunha levaram a uma crise governamental mais grave. O primeiro-ministro Largo Caballero, muito hostil aos comunistas, foi substituído pelo antigo ministro das Finanças, Juan Negrín. Embora socialista, falta experiência política a este. É um primeiro trunfo para os comunistas; o segundo é sua esposa: ela é russa. E, de fato, ainda que não seja um adepto incondicional dos soviéticos, Negrín fecha os olhos para muitos de seus excessos. De modo que o peso dos anarquistas baixa consideravelmente com sua chegada ao poder. A favor dos comunistas, que se infiltraram admiravelmente no aparelho de oposição. Quando Orwell regressa a Barcelona, estes, gozando do prestígio conferido pela entrega de armas à República, infiltraram-se no Estado, em particular na polícia. Esperam aproveitar essa posição para ajustar suas contas com esses inimigos que caem, uns após os outros, em Moscou, e cujos cúmplices eles reencontraram em uma Espanha em revolta. Os primeiros na linha de mira são os trotskistas do POUM, que, além de ser trotskistas, cometeram ao menos dois erros irreparáveis: seus jornais foram os únicos entre as publicações espanholas ligadas à República a detalhar os processos durante os quais os antigos companheiros de Lenin caíram uns após os outros; pior ainda: eles propuseram que Trotski fosse se instalar na Catalunha.

A ofensiva contra os membros do POUM é organizada desde Madri. Ela não é ação dos comunistas espanhóis, mas de agentes vindos de fora – sobretudo de Moscou. O representante da GPU na Espanha, Aleksandr Orlov, encarrega-se do trabalho. Apoiando-se nas inúmeras cumplicidades de que se beneficiam os comunistas dentro da polícia madrilena, seus agentes obtêm falsos testemunhos que lhes permitem fabricar documentos falsos "comprovando" que o principal líder do POUM, Andreu Nin (antigo secretário de Trotski), corresponde-se com Franco, com quem organizou um complô contra a Catalunha republicana.

Baseando-se nessas mentiras – que constituem uma verdadeira traição histórica –, os comunistas obtêm do governo Negrín que a imprensa do POUM seja embargada, e seus principais líderes, presos. Andreu Nin, que viveu em Moscou por vários anos, compreende, mas tarde demais, que o terror stalinista vai agora se abater sobre a Espanha. Ele é preso pelos homens de Orlov na manhã do dia 16 de junho, durante uma reunião executiva do POUM. Levam-no para um prédio que os soviéticos requisitaram em Alcalá de Henares. Ele é conduzido por agentes que vieram de Moscou, comandados pelo general Orlov. Transferido de casa em casa, incluindo o porão da residência do general Ignacio Hidalgo de Cisneros, o chefe da aviação republicana que tanto criticou a ajuda prestada por André Malraux, Nin é abominavelmente torturado, depois assassinado.

Todos os demais líderes do POUM de Barcelona são presos, e muitos deles, torturados. Processos sumários são organizados. Mais de mil militantes antifascistas, trotskistas e anarquistas são encarcerados em Barcelona.

Quando, recuperado, Orwell volta à cidade, o hotel Falcon, antiga sede do POUM, fora fechado e transformado em prisão. Um decreto governamental declarou o POUM ilegal. A polícia catalã, teleguiada pelos stalinistas, persegue os supostos inimigos da República. O próprio Orwell deve ocultar que pertence ao POUM e se esconder. Entoca-se na cidade durante três noites, fugindo do hotel em que sua mulher encontrou refúgio. Ele só tem um desejo: abandonar a Espanha, duplamente assassinada.

Eileen e ele passam-se por turistas e conseguem enfiar-se em um trem com destino à França.

No começo de julho, George Orwell está de volta à Inglaterra. Publica na imprensa britânica artigos denunciando a conspiração de que são alvo seus camaradas e começa a redação de uma obra magistral que narra sua experiência da Guerra Civil Espanhola: *Homenagem à Catalunha*.

Mais tarde, Stalin ajustará suas contas com os torturadores que ele enviara à Espanha para realizar o trabalho sujo. Incômodas testemunhas, esses homens, que haviam assassinado seus ex-camaradas, perecerão por sua vez nos *glacis* dos campos ou pelas balas de criminosos juramentados. Assim como certos observadores da época e todos aqueles que ousaram protestar contra as violências cometidas na Espanha. Koltsov será preso em 1938 e desaparecerá pouco tempo depois, bem como o general Kléber, primeiro chefe militar das Brigadas Internacionais, salvador de Madri. Outros os haviam precedido diante dos pelotões de fuzilamento, e muitos seguirão o mesmo caminho, antigos heróis da revolução, como o marechal Tukhatchevsky e 30 mil outros oficiais. Desse modo, quando a Alemanha se voltar contra a URSS, após a ruptura do pacto Germano-Soviético, ela entrará na região como em um pote de manteiga: o Exército Vermelho havia sido decapitado.

IV

Guernica

Nobreza e subversão

> Eu, que havia desejado ardentemente a subversão, a derrubada da ordem estabelecida, ao estar de repente no olho do furacão, tinha medo.
>
> Luis Buñuel

Paris, número 11, Place des États-Unis. Luis Buñuel desce a escadaria externa de uma residência magnífica, que fica ao lado daquela de Edmée de La Rochefoucauld e da mansão dos Cahen d'Anvers. Uma morena baixa, usando chapéu Jacques Fath, roupas Schiaparelli, joias Cartier, que já foi pintada por Foujita, fotografada por Man Ray, dá meia-volta e retorna para seu grandioso salão decorado por Jean-Michel Frank e adornado de obras de arte umas mais extraordinárias que as outras. A viscondessa Marie Laure de Noailles regressa de uma manifestação pela Espanha em que ergueu o punho. No dia anterior, ao longo de uma reunião mundana entre amigos, ela duelou de guarda-chuva com uma tolinha nobre que defendia o general Franco. Marie Laure assume em alto e bom som que pertence à esquerda. Entretanto, não é esse o título que fez sua reputação. Charles e ela são antes de tudo conhecidos como os maiores mecenas de Paris. O número 11 da Place des États-Unis recebe todos os escritores, poetas, músicos, pintores, escultores da cidade. Durante grandiosas festas organizadas pelos anfitriões, empregados de libré recebem os visitantes e acompanham-nos até os salões onde ocorrem os bailes a fantasia, os coquetéis mundanos ou os concertos oferecidos aos convivas, com frequência ilustres, mas nem sempre. Nas profundezas dessa casa dos sonhos, espectadores escolhidos a dedo assistem a representações teatrais dadas em um pequeno teatro ou a projeções particulares organizadas em uma sala específica para isso, sem dúvida a primeira do gênero. Em seguida, os mais sortudos são convidados para a mansão – na cidade mediterrânica de Hyères – construída para os Noailles por Mallet-Stevens em 1923.

Na região, o lugar é chamado de "a casa dos loucos". Atrás dos altos muros que escondem cubos de geometria muito quadrada, grandes burgueses que descem de carroças motorizadas se entregam à luxúria, ao álcool e à droga. Em cada quarto, dizem, há um cofre. Paul Valéry já esteve lá, assim como Aldous Huxley, Darius Milhaud, Poopie Abec, Francis Poulenc, Georges Auric, André Gide e o escultor Giacometti, que fabricou uma girafa gigante que escondia textos redigidos por Luis Buñuel sob suas pintas pretas. Sem esquecer Jean Cocteau, por quem a madame se apaixonou loucamente depois que seu marido visconde foi pego com a mão na cumbuca do professor de ginástica. Infelizmente, o poeta estava apaixonado por uma princesa de 35 anos, Nathalie Paley, o que levou a cenas de ciúme homéricas, com direito a objetos quebrados, roupas rasgadas e outros prejuízos semelhantes: a viscondessa admitia ser preterida por senhores, mas de jeito nenhum por uma dama. Ela consolou-se nos braços de Igor Markevitch, compositor e maestro, bissexual, na época muito ligado ao próprio Cocteau. Que azar! Para tê-lo só para si, Marie Laure de Noailles encomendou-lhe um oratório, *Le Paradis perdu*, o que não impediu o músico de ir ensaiar em outros lugares.

Famosos por sua generosidade para com os artistas, os Noailles compraram dezenas de manuscritos que os surrealistas sem recurso retranscreviam a fim de incrementar seus fins de mês. Marie Laure era muito ligada a René Crevel. Aliás, foi para sua casa que Dalí e Gala se dirigiram depois da morte do poeta, o que rendeu ao pintor este comentário pouco agradável: "No salão cintilante de bronzes dourados, diante do fundo escuro e oliváceo dos Goya, Marie Laure pronunciou a respeito de Crevel palavras excessivamente inspiradas que logo foram esquecidas".[1]

O visconde e sua dama financiaram diversos filmes de autores surrealistas, como *Les Mystères du château de Dé*, de Man Ray, e, sobretudo, *A idade do ouro*, de Luis Buñuel (bem como *O sangue de um poeta*, do pouquíssimo surrealista Cocteau).

Foi depois de ver *Um cão andaluz* que Charles de Noailles conheceu Buñuel. A ideia desse filme nascera em Figueras, onde o cineasta fora passar alguns dias de férias com a família de Dalí. Os dois homens haviam comentado os sonhos que tiveram: Buñuel vira uma lâmina de barbear cortando um olho, e Dalí, uma mão cheia de formigas. O pintor propusera escrever um filme a partir dessas duas imagens. O princípio básico consistia em recusar as representações racionais e não transcrever senão aquelas que se impunham naturalmente, sem buscar razão à sua aparição.

Uma semana depois do início do trabalho, o roteiro estava pronto. Para ele, encontraram fontes de inspiração vindas direto da Casa de Estudantes: os padres espanhóis, as provocações libertárias... Porém, a despeito de Buñuel ter por muito tempo negado, *Um cão andaluz* também era sobretudo Federico García Lorca – que não se enganou e ficou muito magoado. O grupo da residência universitária separara-se havia muito tempo e, afora um breve encontro em 1935, Dalí e Lorca não voltarão a se ver.

Sem que seus autores ainda soubessem, *Um cão andaluz* inscrevia-se verdadeiramente na melhor tradição surrealista. Em todo caso, Buñuel compreendeu que nenhum suposto produtor aceitaria produzir a obra coletiva. Ele pegou dinheiro emprestado com sua mãe e foi a Paris, onde o filme tinha mais chances de ser montado do que em Madri ou Barcelona. Utilizando o dinheiro da família, contratou alguns atores, entre os quais Pierre Batcheff e Simone Mareuil, e rodou o filme em duas semanas. Dezessete minutos de película que perturbariam os espíritos menos moderados. Centenas de acusadores reivindicaram sua interdição. Quanto ao diretor, recebeu nessa ocasião as primeiras cartas de insultos de sua carreira – que o perseguiriam até o fim de sua vida.

Quando Dalí chegou a Paris, o filme estava quase pronto. Buñuel pediu-lhe para fazer um pouco mais do que figuração, em seguida o diretor foi à procura de um público.

Foi depois do lançamento de *Um cão andaluz* que o visconde de Noailles propôs a Buñuel a realização de uma nova obra de uns vinte minutos, que ele produziria integralmente. O diretor tinha carta branca. Noailles sugeriu-lhe apenas que a música fosse composta por Stravinsky, o que Buñuel recusou.

Ele foi a Figueras para encontrar Salvador Dalí, com quem esperava trabalhar no roteiro. Porém, os dois homens não chegaram a resultado algum. Buñuel fechou-se na residência dos Noailles, em Hyères, e escreveu sozinho. À noite, lia as páginas a seus mecenas.

O filme *A idade do ouro* foi rodado nos estúdios de Billancourt, nos arredores de Paris, e em Cadaqués. Era três vezes mais longo do que o previsto. Max Ernst e Pierre Prévert atuavam, Jacques e Valentine Hugo passavam, Paul Éluard narrava.

Os Noailles organizaram uma primeira projeção em sua sala de cinema particular, depois outra, no Panthéon, rive gauche. Ela aconteceu em 22 de outubro de 1930, às onze e meia. Malraux, Breton, Braque, Leiris, Man Ray, Kahnweiler, Elsa Schiaparelli e muitos outros artistas, surrealistas ou não, estavam presentes. Sem contar os amigos da alta sociedade do círculo dos Noailles. Estes estavam na entrada da sala.

Para dizer olá.

E tchau, no fim da sessão.

Não houve agradecimentos. Alta e média burguesias ficaram escandalizadas pelo desrespeito de Buñuel para com a Igreja e seus servidores. Como o visconde e a viscondessa puderam financiar semelhante horror? Indigesto, anarquista, anticristão, sujo... Os Noailles foram esnobados. Foram banidos do jóquei-clube. A mãe precisou intervir pessoalmente junto à Santa Sé de Roma para que seu filho não fosse excomungado. Os próprios surrealistas não demonstraram uma gratidão exagerada, já que, na cerimônia organizada no fim da projeção pelos mecenas em sua residência parisiense, deram uma mão a André Thirion, que, chocado pelo luxo do lugar, quebrou os copos, os pratos e as garrafas.

Mais tarde, quando o filme passou no Studio 28, os integrantes da Fédération Nationale des Camelots du Roi e os da Ligue des Jeunesses Patriotiques (ambos movimentos de extrema direita) invadiram o cinema, quebraram a tela, tiraram os espectadores e fizeram tamanha desordem que o chefe de polícia acabou proibindo *A idade do ouro*. Apenas alguns privilegiados puderam ver a obra em projeções particulares. Caso excepcional na história do cinema francês – e também único –, a distribuição do filme foi proibida durante cinquenta anos.

Luis Buñuel passou os quatro anos seguintes em Paris, ganhando a vida fazendo dublagens para a Paramount. Depois a Warner lhe propôs a supervisão dessa atividade como autônomo na Espanha. Assim o cineasta regressou ao seu país, e à guerra.

Como muitos outros simpatizantes da causa republicana, Buñuel ficou rapidamente dividido entre um ideal de revolução, de liberdade, e a necessidade de adiar para mais tarde a alvorada da revolução social a fim de concentrar todas as energias na luta contra Franco. Entre as duas tendências, Buñuel escolheu os comunistas. Sem de forma alguma aderir ao Partido, permaneceu membro da Associação dos Escritores e dos Artistas Revolucionários (seção cinema) e participou dos trabalhos cotidianos da Liga dos Escritores Revolucionários que se reunia em Madri.

Adorava os anarquistas quando os via subir em caminhões, percorrer vinte quilômetros em direção ao sul, parar diante do Sagrado Coração de Jesus, formar um pelotão de fuzilamento e, após a ordem, fuzilar o Cristo.

Detestava-os quando perseguiam os padres, os ricos proprietários e os suspeitos de qualquer natureza.

De modo mais geral, também não suportava a violência, nem as divisões partidárias, nem os ajustes de contas, nem o pânico dos burgueses que usavam bonés sujos e macacões azuis dissimuladamente arregaçados até os cotovelos para se passar por gente do povo. Por isso, quando o governo da República propôs que voltasse a Paris a fim de auxiliar o embaixador da Espanha na França, Buñuel aceitou sem hesitar.

Qual seria sua missão? Apoiar a causa. Mandar imprimir panfletos em favor da República e difundi-los não só na Espanha como no mundo inteiro. Recrutar espiões para que se infiltrassem entre os fascistas.

Certo dia em que almoçava com Salvador Dalí em um grande restaurante parisiense, este lhe propôs organizar um encontro com um inglês riquíssimo que desejava dar sua contribuição à República.

– Ele vai dar dinheiro? – perguntou Buñuel.

– Algo melhor do que isso: um bombardeiro.

– Como se chama esse seu inglês?

– Edward James.

Buñuel conhecia-o. Aos trinta anos e filho de uma família riquíssima (corriam boatos de que era filho bastardo do rei Eduardo VII), James era excêntrico e vivia entre Londres, Roma e Paris. Tinha uma coleção de quadros prestigiosa, em particular seu próprio retrato executado por Magritte. Pagava duzentos dólares mensais a Salvador Dalí (quantia considerável para a época) em troca do conjunto de suas obras, incluindo esculturas. O pintor contribuíra na decoração de interior do pavilhão de caça de seu benfeitor, desenhando um canapé rosa semelhante a uma boca, assim como outros objetos de essência bem surrealista. Provavelmente era seu amante. O milionário havia consolado o ciúme de Gala oferecendo-lhe uma joia magnífica e tendo um caso oficial com Marie Laure de Noailles. Durante uma escapadela em Hyères, esta literalmente se lançara na cama do pobre Edward, que não pedia tanto. Sobretudo porque experimentava certo embaraço em relação ao marido, o caro visconde com quem dava algumas nadadas na piscina, diante do olhar interessado do professor de ginástica.

– Vou regressar a Londres – disse um dia a seu anfitrião.

– Por favor, fique! Desde que chegou, Marie Laure enfim me deixa em paz!

Em Paris, Edward foi quase obrigado a trocar seu quarto no Ritz por uma suíte na Place des États-Unis.

Ele possuía então um bombardeiro guardado em alguma parte da Tchecoslováquia. Desejava oferecê-lo à República em troca de algumas obras do Museu do Prado, que esperava expor pelo mundo.

– Essas obras continuarão sendo do governo – explicou a Luis Buñuel. – Vou devolvê-las depois da exposição.

Buñuel levou o tema ao ministro das Relações Exteriores da República. Este não aceitou se desfazer do patrimônio nacional – mesmo que fosse por um bombardeiro.

O negócio terminou ali.

A atividade principal de Buñuel em Paris consistia em cuidar de todos os filmes de propaganda que seriam rodados na Espanha. Por essa razão, recebeu certo dia em seu escritório da Rue de la Pépinière um cineasta holandês, Joris Ivens, e dois famosos escritores norte-americanos, que estavam ali para obter salvo-condutos que lhes permitissem ir à Espanha. Dois escritores que, ao contrário de André Gide, de George Orwell ou do próprio Luis Buñuel, não se perguntavam ainda se convinha denunciar os abusos cometidos pelo principal fornecedor de armas da República. Dois gigantescos escritores, amigos e camaradas, que não tardariam a se separar para sempre por conta dessa questão.

Ernest Hemingway e John Dos Passos.

O BELO E A GUERRA

> – Viva Madri, a capital de minha alma!
> – E de meu coração! – disse, também tendo bebido alguns copos.
>
> ERNEST HEMINGWAY

Quando a Guerra Civil Espanhola tem início, Hemingway está em Key West, uma ilha em alto-mar na Flórida. Entretanto, embora muito afastado do campo de batalha, ele pode imaginar cada cidade conquistada pelas tropas rebeldes, cada subúrbio de Barcelona ou de Madri defendido pelos republicanos. Nenhum norte-americano pode se vangloriar de conhecer tão bem a Europa, em particular a Espanha.

Mas também a França. Em 1921, Hemingway, Hadley – sua primeira mulher – e Bumby – o filhinho deles – desembarcaram em Paris. Durante muitos anos, viveram na atmosfera dos montparnasianos, ganhando (mal) a vida graças às aulas e aos artigos esportivos que Ernest enviava regularmente ao *Toronto Star*. Hem morava na Rue Notre-Dame-des-Champs. Escrevia dentro da Closerie des Lilas, onde ouvia Cendrars tagarelar de modo amável. Ele bebia com o pintor Pascin, acompanhava James Joyce quando este, mergulhado no uísque, entoava sem complexo árias de ópera. Visitava a França com Scott Fitzgerald e ensinava John Dos Passos a andar de bicicleta nas aleias do Jardim de Luxemburgo. Era, enfim, um dos pilares de dois lugares onde todos os norte-americanos de Paris se encontravam: a livraria de Sylvia Beach, Shakespeare & Cie, na Rue de l'Odéon, e a casa-museu, na Rue de Fleurus, de Gertrude Stein – que chamou de "geração perdida" todos aqueles escritores que se vingavam da Primeira Guerra Mundial bebendo sem moderação nem respeito por nada nem ninguém.*

* Ver *Paris boêmia*, *op. cit.*

Hemingway também era muito ligado ao pintor espanhol Joan Miró. Nos anos 20, Miró morava na Rue Blomet com André Masson. Miró havia executado uma tela imensa, *A fazenda*, que o marchand Léonce Rosenberg o aconselhara a dividir para vendê-la por fragmentos. Hemingway finalmente comprara essa obra para oferecê-la à sua esposa, Hadley. Ele a havia jogado nos dados e se comprometera a pagar em prestações. Por falta de dinheiro para pagar a última parcela, recorrera a Dos Passos: os dois homens fizeram o roteiro dos bares de Montparnasse para pedir dinheiro emprestado aos garçons e aos amigos. Hemingway havia assim se tornado o proprietário dessa representação de uma fazenda catalã. "Há nela o que você sente em relação à Espanha quando está lá e também quando não está e não pode ir lá."[1]

A Espanha sempre representou um ponto fixo na vida do escritor. Lá descobriu o mundo da tauromaquia, que influenciou grande número de seus livros (sobretudo o primeiro publicado, *O sol também se levanta*, dedicado a Hadley e inspirado no Festival de San Firmin, em Pamplona). Lá bebeu muito, festejou muito, para euforia total de seus amigos espanhóis, encantados por esse alegre Gargântua. Nos anos 20 e 30, viajou para a Espanha muitas vezes por ano. De início com Hadley. Depois com uma amiga de Hadley, Pauline, que vai se tornar sua segunda esposa. Enfim, enquanto a guerra devasta o país há vários meses, prepara-se para voltar. Já havia enviado dinheiro para ajudar na compra de ambulâncias. Com seu amigo John Dos Passos, que foi pescar com ele em Key West, decidiu criar uma sociedade de produção cinematográfica a fim de financiar um documentário sobre a República. E, em fevereiro de 1937, preparando-se para levantar âncora, assina um contrato com uma grande agência de notícias americana que lhe garante uma publicação simultânea de seus artigos nos jornais mais importantes do país. Com vencimentos à altura: quinhentos dólares por reportagem enviada e mil pelos artigos mais importantes. Quando Ernest Hemingway embarca em um navio para Espanha, ele é o correspondente de guerra mais bem pago da história da imprensa mundial. E um extraordinário símbolo para a República sitiada.

Depois de uma escala de alguns dias em Paris, ele chega a Madri.

Hotel Florida.

Malraux não está mais hospedado – mas vai retornar. Outros escritores tomaram seu lugar e vão, voltam, ficam uma noite antes de partir de novo para o front – ou para a retaguarda. Alguns dos hóspedes são Pablo Neruda, então cônsul do Chile em Madri; o poeta de origem britânica W.H. Auden, pacifista, que ingressou no serviço de ambulâncias da República e publicou em 1937 um poema, "Spain", cujos direitos autorais são revertidos aos serviços médicos espanhóis; Julian Bell, poeta de Bloomsbury, sobrinho de Virginia Woolf; os alemães Ludwig Renn, chefe militar do batalhão Thälmann, Anna Seghers, Klaus Mann e sua irmã Erika; sem falar de Theodore Dreiser, Erskine Caldwell, Christopher Isherwood, Rafael Alberti, Antonio Machado... e de mais dezenas, centenas, que vieram dos quatro cantos do mundo para colaborar ou testemunhar.

Hemingway conhece e torna-se amigo de Gustav Regler, comissário político da XXIIª Brigada Internacional. Sua tarefa consiste em fazer a articulação entre a tropa e o comando, encorajar os soldados, explicar-lhes por que estão ali. Regler está o tempo todo no front. Acompanha o chefe da XIIª Brigada, Máté Zalka, vulgo general Lukács, que comanda os batalhões Garibaldi, André-Marty e Thälmann. Hemingway e ele foram adversários no front italiano durante a Primeira Guerra Mundial. Agora, não se desgrudam mais. O escritor acompanha os combatentes ao redor da asfixiada Madri, bombardeada noite e dia. Ele não receia se estender no chão de uma trincheira para mostrar a um jovem soldado republicano como usar sua arma contra os fascistas. Visita os camaradas norte-americanos da Brigada Lincoln. Está em Guadalajara quando as tropas republicanas conquistam a cidade. Acompanha as ofensivas da cavalaria e balança dentro dos tanques. Esse caçador inveterado, amante de sensações fortes e espetáculos violentos, está à vontade nesse palco.

Ele reencontrou o cineasta holandês Joris Ivens, com quem está rodando *The Spanish Earth*, bem próximo dos tiros, na Casa de Campo, ao redor da universidade, nas imediações dilaceradas de Madri. Hemingway escreve e narra o filme. À noite, envia seus artigos para os Estados Unidos. Em seguida, relaxa. Tira sua boina, seus óculos metálicos, troca o casaco pesado por uma roupa mais leve e vai procurar Martha Gellhorn em seu quarto.

Martha tem 28 anos. É loira, deslumbrante, jornalista, ex-esposa de Bertrand de Jouvenel, que foi enteado e depois amante de Colette. Ela conheceu Hemingway três meses antes, nos Estados Unidos. Seguindo um roteiro clássico, tornou-se amiga do casal. Depois amante do marido. Logo será sua terceira mulher. Por ora, no hotel Florida, o caso deles é secreto. Ernest ocupa uma suíte no terceiro andar, e Martha, um quarto afastado. Encontram-se à noite, como muitos outros cujas sombras se cruzam nas esquinas, bem tarde, quando as nuvens, enfim, dão uma trégua em Madri.

Em outra ala do hotel, na mesma hora, um rapaz de cabelos escuros, que também se tornou amigo de Hemingway, bate a uma porta que às vezes permanece fechada e outras se abre deixando ver uma moça de cabeleira preta: Gerda Taro, que recebe seu amante, seu amigo, seu companheiro e seu colega de trabalho – Robert Capa.

De manhã, tudo está dito e a vida recomeça. Capa e Hemingway com frequência se encontram nos lamaçais da Casa de Campo, ao lado de Lukács e Regler. Um com sua caneta, outro com sua Leica. Às vezes, Gerda acompanha-os. Ela é sempre tão viva, tão divertida, admiravelmente corajosa. Todos os correspondentes de guerra que convivem com ela ficam um pouco apaixonados. Ela brinca com eles. Ela brinca com Capa. Ele está infeliz. Vai atrás dos rostos da guerra atormentado por aquele da mulher que ama. Na esfera de trabalho, estão no mesmo barco. *Ce soir*, o jornal de Aragon, publica suas reportagens. Como também *Vu*, *Life*, *Regards*... Às vezes levam a assinatura de Capa, às vezes de Capa e Taro. Mas Gerda clama sua independência. Profissional e amorosa. Sem escolha, Robert consente. Aceita o que ela lhe concede e não tem senão um desejo: casar-se com Gerda.

Ela diz não. Ela sempre diz não. Capa passa de um campo de batalha a outro, em seguida volta a Paris para vender as fotos da dupla. Alimenta então uma ideia que sonha realizar um dia com Gerda: criar uma agência em que os fotógrafos fossem livres e independentes, proprietários de seus negativos, responsáveis por seus trabalhos e agindo dentro de uma estrutura que seria deles. Não mais se matar correndo atrás das redações. Recusar que as fotografias aparecessem sem o nome de seu autor...

Ao mesmo tempo, na Espanha, um outro rapaz sonha talvez com a mesma coisa. Ele é cinco anos mais velho do que Robert. Normalmente também trabalha com uma Leica. Com a presente exceção: Henri Cartier-Bresson – que fora segundo assistente de direção no filme de Jean Renoir, *Um dia no campo*, e que, geralmente, envia suas fotos para as mesmas revistas que publicam Robert Capa – desta vez é cineasta. Com uma pequena câmera Bell & Howell, roda um filme de propaganda financiado por uma instituição norte-americana sobre as equipes médicas que socorrem os feridos das tropas republicanas.

Enquanto Cartier-Bresson roda a manivela de sua Bell & Howell, enquanto Gerda inclina o rosto para ver o que lhe mostra o visor de sua Rolleiflex, Hemingway escreve. Cada manhã, antes de partir para o front, esconde debaixo do colchão as folhas da peça que redige: *A quinta-coluna*. Volta a encontrá-las no fim da tarde. Então, deitado na cama de seu quarto de hotel, não ouve, ou mal ouve, o barulho dos tiros que constitui um fundo sonoro já habitual. As metralhadoras, muito mais barulhentas, fazem as janelas balançar.

Para não ter os vidros quebrados, é melhor deixá-las abertas. As granadas de morteiro são categoricamente perturbadoras. Tudo isso, entretanto, não impede borrachos de cantar e os escritores de escrever.

Certa noite, uma bomba cai no reservatório de água quente do hotel Florida. Nos andares, reina o pânico: o vapor infiltra-se por todo lado, quartos e corredores, banheiros e cantos. A porta da suíte de Hemingway é aberta, empurrada pelo fortão de pijama. Em seus braços, uma jovem mulher: Martha. O idílio torna-se público.

À noite, Hemingway sai. Na monumental escadaria do hotel Florida, às vezes se depara com um ferido auxiliado por seus camaradas. Pelas ruas, ele caminha entre mortos ainda não recolhidos, escavações novas, gases escapando de tubulações abertas. Entra em um primeiro bar da Gran Via. Sua alta estatura é conhecida de todos. Oferecem-lhe uísque, se ficar. Ficando ou não, empurra outra porta, depois uma terceira. E, de modo muito natural, seus passos acabam levando-o ao hotel Gaylord, QG dos soviéticos em Madri.

Onde é bem-vindo.

Foi o comunista Joris Ivens quem o apresentou. Sem problema: Hemingway é considerado por seus colegas soviéticos como um dos melhores autores estrangeiros. Além disso, como cada vez que vai ao Gaylord é encharcado de vodca e empanturrado de caviar, seria desfeita recusar os convites que lhe são feitos.

Com quem ele brinda? Inúmeros personagens que servirão de modelos quando escrever *Por quem os sinos dobram*: diversos generais das Brigadas Internacionais; Koltsov, o correspondente do *Pravda*; Ilya Ehrenburg, enviado do *Izvestia*.

Este acaba de chegar à Espanha ao volante de um caminhão de propaganda pago pela União dos Escritores Soviéticos. Na caçamba: um projetor e uma prensa de imprimir. Com esse material, Ehrenburg percorre o front para mostrar e difundir a boa palavra. Em Paris como em Madri, ele continua o rei da publicidade. Na Espanha, teve uma ideia genial: como aos franquistas faltasse papel para fumo, ele mandou imprimir slogans nas cartelas de papel Job lançadas nas trincheiras inimigas.

Ehrenburg faz visita aos brigadistas e aos anarquistas. Quando chegou ao posto de comando de Durruti, às margens do rio Ebro, o líder anarquista sacou uma arma e ameaçou mandar bala para fazê-lo pagar por um artigo julgado caluniador sobre a revolta dos mineiros de Astúrias. Como sempre, Ehrenburg safou-se com habilidade da enrascada.

Ele fala de política com Hemingway. Este, de acordo com uma testemunha, adora os comunistas quando são soldados, mas os detesta quando são pregadores.[2] Na Espanha, vê-os como soldados. Soldados generosos, que lhe oferecem um carro e combustível para se deslocar pelas linhas de frente. Do resto não sabe. Ou não quer saber. Detesta Marty e a "Pasionaria". Porém, seria uma razão para rejeitar em bloco esse exército estrangeiro que traz armas, homens e organização à Espanha ameaçada?

Imerso em seus pensamentos, Hemingway não hesita em tomar partido. Ele desconfia dos anarquistas e ataca pública e cruelmente os militantes do POUM. Julgamento de Karkhov em *Por quem os sinos dobram*:

> O POUM nunca foi sério. Era uma heresia de malucos e de exaltados. Tinha pessoas mal orientadas. Tinha um cérebro bastante bom e um pouco de dinheiro fascista [...] Pobre POUM. Pessoas muito idiotas, de modo geral.[3]

O discurso soviético, a propaganda stalinista funcionam às mil maravilhas junto aos simpatizantes, eles mesmos influenciados pelos *apparatchiks*. Quando sabem, esses últimos sempre encontram desculpas para o Paizinho Superior. Como Ehrenburg, informado mas prudente: não declara a quem quiser ouvir que Stalin ignora todos os expurgos feitos em seu nome?

Ele convence Hemingway. E muitos outros. Mas e quais as notícias sobre John Dos Passos, que chegou a Madri apenas alguns dias depois de seu amigo norte-americano? Dos Passos, que, até a Guerra Civil Espanhola, era provavelmente o melhor amigo de Hemingway?

Os dois homens se conhecem bem e de longa data. Pertencem à mesma geração (Hemingway nasceu em 1899, Dos Passos, três anos antes). Ambos participaram da Primeira Guerra Mundial como maqueiros (Dos Passos estava em Verdun). Amam com a mesma intensidade a Espanha, para onde foram com frequência. Eles são escritores, e escritores conhecidos, mesmo que a glória tenha chegado antes para o mais velho do que para o mais novo. O que talvez explique o filete de inveja que corre às vezes através da pena de Ernest quando evoca seu amigo John: este teve direito aos olhares e à cobertura da *Time* (o que não tardará a acontecer para ele). Em 1936, em Key West, Ernest encorajou John a terminar *O grande capital*, embora censurando o livro – e o autor – de um engajamento excessivo.

Para além das questões literárias é que o sapato aperta. Hemingway se declara nem de direita, nem de esquerda. Mesmo que carregue um amor verdadeiro pela República, considera-se apolítico. Sua obra, pouco orientada para as questões sociais, traduz esse desprendimento.

Já Dos Passos anuncia com clareza sua vocação de escritor engajado. *Manhattan Transfer* (1925), *Paralelo 42* (1930), *1919* (1932) são obras consideráveis e muito críticas quanto ao *american way of life*. Dos Passos não hesita em ir às ruas para se manifestar contra uma sociedade que julga injusta, sobretudo quando ela condena Sacco e Vanzetti à cadeira elétrica. Como George Orwell, ele se interessa pela condição de trabalho dos desfavorecidos, em particular os mineiros, que defende nos jornais, pena em riste. O imaginário, o sonho e a criatividade interessam-lhe menos do que a história e a sociedade em que vive. Resulta disso a linguagem vanguardista de seus livros, colagem de relatos, artigos, pontos de vista de seu tempo. Dos Passos está muito longe da linearidade – embora às vezes prodigiosa – de seu amigo Ernest.

Ele também se distanciou do Partido Comunista, do qual esteve próximo durante alguns anos (ele visitou a URSS em 1929). O assassinato de Kirov, em 1934, abriu-lhe os olhos. Será por esse motivo que demonstra, em relação aos soviéticos baseados na Espanha, uma desconfiança que o aproxima de Koestler e de Orwell – mas que o afasta implacavelmente do companheiro de pesca dos anos em Key West, do amigo dos anos de miséria em Montparnasse?

As divergências entre os dois homens surgem primeiro em torno de um filme em que deveriam colaborar para influenciar a opinião norte-americana em geral, e a do presidente Roosevelt em particular, a abandonar a política oficial de não intervenção. Hemingway interessa-se pelo exército republicano enquanto Dos Passos gostaria de focar nos civis (é provavelmente o instigador das cenas de irrigação que ritmam *The Spanish Earth*). Primeira desavença. A segundo será definitiva.

Quando chega na Espanha, Dos Passos parte em busca de seu amigo e tradutor José Robles. Fluente em russo, este foi afastado do Ministério da Guerra antes de se tornar o intérprete de um líder militar de Valência, antigo membro dos serviços de informações soviéticos.

Após diversos dias de investigação, Dos Passos descobre que José Robles foi preso. A seguir, fuzilado. Motivo: maquinações subversivas em cumplicidade com os franquistas (assim como Andreu Nin). É demais para o escritor. Agora conhecia todos os contornos do stalinismo. No romance que vai escrever em 1938, *Adventures of a Young Man*[4], colocará em cena um militante comunista nos Estados Unidos, voluntário na Espanha, preso e em seguida morto pelos stalinistas. Glenn Spotswood. E escreverá:

> Stalin sorria atrás de seu bigode, elaborando sua estratégia protegido pelas paredes vermelhas do Kremlin, e começou a vender armas aos republicanos, caro. Bem caro. Entregas pagas em ouro, mas o ouro não era suficiente. Pagar com sangue? Não era o bastante.

> Foi preciso fazer uma hipoteca a uma taxa exorbitante sobre as esperanças que toda a Europa pusera em uma ordem possível na união, na justiça e na paz.[5]

Enojado, Dos Passos deixa Madri. Hemingway persegue-o com suas críticas. Não admite que seu amigo tenha investigado o desaparecimento do tradutor. É prejudicar a causa. Para ele, como a Espanha é um país em guerra, as execuções nada têm de escandaloso. Além disso, como muitos outros – mas com infinitamente mais ingenuidade! –, Hem não aceita que se critiquem os russos. Considera – e o escreverá – que Dos Passos foge da Espanha por covardia, que veio ao país por sórdidas questões financeiras.

Entretanto, Dos está apenas muito sentido pelo desaparecimento de Robles. Ele vai a Valência para tentar obter das autoridades republicanas um atestado de óbito de seu amigo (para que sua esposa possa retirar os prêmios do seguro), em seguida passa por Barcelona – onde encontra Orwell, que lhe conta as circunstâncias em que o POUM foi dizimado – e, enfim, regressa à França, onde sua mulher o aguarda.

Hemingway encontra-o na plataforma da estação, no momento em que Dos se prepara para tomar um trem para Le Havre. Como este o informa de que espera escrever sobre a questão espanhola, Hemingway é tomado por um breve acesso de fúria: chega até a ameaçar fisicamente seu ex-camarada.

Em 1938, vai acusá-lo de ter sido pago para escrever contra os comunistas. Mais tarde, muito mais tarde, admitirá ter se enganado em sua análise a respeito do papel dos soviéticos na Espanha. Lamentará então uma agressividade que provocou o rompimento com inúmeros de seus amigos da época.

Quanto a Dos Passos, caminhará para posições políticas bem afastadas do marxismo de sua juventude, chegando ao campo conservador que tanto combatera. Dentro em pouco, escreverá que o primeiro dever de um revolucionário digno desse nome é confrontar o Partido Comunista. Mais nuançado, baseando-se em uma experiência dividida por muitos outros, também escreverá:

> Nós lutamos contra Franco mas também contra Moscou... se você se alistou na Brigada, será preciso não permitir que eles lutem contra nós. Eles queriam instaurar a ditadura da polícia secreta, exatamente como fez Franco. Temos que lutar nas duas linhas de frente para proteger nossa revolução.[6]

Penas e fuzis

> Um povo cristão jaz na vala coberto de chagas. Diante de sua desgraça, não se trata de ser conivente com o marxismo, mas de mostrar ao mundo a profunda unidade católica.
>
> François Mauriac

Um Rolls-Royce novinho em folha em uma estrada, em agosto de 1936, perto de Barcelona, ou em junho de 1937, nos limites de Madri. Na frente, um motorista anarquista que acelera a 150 por hora, mergulhando para o meio da pista tão logo um carro venha da direção oposta: a brincadeira consiste em arrancar o máximo possível de para-lamas.

Atrás, Antoine de Saint-Exupéry, enviado especial de *L'Intransigeant* (nesse caso, é agosto) ou do *Paris-Soir* (nesse caso, é junho), e Henri Jeanson, roteirista, dialogista e, por ora, correspondente do *Canard enchaîné*. Este é quem conta a história, sem certeza sobre as datas, já que afirma que o Rolls-Royce confiscado lhe foi oferecido pessoalmente por Durruti, que morreu em novembro de 1936. Pouco importa: seja como for, Jeanson está ali, e Saint-Ex também. Como os demais, eles irão ao Florida e circularão pelo front de Madri.

Os negócios de Saint-Exupéry encaminharam-se um pouco desde a queda catastrófica no deserto da Líbia. Embora terrivelmente duros, Consuelo e ele mudaram-se para um grande duplex perto do Palácio dos Inválidos. Ela mora no andar de baixo, ele, no de cima. Recebem Jouvet, Renoir, Desnos, Jeanson e muitos outros. Quando está bem disposto, Saint-Ex faz números de mágica com cartas para os amigos ou recita poesias de Mallarmé com sotaque suíço. Graças aos adiantamentos de Gaston Gallimard, ele comprou um Simoun. Assim, pôde sobrevoar o Saara, por conta da Air

France, buscando pistas novas para a criação de uma rota que ligaria Casablanca, Tombuctu e Dakar. Ele se recuperou da terrível dor causada pelo desaparecimento de seu grande amigo Mermoz, que sumiu no mar. Enfim, negociando uma soma considerável, aceitou ir para a Espanha, lado republicano.

Embora odeie a violência de ambos os lados, detesta Franco. Tem certa simpatia pelos anarquistas, que lhe recordam os pioneiros da Aéropostale. São audaciosos, utópicos, corajosos. Anda junto deles durante o tempo que fica na Espanha, alguns dias no máximo. Em seguida, volta a Paris. Saint-Ex não é um escritor engajado.

Seria possível dizer que André Salmon também não. Ele escolheu cobrir a Guerra Civil Espanhola do lado franquista, o que lhe rendeu ataques de Henri Jeanson e uma desavença definitiva com seu amigo Picasso, que também se prepara para entrar na dança espanhola.

Já Drieu la Rochelle escolheu deliberadamente o seu lado, rompendo em definitivo com sua juventude e seus velhos amigos – Malraux e Aragon os principais – para tomar, na ponta dos pés e com agilidade, o caminho que o levará à colaboração nazista. Assim como Robert Brasillach, autor cult de *Je suis partout*, desde o mês de junho de 1936 bajulador da causa fascista com seu cúmplice Maurice Bardèche. Não são os únicos, embora estejam em pequeno número.

Em dezembro de 1936, alguns intelectuais publicam um Manifesto aos Intelectuais Espanhóis, apoiando a causa franquista. Entre os signatários, além de Drieu la Rochelle, estão Paul Claudel, Ramon Fernandez, Henri Béraud, Abel Bonnard, Léon Daudet e Henri Massis...

Incomparavelmente, o barco republicano conta com muito mais penas. Algumas dão prova de uma discrição exemplar. Como Claude Simon, que, presente em Barcelona no mês de setembro de 1936 “mais como viajante, espectador do que como protagonista”[1], compreendeu em quinze dias o sentido das divisões que tanto perturbaram Orwell: “Era uma insurreição. Não uma revolução [...] Os comunistas odiavam antes de tudo os trotskistas e os anarquistas, que, por sua vez, odiavam antes de tudo os burgueses e a guarda civil, com os quais os comunistas estabeleciam aliança".[2]

Claude Simon pôs a mão na massa ao participar da transferência de armas de um navio a outro, entre Marselha e Sète.

Alguns pegaram em armas, como Jean Malaquais, que abdicou provisoriamente de escrever para combater nas fileiras do POUM, onde ficará por diversas semanas.

Outros, por fim, utilizaram de sua reputação para se posicionar ou levantar questões simples: o que aconteceu com Andreu Nin? Onde estão os militantes do POUM presos pelos soviéticos? Por que Arthur Koestler permanece calado?

São precisamente essas questões sem respostas que alarmam penas até então imersas em outros tinteiros. Roger Martin du Gard, Georges Duhamel e François Mauriac, sobretudo, protestam publicamente contra o destino reservado aos militantes do POUM. Pedem ao governo republicano que garanta aos prisioneiros políticos uma defesa digna desse nome. Porém, eles também condenam – e mais do que tudo – os abusos cometidos pelos fascistas. Para alguns entre eles, trata-se de uma coragem comparável àquela de Gide, que, ao publicar *De volta da URSS*, assumira o risco de ser condenado por seus amigos de longa data sem, entretanto, suscitar a benevolência do outro campo.

François Mauriac vai encontrar-se em uma situação semelhante. Quando eclode a Guerra Civil Espanhola, ele é um homem de letras em toda acepção do termo. Respeitado, estimado, arauto de uma direita conservadora, cristão, inimigo do radicalismo bem como da franco-maçonaria. Em julho de 1936, nas colunas do *Figaro*, ele criticou com violência as entregas de armas da França à Espanha. Léon Blum e todo o governo da Frente Popular foram duramente atacados por sua posição social-democrata.

Todavia, isso não durou. Em agosto, Mauriac foi informado dos massacres causados pela coluna Yagüe (a que seria bombardeada pela esquadrilha André-Malraux no começo da guerra). Desde então, mudou seu fuzil de ombro. Ele não concebe que o catolicismo possa ser utilizado por Franco com fins políticos que levassem a uma verdadeira cruzada. Não aceita o insuportável, isto é, os fuzilamentos, os assassinatos, as violências. Escreve isso. Clama. No entanto, recusa-se a assinar um manifesto lançado por Maritain, Martin-Chauffier, Mounier e Sangnier, católicos de esquerda, condenando os bombardeios de Madri. Vai ser preciso Guernica, em abril de 1937, para que esse espírito livre, reconciliado com Gide desde a publicação do livro *De volta da URSS*, ponha sua assinatura ao lado das de Maritain, Mounier, Merleau-Ponty, abaixo de um apelo a favor do povo basco massacrado.

Entre os escritores católicos que se insurgem contra as violências cometidas pelos fascistas, ele é um nome que impressiona ao menos tanto quanto o de Mauriac. Georges Bernanos. O "anarquista cristão", segundo Robert Brasillach. Pois, se o autor de *O beijo ao leproso* escreve de Paris, o de *Diário de um pároco de aldeia* estava *in loco*. Ele instalou-se em Palma de Mallorca em 1934. Quando a insurreição rebentou, estava no melhor lugar do camarote. E em cena, além dos falangistas que desfilavam de modo impecável, estava seu filho, Bernanos Júnior, que deu a mão e pegou em armas. Sem que o pai se ofendesse: *camelot-du-roi* entre 1908 e 1914, ele próprio já pendera para esse lado. O que explica, evidentemente, que tenha mantido boas relações com os militares putschistas.

Até dezembro de 1936. Menos de seis meses depois do princípio da ofensiva, Georges Bernanos compreendeu: os simulacros de processo, as execuções em massa, a atitude dos dignatários da Igreja, de modo mais particular a do bispo de Palma, solidário com aqueles que o escritor chama de "os grupos de extermínio". Daí uma questão que atormenta Bernanos: "Esta atitude será amanhã a da Igreja?".

Ele começa a escrever *Os grandes cemitérios sob a lua*, acusação contra as tropas fascistas. Em março de 1937, regressa à França. Recebe então uma demonstração de simpatia do escritor católico espanhol José Bergamín. Em Paris, na Place des Victoires, janta com outro autor que o admira imensamente: André Malraux. Entre esta esquerda e aquela direita, o laço está agora estabelecido. Franco é o primeiro elo. O segundo será o chanceler Hitler.

O carvalho de Guernica

> A tragédia espanhola é um ossário. Todos os erros pelos quais a Europa está terminando de morrer e os quais ela tenta vomitar em terríveis convulsões lá vão apodrecer juntos.
>
> Georges Bernanos

26 de abril de 1937 é dia de mercado em Guernica. Como em todas as segundas-feiras, os camponeses da região concentraram-se na praça principal desse vilarejo de 7 mil habitantes sem valor estratégico mas valioso pelo duplo simbolismo: sob o carvalho da praça principal, reuniam-se os representantes do povo basco, e em sua igreja os soberanos espanhóis juravam respeitar esse mesmo povo.

À tarde, todos os sinos do vilarejo começam a badalar. É o sinal de um bombardeio iminente. Até então, Guernica foi poupada pela guerra. O front não fica longe, mas, afora soldados republicanos batendo em retirada, as pessoas não veem muita coisa do conflito que divide o país.

Às quatro e meia, um primeiro avião surge no céu azul. É um Heinkel alemão da Legião Condor, um bombardeiro novo modelo capaz de carregar uma tonelada e meia de bombas.

Ele solta sua carga.

Três pequenas voltas e depois vai embora.

Em terra, pânico. Guernica não tem nenhuma defesa antiaérea. Os camponeses fogem pelas ruelas, tocando seus animais à frente. Mas o Heinkel retorna. Em seguida mais dois. São três bombardeiros. Eles largam bombas explosivas de mil libras, depois bombas incendiárias em alumínio, fabricadas recentemente nas usinas alemãs. No coração da cidade santa dos bascos, as casas, as escolas, as fazendas, as igrejas, os conventos, o hospital ardem em chamas. Os habitantes se enfiam em seus abrigos, logo devastados pelas granadas. Restos escarlates obstruem as ruas, por onde os bombeiros e os socorristas não passam mais. Por todo lado, nada senão ruínas, urros de dor.

A seguir chegam os caças. A Luftwaffe conclui em Guernica sua primeira experiência de guerra maciça, com bombardeio dos objetivos principais, saraivada de metralhadora nos objetivos secundários. Os aviões saem de Vitoria, passam sobre o litoral e atacam o vilarejo do norte ao sul. Em seguida retornam para a base, recarregam as munições e sem demora tornam a partir. Destroem o vilarejo, quadra por quadra, e as fazendas nas cercanias, em um raio de dez quilômetros. Os habitantes correm pelas ruelas e caem, abatidos pelos tiros de metralhadora dos aviões, que dão rasantes. Alguns são sepultados nas crateras abertas pelas bombas. Outros tentam fugir para Bilbao. São alcançados pelos caças alemães. Buscam refúgio nos campos, onde outros aviões procuram-nos, metralham-nos a esmo, estraçalham-nos.

Quatro horas de terror. Cinquenta toneladas de explosivos. Mais de mil mortos.

O vilarejo de Guernica apresentava um interesse estratégico específico? De modo algum. Tratava-se, para Franco, de desmoralizar os civis aniquilando o povo basco. E, para os alemães da Legião Condor, artífices do horror, de testar suas novas armas de bombardeio. Com vistas à guerra no horizonte.

Guernica marca uma etapa sinistra na história das armas e das batalhas: pela primeira vez, a aviação massacrou sistematicamente civis.

Esse assassinato em massa vai suscitar uma imensa onda de repulsão no mundo inteiro. François Mauriac, corajosamente, vai pegar outra vez sua pena para condenar os criminosos. Também se oporá a um texto de Paul Claudel, *L'Ode aux martyrs espagnols*, que atacava de modo vergonhoso os anarquistas da CNT, responsáveis segundo ele pelo assassinato de 16 mil padres (entre os religiosos ainda vivos, aqueles de Guernica, testemunhas oculares dos bombardeios, escreveram ao papa para testemunhar; como não obtivessem resposta, deslocaram-se ao Vaticano, onde foram escutados mas não entendidos: já naquele tempo a Igreja tinha os ouvidos entupidos).

Guernica, enfim, vai tirar do sério o espanhol que todos esperavam, um dos maiores artistas da época, aquele de quem todos, na República atacada, esperavam um sinal, uma palavra, um testemunho: Pablo Picasso.

Os amores do sr. Picasso

> Rostos bons a tudo
> Eis o vazio que os fixa
> Sua morte vai servir de exemplo
> A morte coração virado.
>
> PAUL ÉLUARD

O que faz Pablo, Diego, José, Francisco de Paula, Juan, Nepomuceno, Cipriano de la Santísima Trinidad Ruiz y Picasso naquele mês de abril de 1937?

Se enfurece.

Finalmente.

Porque não foi sempre assim.

Em julho de 1936, enquanto as tropas franquistas atracavam nas terras de seu país, Picasso estava em Mougins, hotel Vaste Horizon, em excelente companhia: uma lindíssima morena de olhos azul-esverdeados, 27 anos (ele tem 55), viva, filha de um pai croata e de uma mãe francesa, criada na Argentina, fotógrafa, cujo nome de batismo é Dora Markovitch. Para todos, Dora Maar.

Picasso conheceu-a em janeiro, no Flore, situado no Boulevard Saint-Germain. O amigo Éluard fez as apresentações. O pintor sentou-se ao lado da moça. Ela usava luvas pretas enfeitadas de flores rosas. Ela as retirou. Colocou uma mão sobre a mesa, afastou os dedos, apanhou uma faca pontuda e divertiu-se a lançá-la entre as falanges. Ao fim de cinco minutos, o sangue corria.

A dama é fogosa. É perceptível e histórico. Foi amante e colaboradora de Georges Bataille. Frequentou o surrealismo. Entretanto, quando Picasso a conhece, ela ainda mora na casa dos pais.

O artista lança um ataque ardente, deliberado e eficaz. Conquista esse coração como já havia conquistado muitos outros. Depois, ele tenta organizar seu tempo e seus espaços a fim de aproveitar tanto uma quanto outra, sem provocar a ira de uma terceira e as revelações de uma quarta, que espera publicar (e publicará) suas Memórias.

A geografia social de Picasso pode ser vista abertamente no livro de seus amores. Nos anos 1900, Montmartre, os macacões, o circo Medrano, as pistolas Browning, o haxixe e o ópio: Fernande Olivier. O casal vivia no Bateau-Lavoir, antiga fábrica de pianos transformada em colônia para artistas na miséria. À porta de seu ateliê, Picasso inscrevera estas palavras, que anunciavam as cores da época: "Ponto de encontro dos poetas". Viviam e passavam ali gênios de uma arte que se tornaria aquela do século, pintores e poetas juntos, um grupo de bons camaradas, pândegos e criativos: Guillaume Apollinaire; Max Jacob; André Salmon; Georges Braque; André Derain; Van Dongen; Vlaminck; Henry, o "Aduaneiro" Rousseau; Juan Gris; Erik Satie...

Fase azul, fase rosa, alvorada do cubismo... Os marchands ainda não se chamavam Vollard ou Kahnweiler. Eram antigos palhaços de circo ou ex-confeiteiros, como Clovis Sagot, que oferecia caramelos aos artistas e os expunha na calçada, entre um velho colchão e um carrinho de bebê em mau estado. Picasso e Apollinaire passavam diante dos juízes de instrução que desconfiavam que eles tivessem roubado *A Mona Lisa* do Louvre, Vlaminck pretendia-se anarquista, e Frédéric Gérard, o pai Frédé, do Lapin Agile, oferecia absinto e tabaco.

Mais tarde chegaram os mecenas, Rue de Fleurus, número 27, onde morava Gertrude Stein e aterrissou Hemingway, primeira testemunha da "geração perdida". Não foi o único. O salão de Gertrude e de sua bem-amada Alice Toklas transbordava de obras admiráveis que os pintores contemplavam com orgulho ou inveja, durante jantares grandiosos, onde Matisse sentava-se ao lado de Picasso. O mestre de *A alegria de viver* estivera no centro das atenções dos salões e das gazetas, ao passo que o outro preparava sua revanche, em breve objeto de puro escândalo: *Les Demoiselles d'Avignon*.*

---

* Ver *Paris boêmia*, *op. cit.*

A primeira sra. Picasso, cujo nome de solteira era Olga Koklova, era russa, filha de um coronel do exército do tsar e bailarina do Ballets Russes. Olga entrou na vida de Picasso em 1917. Fernande saíra dela havia cinco anos, substituída no coração do artista por Eva Gouel, que antes fora amante de Marcoussis e morreu de tuberculose durante a guerra.

Picasso não estava mais em Montmartre, e sim em Montparnasse. Braque seria trepanado, Apollinaire pereceria, Modigliani também, enquanto, fantasiado de arlequim, Jean Cocteau entraria em cena no Carrefour Vavin, entre o Dôme e a Rotonde.

Olga levará Picasso para a alta-roda, e o Ballets Russes vai lhe oferecer uma aura que a pintura não havia lhe apresentado. Com ela, ele vai trocar os trapos da boêmia pelo terno, pela gravata e pelo relógio de corrente dos abastados da *rive droite*. Por ela, deixará a pequena casa de Montrouge onde morava durante a guerra pelos lustres do hotel Lutétia, ao qual vai suceder, em 1918, o apartamento da Rue La Boétie. Com ela terá o primeiro filho, Paulo, nascido em 1921.

Na época, Picasso já se tornara o mais rico dos antigos pintores do Bateau-Lavoir e deixa isso claro. Anda de carro com motorista, contrata babá, cozinheira e empregada. Afasta-se dos amigos de outrora, para grande desespero de Max Jacob, que não tardará a ficar feliz, quando perceber os primeiros desentendimentos entre o casal. Haja vista que Picasso acaba se aborrecendo. As mundanidades, percebe depressa, cansam-no e desesperam-no. A boêmia tinha suas vantagens. Olga Koklova é menos aventureira do que dona de casa, mais ciumenta que o previsto, autoritária e excessivamente possessiva. As cenas se multiplicam. A jovem esposa perde terreno para as telas do mestre, depois acaba por desaparecer. E Picasso, com toda a naturalidade, parte em busca de um novo modelo.

Certo dia de 1926, aos arredores das Galerias Lafayette, cruza com um rosto que o fascina na hora. É o de uma moça que acompanha sua irmã. Elas andam rumo à Gare Saint-Lazare. Picasso segue no encalço delas. Depois as aborda, apresentando-se. Nenhuma das duas o conhece. Porém, Marie-Thérèse Walter, dezessete anos e alguns dias, aceita posar. Ela mora na casa da mãe, em Maisons-Alfort. O pintor vai buscá-la. Leva-a de volta. Retorna. Decorridos seis meses, ela é sua amante. Ninguém sabe disso. Essa relação fica e ficará por muito tempo secreta. Durante as férias, Picasso aluga casas para sua família em função das colônias de férias escolhidas pela mãe de Marie-Thérèse para sua filha. No ano de sua maioridade (na época, 21), ele lhe aluga um apartamento na Rue La Boétie. Ele mora no número 23, ela, no 44. Olga continua acreditando que é a única. Quando Picasso fala de divórcio, ela chora. Se ele insiste, ela lembra que estão casados em regime de comunhão de bens. Que ele parta, se quiser: mas metade das obras ficará.

Picasso cai no mundo. Em 1930, compra um castelo no departamento de Eure, perto de Gisors: o Boisgeloup. Lá ele empilha tralhas, velhos móveis, material de escultura (pois ele retomou essa arte). Marie-Thérèse posa para ele. Ela é a musa desses anos. Aparece em todas as suas telas e em suas esculturas. Em 1935, nasce Maya, meia-irmã secreta do pequeno Paulo. O pai, louco de alegria, circula entre Boisgeloup e a Rue La Boétie, ora número par, ora número ímpar. Olga e ele chegaram a um acordo: não se divorciarão, mas o castelo normando ficará para ela.

No momento em que Dora Maar entra na vida do artista, este lhe dá o lugar que convém. Abre as portas de suas casas e seu coração, celebra-a em suas telas, mas não termina com Marie-Thérèse. Envia esta a Tremblay--sur-Mauldre, perto de Paris, para uma pequena casa que pertence ao marchand Ambroise Vollard. Vai para lá com regularidade. Às vezes, recebe-a no novo ateliê que Dora descobriu para ele, situado na Rue des Grands-Augustins, ao fundo de um pátio pavimentado: o vasto sótão ocupado anteriormente por Jean-Louis Barrault. Nos ensaios teatrais do Grupo Outubro, sucedem-se então as sessões de pose, as idas e vindas dos marchands, dos amigos e das amantes. Nada mudou, salvo que, impelido por Dora, Picasso reata com o Faubourg Saint-Germain, promovido a novo Carrefour Vavin. O Café de Flore substitui a Rotonde. Os amigos, agora, chamam-se Paul Éluard, Man Ray, Brassaï, Pierre Loeb, Michel e Louise Leiris. Sem esquecer do fiel Sabartés, escritor catalão e amigo de sempre, chamado por Picasso para servir-lhe de confidente e de mordomo – antes que Dora consiga afastá-lo.

A vida do artista é bastante serena. Nesse ateliê-apartamento onde então passa a maior parte do tempo, submerso em uma velharia inimaginável composta de objetos de toda natureza reunidos ao longo dos passeios e das descobertas, guardados preciosamente há anos, Picasso recebe amigos e amantes, marchands e modelos. Os mais íntimos vão procurá-lo no quarto, que o pintor deixa tarde, o mais tarde possível, depois de ter se espreguiçado na cama, aberto a correspondência, lido os jornais. Ele tira de sua jaqueta pedras, cordões, castanhas, isqueiros, barbantes, botões e lápis, sai para dar uma volta com o cachorro, junta na calçada tudo o que atrair seu olhar, sobe outra vez para trabalhar até a chegada de Dora Maar, que mora na Rue de Savoie. Ele também a leva para Boisgeloup, mas ainda para o Sul da França, onde se encontra em julho de 1936, quando a Guerra Civil Espanhola tem início.

Ele está em Mougins, para onde vão René Char, Paul Éluard e Nusch. Esta, segundo um ritual que agrada a Éluard, passa dos braços do poeta aos do pintor. Dora ignora tudo, naturalmente, assim como ignora que Marie-Thérèse não está longe.

Em setembro, na traseira de sua gigantesca Hispano-Suiza dirigida por Marcel, o motorista, Picasso regressa a Paris.

Na Espanha, a situação se agravou. O pintor não desconhece nada disso, claro. Mas é pouco sensível ao drama que perpassa seu país. Com Olga e Paulo, esteve em Barcelona em 1933 para ver sua mãe. Voltou lá no ano seguinte. Hospedou-se no Ritz e permaneceu uma semaninha antes de retornar a Paris. Nos primórdios da República, o presidente

Azaña nomeou-o diretor do Museu do Prado. Essa indicação, muito honrosa, comoveu-o. Não obstante, não viajou a seu país no mês de fevereiro, quando lhe era dedicada uma exposição – a primeira dessa importância. Miró e Dalí deslocaram-se para lá. Ele não.

Entretanto, ele demonstra grande generosidade para com os artistas espanhóis – em particular os catalães – que vêm lhe pedir ajuda. A época em que invejava Juan Gris ficou de todo para trás. Ele socorreu Dalí, e este não foi o único. Também auxiliou muito o escultor Fenosa, de quem comprou obras a partir de 1923. Intercedeu junto a seus marchands a fim de que eles adquirissem as peças do escultor. Muito delicadamente, chegou até a utilizar estratagemas diversos para dar a entender que sua ajuda não era um ardil. Assim, certo dia, levou Fenosa até uma fundição, na comunidade de Malakoff. Deu-lhe uma bola de cera para que se ocupasse enquanto ele próprio trabalhasse. Em seguida, maravilhou-se diante da obra concebida por seu amigo e comprou-a. "Ele havia percebido que eu estava em grande miséria e encontrara esse subterfúgio para me dar dinheiro."[1]

Contudo, essas demonstrações de afeição a uma cultura que continua a sua permanecem limitadas quanto ao drama vivido pela República. Daria para crer que Picasso fosse apolítico. Não era de modo algum o caso. Ao lado de Kahnweiler, gabava-se de ser monarquista quando a Espanha era dirigida por um rei. Havia esquecido de que, quando da sua chegada a Paris, no início do século, fora ligado ao movimento anarquista? Encontraram sua assinatura abaixo de uma petição pedindo a soltura de libertários espanhóis presos em Madri em 1900. Dez anos mais tarde, a execução de Francisco Ferrer, educador anarquista, perturbou-o. Além disso, nos anos 30, ele simpatizou com as teses surrealistas. Mais ainda: assinou a petição de apoio a Aragon, durante a publicação do poema "Frente Vermelha".

Então o que aconteceu?

Provavelmente ficou atrelado a seus amores. Entre Dora e Marie-Thérèse, uma fogo e violência, outra paz e serenidade, ambas amadas e representadas na obra dessa época, ele teve muito a fazer. Até janeiro de 1937. No mês em questão, o poeta José Bergamín vai a Paris. Na Espanha, havia esbarrado em Malraux e enviado demonstrações de simpatia a Bernanos. Desta vez, encontra o melhor amigo de Picasso, aquele que, desde sempre, comprou-lhe telas, entregou-lhe Nusch, apresentou-lhe Dora Maar: Paul Éluard.

A raiva de pintar

> No quadro em que estou trabalhando e chamarei de *Guernica*, expresso, como em todas as minhas obras recentes, meu horror pela casta militar que fez a Espanha naufragar em um oceano de dor e de morte.
>
> Picasso

Se por um lado Éluard se aproximou muito de Picasso, por outro se afastou de André Breton. Os dois homens não estão mais na mesma sintonia. O barco surrealista quebrou na banquisa soviética.

Desde setembro de 1936, Breton e seus amigos publicavam um panfleto denunciando os processos de Moscou. Com intelectuais e militantes tão diversos quanto Victor Serge, Jean Galtier-Boissière, Henry Poulaille, Magdeleine Paz, André Philip, Breton criou um Comitê pela Investigação dos Processos de Moscou – e pela defesa da liberdade de expressão na revolução. Os membros desse grupo reúnem-se nos cafés, no Odéon ou no República. Todavia, Éluard não comparece. Ele está do outro lado.

O abismo aumentou mais quando Breton pediu que Trotski fosse oficialmente convidado a morar na França, pois o papa do surrealismo é muito solidário ao líder bolchevique em sua luta contra Stalin. Ele admira a coragem do opositor, a obstinação do revolucionário, a cultura e a qualidade da pena do exilado de Alma-Ata. Éluard, muito próximo ao PC, não pode aceitar semelhante posicionamento. Sobretudo quando, alguns meses antes da carnificina de Barcelona, Breton, o visionário, anuncia que os soviéticos massacrarão os militantes do POUM e os da CNT-FAI. Em compensação, ele apoia seu antigo amigo quando este exige com estardalhaço que a França envie armas à Espanha sitiada. Daí a se alistar nas Brigadas Internacionais há um passo que nem um nem outro dará. Os surrealistas nasceram no esterco da Primeira Guerra Mundial e nada receiam mais do que a irrupção de um novo cataclismo. Enviam Théodore Fraenkel e Benjamin Péret, irmãos de arma corajosos (Péret partirá para o front de Aragão nas fileiras do POUM). Breton até cogitou partir, mas a presença de sua filha Aube – de quem cuida enquanto Jacqueline toma um chá de sumiço (provisoriamente) – o impediu. Já Éluard, que estava na Espanha durante o começo da guerra civil, recusou-se a pegar em um fuzil, preferindo recorrer à melhor arma de que dispõem os poetas: a pena.

Em 1936, Paul escreve a Gala, sua "*lindinha dorogaïa* [querida]".

> Rompi em definitivo com Breton, depois de uma discussão relativamente calma, no café. Minha decisão foi tomada por sua abominável maneira de discutir quando está diante das pessoas. Acabou, não participarei de mais nenhuma atividade com ele. Estou farto.

Na verdade, a ruptura definitiva acontecerá mais tarde. Os dois homens tornarão a se ver. Éluard vai se queixar outra vez a Gala: "Eu o vejo [Breton] de vez em quando. Ele está muito imerso nas histórias do processo de Moscou. Eu não".

Seja como for, no ano de 1936, Éluard e Breton afastaram-se para sempre da época em que dividiam a tal ponto suas desgraças que, enfim, haviam feito um acordo que os proibia de se lamentar um com o outro: quem quebrasse a regra estava condenado a pagar uma multa de um franco.

Ainda assim, viam-se, às vezes até na casa de Picasso. Jacqueline Breton e Dora têm ligação desde a época de *Contre-attaque*, revista fundada por Bataille, Breton e Souvarine. Breton conhece Picasso desde 1918. Como se tornasse conselheiro do mecenas e costureiro Jacques Doucet, incentivou-o a comprar *Les Demoiselles d'Avignon*. Nos anos 30, Picasso aproximou-se dos surrealistas. Breton demonstrou sua amizade no pior momento da crise com Olga. Ele passa de tempos em tempos no ateliê da Rue des

Grands-Augustins. Entretanto, não cabe a ele o mérito de ter esclarecido o pintor sobre a Espanha. O primeiro informante foi José Bergamín, que, em janeiro de 1937, descreve a Éluard as atrocidades cometidas pelos franquistas contra os civis. Éluard exalta-se e aborda o tema com Picasso. Este fica perturbado. Sobre duas placas de cobre, grava catorze desenhos que intitula *Sueño y Mentira de Franco*.

Em 26 de abril, a fúria da Legião Condor cai sobre o vilarejo de Guernica. Quatro dias mais tarde, *Ce soir*, o periódico de circulação diária dirigido por Aragon, publica na capa as fotos do massacre. Picasso vê o jornal. Tem um estalo. Em janeiro, o governo espanhol havia lhe encomendado uma obra para o pavilhão espanhol da grande Exposição Universal que deve ocorrer em Paris em julho de 1937. Picasso concordou. Contudo, a inspiração não vinha. O baque que vai provocar a obra é o bombardeio de Guernica.

Em 1º de maio, Picasso lança-se ao trabalho. Traça os primeiros estudos da obra – haverá uma centena deles. Representam personagens retalhadas, em pânico, urrando, entre as quais algumas já são reconhecíveis em *Sueño y Mentira de Franco*. Em tais estudos, o touro já está presente, bem como o cavalo estripado. Os desenhos se multiplicam, enchendo o chão. O pintor mostra-os aos amigos de passagem. Ouve suas opiniões. A Malraux, Éluard, Cassou, Giacometti e muitos outros, ele fala de Goya. Tenta introduzir algumas pinceladas de cor, mas acaba renunciando e fica com a monocromia do preto e branco. Ao longo dos dias seguintes, sem abandonar uma verdadeira raiva de criação, Picasso multiplica os esboços e as tentativas. Em 9 de maio, uma primeira composição aparece no papel. No dia 11, pendura uma tela gigante nas paredes do ateliê, inclinando-a ligeiramente para que caiba. Ele sobe em uma escada e se municia de pincéis longos. Pinta. No começo de junho, a obra está pronta. Mostra-a a Marie-Thérèse, a seguir a Dora, quando a outra foi embora. Dora, que fotografa sem parar, não perdendo nada das etapas da composição.

Em 12 de julho de 1937, o quadro *Guernica* é exposto no pavilhão espanhol da Exposição Universal. Ao lado, encontra-se uma obra de Miró, *Camponês catalão em revolta*. Picasso corre o olhar atrás do pintor. Contudo, o catalão está ausente. Descendente da terra e do campo, Miró é um homem discretíssimo. Mantém-se sempre afastado das panelinhas, incluindo a dos surrealistas na qual Breton o fez entrar. Muito abalado pelo drama espanhol, morando na França desde os anos 20, habitué de Montmartre e de Montparnasse, fiel no entanto a seu país, para onde nunca deixou de voltar, Miró refugiou-se no silêncio quando a guerra eclodiu. Realizou um selo a favor da República, selo que virou cartaz, e aceitou dar seu *Camponês catalão em revolta* à Exposição Universal. Não disse nem mostrou mais nada. Picasso brinca amavelmente com essa ponderação. Mais tarde, ele contará a Françoise Gilot que, na época do surrealismo triunfal, quando era de bom-tom inventar novos escândalos, Miró contrastava do grupo por sua timidez. Enquanto Robert Desnos cumprimentava os padres com um "Bom dia, senhora!", enquanto Michel Leiris insultava os policiais até o momento em que o prendiam, enquanto Paul Éluard vociferava aos brados contra o exército e contra a França, Miró lançava um tímido "Abaixo o Mediterrâneo!". E, quando reprovavam a brandura da invectiva, ele respondia: "O Mediterrâneo é o berço de toda a nossa civilização. Ao gritar: 'Abaixo o Mediterrâneo!', eu dizia: 'Abaixo tudo o que somos hoje!'".[1]

Na Exposição Universal, diante das obras de Picasso e de Miró, está a *Fonte de mercúrio*, de Calder. Não distante, um poema ampliado de Paul Éluard, "La Victoire de Guernica", e *Placard pour un chemin des écoliers*, de René Char. No entanto, *Guernica* esmaga tudo. E dentro em pouco, como muitas vezes ocorre quando Picasso rompe a medida que dele se esperava, os comentários correm ligeiro. Alguns adoram, outros detestam. Muitos, se não a maioria, ficam desconcertados diante de um quadro julgado hermético. Os republicanos estão perplexos; os comunistas apreciam de modo bem moderado; entre os amigos, muitos desconfiam... Não Michel Leiris, que escreve: "Picasso nos envia uma carta de condolências: tudo o que amamos vai morrer".

De tudo isso, o artista faz pouco-caso. Depois de pronta e exposta, aceita que a obra viaje o mundo contanto que os lucros das exposições sejam vertidos à República. E decide que nunca mais voltará à Espanha enquanto não forem restabelecidas as liberdades. Em seguida, deixando seus defensores e seus detratores engalfinharem-se sozinhos, entra outra vez em sua Hispano-Suiza, abre lugar para Dora Maar, Paul Éluard, Nusch, e, esquecendo Bilbao bombardeada, volta a Mougins para passar o verão.

Santa Simone

Estive a ponto de ser quebrada.
Quase o fui.
Simone Weil

Neste mês de dezembro de 1936, uma moça empurra a porta da Galeria Simon, onde Kahnweiler expõe obras de Masson sobre a Espanha. Todas elas testemunham o drama espanhol. Masson, desta vez, claramente se engajou. Do lado dos anarquistas e do POUM.

A moça respeita ainda mais essas posições porque, ao contrário dos escritores, os pintores mantiveram-se a distância da guerra. Embora se encontrem no trabalho de alguns, em particular dos artistas ligados ao movimento surrealista – Max Ernst, Magritte, Tanguy –, formas e linhas que evocam a Espanha, a ascensão do nazismo e as perturbações da época, a maioria permaneceu em sua torre de marfim. Picasso, Masson e Miró são exceções.

A moça vê o engajamento como uma necessidade. Ela mantém contato assíduo com a equipe de *La Critique sociale*. Leu os primeiros números de *Acéphale*, a revista criada por Georges Bataille e André Masson em Tossa del Mar alguns anos antes. É próxima dos colaboradores de Bataille – Roger Caillois, Michel Leiris, Pierre Klossowski e outros –, entre os quais alguns participam ativamente das atividades da sociedade secreta paralela à revista. Dessa seita, não sabe grande coisa, apenas que constitui "uma religião sem Deus"[1] com seus rituais específicos: os integrantes não cumprimentam os antissemitas; celebram a morte de Luís XVI na Place de la Concorde; tomam o trem na Gare Saint-Lazare, com destino a Saint-Nom-la-Bretèche, entram na floresta próxima, onde os participantes – normalmente uns vinte – recolhem-se ao pé de uma árvore fulminada por um raio.

Na Galeria Simon, a moça observa as telas penduradas nas paredes. É morena, usa óculos. Bataille considera-a tanto uma pessoa de uma feiura assustadora, totalmente assexuada, sem senso de humor, quanto de uma bondade, de uma coragem e de uma inteligência excepcionais. Ele fez de Simone Weil sua Lazare de *O azul do céu*:

> Ela usava roupas pretas, mal talhadas e manchadas. Parecia não ver nada à sua frente, muitas vezes esbarrava nas mesas ao passar. Sem chapéu, seus cabelos curtos, lisos e mal penteados pareciam asas de corvo de cada lado do rosto [...] Ela exercia uma fascinação, tanto por sua lucidez quanto por seu pensamento alucinado [...] O que mais me interessava era a avidez doentia que a impelia a dar sua vida e seu sangue pela causa dos desfavorecidos.[2]

Era filha de um médico abastado que morava na Rue Auguste-Comte, em Paris, em frente ao Jardim de Luxemburgo. Foi aluna de Alain [Émile-Auguste Chartie], professora concursada de filosofia, professora titular. Dentro de *La Critique sociale*, em oposição a Bataille – para quem a revolução leva à libertação dos instintos e dos costumes –, Simone Weil via nela uma operação muito mais metódica que exige engajamentos precisos.

Algo em que ela sempre se envolveu muito. Não só em seus escritos, como também por seus atos. Estudante do *khâgne* – preparatório para a Escola Normal Superior – no Henri-IV, ela parava desconhecidos nos corredores para pedir, com uma delicada autoridade, que assinassem abaixo de um petição ou dessem um pouco de dinheiro para uma usina em greve.

Depois de passar no concurso, foi para Le Puy, onde obtivera um cargo de professora de filosofia no liceu para moças da cidade. Quando a viu pela primeira vez, o porteiro tomou-a por uma aluna. Já estas foram petrificadas pelo espetáculo oferecido por essa nova professora, uma zarolha de boina que enrolava seus cigarros de tabaco forte, vestia-se muito mal, batia desajeitadamente as mãos, manchadas de tinta. E que, além disso, corriam boatos, não apenas se contentava de ler *L'Humanité* ou *Le Cri du peuple* em público, como também tramava com os sindicatos de todo o Haute-Loire. Pior ainda: quando, em dezembro de 1931, os desempregados de Le Puy reuniram-se na Assembleia dos Sindicalistas a fim de enviar uma delegação à prefeitura, propuseram a candidatura da sra. Weil, que foi aceita por unanimidade. Para grande desgosto da imprensa local, que acusou a professora de doutrinar a classe operária e, muito provavelmente, as cabeças coroadas do liceu. Simone Weil foi chamada à diretoria. E enviada a Auxerre. Depois a Roanne.

Ela viajou à Alemanha, onde foi encarregada de contatar Lev Sedov, o filho de Trotski: receavam por sua vida. Mas o rapaz esbanjava saúde. Ele entregou uma maleta comprometedora à moça, que a trouxe consigo quando de seu regresso à França. Ela escreveu artigos sobre a classe operária alemã, publicados em *La Révolution prolétarienne*. Já na época, bem como Souvarine, ela havia medido o perigo do stalinismo. Entretanto, considerava que, embora fosse permitido criticar o regime soviético entre camaradas, não convinha que essas conversas se tornassem públicas: a direita e os partidos da burguesia as desviariam de imediato em seu benefício.

A partir de 1933, ela ajudou os refugiados alemães que fugiam de seu país. Dava-lhes dinheiro, tirado de sua própria renda, e abrigava-os na casa de seus pais, na Rue Auguste-Comte. No ano seguinte, realizando um sonho que acalentava de longa data, deixou o ensino para estabelecer-se em fábricas. Primeiro na Alsthom, como operária de prensas, a seguir na Renault. Ela descobriu o trabalho de produção em cadeia, que a esgotou. À noite, derramava-se em lágrimas no quartinho que alugava na Rue Lecourbe. Contudo, estava apegada a essa escolha. Não renunciaria a ela.

Em julho de 1936, eclode a Guerra Civil Espanhola. Em 8 de agosto, Simone Weil cruza a fronteira de Portbou.

No dia 9, está em Barcelona. Dois dias depois, encontra um líder do POUM. O partido está sem notícias de um de seus fundadores, Joaquín Maurín, cunhado de Souvarine, que eles temem que seja prisioneiro dos franquistas (era e será solto em 1947). Simone Weil oferece-se como voluntária para ir em busca de notícias atrás das linhas fascistas. Sua proposta é recusada. Então, visando a alistar-se nas milícias da CNT, se faz passar por jornalista e chega ao front da margem esquerda do rio Ebro. É integrada a um grupo de combatentes internacionais, sob comando de Durruti. Vestindo os tradicionais macacão e bibico, ela aprende a manusear o fuzil. Quando atira, seus camaradas evitam ficar por perto: ela é tão míope que não vê nada do alvo. Mas que coragem! Que perseverança! Todos a admiram. Todos a protegem sem que ela desconfie. Em cada nova missão, ela se oferece como voluntária. Assim, certa manhã de agosto, após verificar que havia uma bala enfiada no fuzil, prepara-se para cruzar o Ebro. Ela faz a travessia de barco, com seus camaradas, e atraca na margem direita do rio. O objetivo da operação consiste em mandar para os ares uma estrada férrea. Todavia, enquanto os outros partem, ela recebe a ordem de ficar na retaguarda. Obedece, por obrigação. E, por uma azarada fatalidade, queima de maneira horrível o pé em uma panela com óleo fervente posta no fogo pelo cozinheiro da seção. Ela não pode mais andar.

É levada a Barcelona. Para ela, a Guerra Civil Espanhola acabou.

De volta a Paris, continua o combate com os meios de que dispõe: escreve e assiste a todas as manifestações em prol da República. E, quando empurra a porta da exposição Masson, quatro meses depois de seu retorno da Espanha, traz um lenço ao redor do pescoço. Um lenço vermelho e negro: as cores da CNT.

V

Paris – Nova York – Paris

Processos

> Diante de mim, a hiena da opinião pública uivava e queria que eu me pronunciasse: hitleriano ou stalinista? Não, cem vezes não. Eu era daliniano, nada mais do que daliniano.
>
> Salvador Dalí

Nessas horas sombrias que seu país atravessa e enquanto o pintor Masson expõe suas obras na Espanha, o que faz Salvador Dalí?

Nos braços de sua amada Gala, ele se olha, se admira e se ama. Usa uma pequena penugem sobre o lábio superior, prelúdio àquele bigode lendário, antenas para ideias moldadas dia a dia com suco de tâmara e merda de ganso, que ele orientará para o céu "a fim de captar as mensagens provenientes das altas esferas espirituais".

Desenvolveu um sistema de pensamento e de análise baseado em um conceito inventado por ele mesmo: a paranoia crítica. Considerando que qualquer coisa pode ser interpretada subjetivamente – de modo delirante ou não – e que tal interpretação é fonte de riqueza e criatividade, o artista tem obrigação de ler o mundo segundo seu próprio imaginário, outorgando-se assim uma grade de leitura de que sua arte se beneficia. "Os paranoicos são conquistadores, homens de ação, artistas, que se valem de seu delírio para impor aos outros sua visão de mundo."[1]

Assim falou o Mestre, que dá ao inconsciente e às associações nascidas do acaso uma importância significativa. Ele o organiza até em uma linguagem artística, base de suas criações pessoais. Retém então da psicanálise freudiana a importância dada ao inconsciente e explora-o com habilidade tanto em sua arte pictórica quanto em seus escritos. Estes, à primeira vista totalmente delirantes e provocativos, traduzem um conhecimento real e muito sutil dos mecanismos psicológicos constitutivos da própria pessoa do pintor. E, portanto, de seu trabalho. Os analistas não se enganarão e verão em Salvador Dalí um verdadeiro caso clínico.

Nos anos 30, o artista recebeu um telefonema de um jovem psiquiatra enviado por Breton. Esse médico publicou um texto, *Da psicose paranoica em suas relações com a personalidade*, que contribuiu para forjar as primícias de uma reputação que irá crescer. Em *Le Surréalisme au service de la révolution*, descobriu um crônica de Dalí abordando a paranoia. Pouco depois, na revista *Minotaure*, leu um artigo do mesmo autor sobre "os mecanismos internos da atividade paranoica". Fica com vontade de conhecer o pintor, que marca um encontro.

Quando Jacques Lacan bate à porta de Salvador Dalí, este termina um retrato de Marie Laure de Noailles. Trabalhando sobre cobre, ele fixou um pedacinho de papel branco na ponta do nariz a fim de acompanhar melhor seu trabalho sobre a superfície da placa. Ele abre a porta para o médico em um estado de intensa excitação: pela primeira vez, suas ideias pareciam ser levadas a sério pela comunidade científica.

Os dois homens debatem no calor dessa paranoia sobre a qual suas análises convergem. Dalí às vezes fica incomodado pelo olhar inquietante lançado com regularidade pelo jovem psiquiatra. Apenas descobre a razão dessa curiosidade depois da saída de sua visita: ao lavar as mãos no banheiro, constata que não retirou o fragmento de papel da ponta de seu nariz... Isso apenas para anedota, que nada modifica de uma realidade incontestável: a reflexão de Dalí sobre a paranoia crítica contribuiu muito para a psicanálise contemporânea.

De mais a mais, o pintor experimentava um imenso respeito pelo fundador dessa ciência, o homem que tanto decepcionara André Breton. Eles vão se conhecer também, em 1938, graças ao intermédio de Stefan Zweig. Freud vivia então em Londres. No momento em que empurrava a porta de sua casa, Dalí notou um caracol passeando sobre o selim de uma bicicleta. Na hora compreendeu que a visita ocorreria sob auspícios favoráveis: quando ficara sabendo do exílio de Freud na imprensa, Dalí achava-se em um restaurante, degustando escargots de Borgonha.

E, de fato, o encontro foi tão importante para o artista quanto para o médico. Cada vez que fora a Viena, Dalí havia tido longas conversas imaginárias com Freud. Certa noite, sob efeito da paranoia crítica, este chegara até a acompanhar o artista a seu hotel, o Sacher, onde havia passado a noite no quarto, pendurado nas cortinas.[2]

No momento que se encontraram frente a frente, em Londres – Freud, já muito doente e com um palato artificial, Dalí o retratando furiosamente sob o olhar comovido de Stefan Zweig –, os dois homens se olharam sem muito falar, ambos fascinados da mesma maneira. Dalí descobriu o segredo morfológico do pai da psicanálise: "Seu crânio era um caracol. Só preciso retirar seu cérebro com um alfinete".[3] Já Freud volta atrás na opinião negativa que fizera dos surrealistas: "Esse jovem espanhol, com seus cândidos olhos de fanático e seu inegável domínio técnico, incitou-me a reconsiderar minha opinião"[4], escreveu a Stefan Zweig depois do encontro.

Uma alusão a André Breton, com quem Freud cruzara dezessete anos antes, sem que a conversa entre os dois tivesse convencido o vienense da seriedade e da importância do movimento surrealista.

Essa relação entre o pintor, o escritor e o médico demonstra *per se* a ambiguidade que foi a de Salvador Dalí para com o surrealismo. Ou melhor, a ambiguidade que foi a do surrealismo para com Salvador Dalí. Já que, para Divino, não havia dúvida possível: ele era não só adepto do surrealismo, como também mais surrealista do que qualquer outro surrealista e, bem dizer, a personalização absoluta do mais puro surrealismo.

Luis Buñuel e ele ingressaram no movimento em 1929, ao mesmo tempo que René Char. O bilhete de entrada foi *Um cão andaluz*. Buñuel conheceu Man Ray, que o apresentou a

Aragon. O fotógrafo e o escritor assistiram a uma projeção do filme. Ficaram entusiasmados. Levaram Buñuel ao Café Radio, lugar de reuniões tradicional do grupo surrealista após os integrantes abandonarem o Certà e, em seguida, o Cyrano. Pouco depois, todo o grupo, encabeçado por Breton, assistia a uma projeção de *Um cão andaluz* na sala Studio des Ursulines. Picasso estava presente, bem como Le Corbusier e o visconde de Noailles. *La Révolution surréaliste* louvou o filme. A união entre os espanhóis e os surrealistas estava feita. Luis Buñuel logo seria considerado o primeiro cineasta surrealista. Já Dalí, igualmente armado por Robert Desnos, iria de início conquistar Breton e Éluard (que lhe compravam telas), antes de partir com a mulher do segundo e provocar a ira do primeiro por mil e uma razões. Entre as principais: obra julgada excessivamente escatológica; irreverência em relação a ícones do movimento; inclinação condenável para ideologias escandalosas...

No Salão dos Independentes de 1934, Dalí expõe uma obra pintada no ano anterior: *O enigma de Guilherme Tell*. Este se apoia em muletas; usa um boné, tem o traseiro nu, a bunda desproporcional, e o seu rosto é o de Lenin. É a gota d'água para Breton, que já aturou demais as divagações do pintor a respeito de Hitler. De fato, Dalí demonstra uma estranha fascinação pelo novo chanceler da Alemanha. Ele aconselhou os surrealistas a estudar com seriedade o fenômeno nazista e seu líder. Emitiu algumas declarações suspeitas passando a ideia de que Hitler era uma pessoa não desprovida de interesse para o movimento e, pior ainda, pintou uma ama de leite nazista tricotando.

Transcorridos alguns dias da abertura do Salão dos Independentes, um esquadrão fiel a Breton atravessa a porta. De bengalas em riste, os infratores aproximam-se da tela no intuito de dilacerá-la. Para azar deles, a obra está colocada no alto, fora de alcance.

Isso não impede que os mais convictos integrantes – entre os quais Breton, Ernst, Péret e Tanguy – proponham a exclusão de Dalí dos círculos surrealistas. Em 5 de fevereiro, às nove horas da noite, uma reunião-tribunal ocorre na residência de Breton, no número 42 da Rue Fontaine. Éluard está ausente. Não pôde ir, o que é lastimável para o pintor, uma vez que o poeta expressou a Breton sua reprovação quanto à maneira como seu amigo foi tratado.

Dalí e Gala são os últimos a chegar. O antro do surrealismo transborda. A sala está cheia. Resta um lugar no divã, que Gala corre para ocupar. Com um terno de veludo verde um pouco gasto, cachimbo na boca, os cabelos ondulados arrumados cuidadosamente para trás, Breton vai e vem entre as cadeiras e os convidados sentados nos tapetes. Recebe o pintor depois que este fecha a porta estreita do ateliê. Dalí está enterrado em um casaco de pele de camelo. Seus sapatos estão desamarrados. Através da fumaça que torna opaca a peça, distingue-se um estranho instrumento saindo de sua boca.

Posta-se sob uma de suas telas, *La Gradiva*, em boa companhia entre obras de Miró, Duchamp e Chirico. As incontáveis prateleiras estão repletas de esculturas africanas e oceânicas. As estantes estão sobrecarregadas de livros: antigos, recentes, de todos os formatos, de capa dura ou não. A que se encontra à esquerda da porta contém as obras completas de Hegel e de Lenin. Na frente, no quarto que dá para um pátio, percebem-se outros quadros, outros livros, uma mesa ocupada por uma lamparina a petróleo verde, frascos e objetos da mesma cor – venerada por Breton.

Este abandona o cachimbo e começa a ler as denúncias feitas contra o réu. Dalí é acusado de ter cometido atos contrarrevolucionários e de ter exaltado o fascismo hitleriano. O pintor ouve com atenção. Está doente. O objeto que traz na boca, como descobrem os participantes entre as espirais de fumaça que saturam o ar, é um termômetro. Enquanto Breton fala, Dalí retira-o com cuidado da boca e observa: 39° C.

– Oh! – exclama.

Em um instante, tira os sapatos, depois o casaco de pele, o terno, um pulôver. Parece estranhamente inchado àqueles que o observam. Breton tenta concentrar-se em seu sermão. Dalí pragueja a meia-voz que um resfriado seria sem dúvida pior do que passar calor e, depressa, recoloca o terno e o casaco de pele. Joga outra vez o termômetro na boca. Mede. Sem melhora perceptível.

– O senhor tem a palavra – diz Breton.

Dalí tira de novo um dos sapatos, responde com ardor, tira um bloquinho de seu bolso e começa a ler devidamente o manifesto de defesa. Termômetro na boca, rejeita a acusação em nome de suas concepções da paranoia crítica, incompatíveis com os critérios políticos e morais. Defende seu ponto de vista a respeito de Hitler, explicando que "as costas empertigadas e rechonchudas de Hitler sempre tão bem apertadas em seu uniforme" fascinam-no; assim como "a flacidez dessa carne hitleriana comprimida sob a túnica militar", que provoca nele "um estado de êxtase gustativo, leitoso, nutritivo e wagneriano".[5]

Suas declarações provocam um concerto de imprecações.

– E a bunda de Lenin? – pergunta Breton.

– Não é injuriosa – responde Dalí.

Argumenta: o quadro de Guilherme Tell foi inspirado por um sonho. O sonho não é um dos motores da atividade surrealista?

Mede de novo a temperatura, recoloca o sapato, tira outra vez o casaco de pele, um segundo pulôver, um terceiro... No quarto, Breton não reage mais. Aos olhos de todos, ele foi ridicularizado. Ainda mais porque, batendo na mesma tecla, Dalí declara que se considera um autêntico surrealista e que passa bem sem os costumes e a moral.

– Então, André Breton – declara ele ao juiz supremo –, se esta noite eu sonhar que enrabo você, amanhã nos pintarei nas melhores posições com a maior abundância de detalhes.

– Não o aconselho, caro amigo – responde Breton com voz estrangulada.

Dalí tira um quinto pulôver. Exagera sobre Hitler, aprovando as perseguições do regime. Encontra uma justificativa de seu pensamento em Sade e Lautréamont.

– Além disso – destaca –, Hitler tem quatro bolas e seis prepúcios.

– O senhor vai continuar nos enchendo com seu Hitler por muito mais tempo? – pergunta Breton exasperado.

De acordo com Georges Hugnet, presente na sessão, Dalí "implora aos surrealistas para serem coerentes consigo mesmos e apresenta-lhes um Hitler que, em sua apologia, torna-se uma espécie de genial diretor da abominação, um Cecil B. DeMille do massacre e da carnificina [...] Ele se exalta, extasia-se diante do espetáculo único, grandioso e, insiste, surrealista que oferece a nós, à nossa pobre época burguesamente lamentável, centenas de miseráveis reduzidos ao estado de esqueletos, morrendo aos montes em valas vigiadas por sublimes guardas". Para finalizar: "desses moribundos, já se veem brilhar os ossos".[6]

– O senhor seria capaz de retirar as palavras que emitiu a respeito de Hitler? – indaga Breton.

O réu retira seu último pulôver e lança-se, torso nu, aos pés do Mestre.

– Juro que não tenho nada contra o proletariado! – exclama ele, tentando apanhar a mão de Breton.

A sessão termina nessa última cena, ao fim da qual a corte delibera sem chegar a um veredicto definitivo. Breton é a favor da exclusão, Tzara, Crevel e Éluard, contra. Por isso, durante algum tempo ainda, Dalí vai circular pelas fronteiras do surrealismo: o movimento precisa dele em razão de sua notoriedade crescente, e ele mesmo compreendeu que o grupo lhe trazia um extraordinário cartão de visita. Desse modo, para grande pesar de Breton, Dalí não hesita em se proclamar "surrealista integral" e até o primeiro entre os surrealistas. Com um objetivo secreto: tornar-se o líder do movimento. "Por que eu me inquietaria com escrúpulos cristãos em relação a meu novo pai, André Breton, se não os tive com aquele que realmente me deu à luz?"[7]

Assim, Dalí vai ouvir calado as críticas dessa família que lhe lembra, pelas proibições pronunciadas, a de seu nascimento e de suas origens.

O grupo acaba por tolerar mais ou menos os elementos escatológicos de sua obra, contanto que o sangue corra moderadamente e a caca não transborde da privada artística. Nunca sozinha, a merda! Os sexos, com prazer, mas não muito o olho do cu. Lésbicas, tudo bem, homossexuais proibidos. Bem-vindo ao sadismo sob condição de que não se inspire em nenhum motivo religioso.

Etc.

Dalí aceita – ou finge aceitar. Isso lhe permite, dentro do grupo, levantar-se de uma reunião, exclamando: "Preciso ir, tenho um jantar na cidade", e, no fim do jantar na cidade, deixar a mesa, dizendo: "Estou atrasado, os surrealistas me esperam para uma reunião".

Esnobismo garantido, sem dúvida, mas vitória nas duas frentes. O que lhe assegura a inimizade profunda e duradoura de certos membros do clã, em especial Louis Aragon, que não suporta o espírito mundano do pintor. Resposta deste: "Aragon: tanto arrivismo para arribar a nenhum lugar!".[8]

A esfera surrealista fornece então ao artista e à sua musa um salvo-conduto que não deve ser negligenciado. Mas até onde? Dentro de quais fronteiras? A França basta para o incomensurável desejo de glória e de reconhecimento do espanhol? Com certeza não!

Certa noite, Salvador Dalí posta-se diante de sua janela.

> Esta noite, pela primeira vez desde há pelo menos um ano, olho o céu estrelado. Eu me acho pequeno. Fui eu que cresci ou o universo que encolheu?[9]

Para saber, há apenas um meio: confrontar-se com o universo inteiro.

Os saraus de quarta-feira

Como é grande, vejam como
é grande este Salvador Dalí!

O PRÓPRIO

Em novembro de 1934, Dalí e Gala partem para os Estados Unidos. Já na estação, Dalí, que nunca se afastou muito da terra firme, é tomado de um cagaço assustador. Ele escolheu um compartimento situado perto da locomotiva a fim de chegar mais depressa e em mais segurança. Dispôs suas telas ao seu redor e amarrou cada uma delas a um fio preso a seus dedos, suas mãos e seus punhos. Com medo de que o trem partisse sem ele, recusou-se a descer para responder às perguntas dos jornalistas, que são obrigados a entrevistá-lo e fotografá-lo na janela de seu compartimento.

Depois, os viajantes embarcam a bordo do *Champlain*. Navegam de terceira classe e não podem contar senão com um pequeno pecúlio. Apenas a ajuda de Picasso, benfeitor generoso, permitiu-lhes pagar a travessia. Não que Dalí seja pobre: em 1933, e pelo período de um ano, doze amigos colecionadores (entre os quais Julien Green) comprometeram-se a pagar-lhe uma pequena renda em troca de um quadro ou de dois desenhos. Todavia, as economias desapareceram na construção de uma casa em Port Lligat.

A viagem para os Estados Unidos não é moleza. Dalí é o viajante mais assíduo nos exercícios de simulação de risco. Quando se aventura no convés, não se desgruda do cinto salva-vidas. Refém de um terror permanente, tranquiliza-se bebendo champanhe. Para parecer notável, pede ao capitão que mande lhe fabricar um pão de três metros com o qual passeia pelo convés.

Assim que o *Champlain* atraca no porto de Nova York, os jornalistas vão fazer uma visita ao artista em sua cabine.

Encontram-no amarrado a suas telas. Fazem alguma perguntas a respeito de suas obras, em especial *Retrato de Gala com duas costeletas de cordeiro em equilíbrio sobre o ombro*.

– É verdade – indaga um primeiro repórter – que o senhor pintou sua mulher com dois pedaços de carne nos ombros?

– Sim – responde Dalí.

Ele explica que, como amasse sua mulher tanto quanto carne de cordeiro, não via por que não desenhá-las juntas.

Os jornalistas estão arrebatados, e Dalí, satisfeito consigo: ele começou com muita força, o que deveria facilitar a abertura das fronteiras. De fato, nos jornais do dia seguinte, o artista, sua mulher e o quadro são celebrados. Assim, passam de cocktail-party a cocktail-party até o dia do vernissage, na Galeria Julien Levy, em Nova York.

A primeira exposição de Dalí nos Estados Unidos é um sucesso. A maioria das telas é vendida, e o pintor em pouco tempo é considerado um grande artista surrealista. Para não reduzir esse título, e para mostrar a seus anfitriões do que Gala e ele são verdadeiramente capazes, decide organizar um baile à fantasia, na véspera da partida. Dando a prova de um savoir-faire que somente se esboçava mas que não se desmentirá jamais, o casal começa pedindo que seus convidados paguem o seu lugar. Todos devem ir fantasiados. No dia marcado, eles chegam, um com uma gaiola de pássaro amarrada na cabeça, outro coberto de hemoglobina, alguns nus, muitos com rabos colados e pintados sobre a pele. Os convivas adentram em uma peça escura, passam diante de um cubo de gelo gigantesco pesando uns cinquenta quilos, evitam uma carcaça de boi enfeitada com um véu de noiva, garçons usando tiaras e oferecendo salsichas, para encontrar finalmente o próprio Salvador Dalí, a rigor: fantasia de cadáver, ataduras ao redor do crânio, seios postiços piscando de vermelho, sutiã, frufrus e rendas. Um pouco mais à frente, reina aquela que causará escândalo: Gala, com uma touca preta encimada por um bebê em celuloide cuja barriga, escancarada, deixa escapar uma colônia de formigas enquanto o crânio está fechado com uma quela de lavagante. À primeira vista, tudo muito surrealista, bem nos moldes do artista. Entretanto, para os norte-americanos, que acabam de perder o bebê Lindbergh, sequestrado, depois assassinado, a alusão é clara e inaceitável. Dalí poderá jurar à vontade que tudo não passara de coincidência e infortúnio: ele regressará a Paris sob apupos. Os da imprensa norte-americana, a seguir aqueles de toda a Europa, e os dos próprios surrealistas, que reprovam Dalí... por ter negado a alusão ao caso de sequestro do filho de Charles Lindbergh.

Dito isso, do ponto de vista daliniano, o balanço da viagem é muito positivo. Depois de partir sem nada e quase desconhecido, o pintor retorna cercado de uma reputação sem dúvida polêmica, mas que faz dele o único surrealista conhecido nos Estados Unidos... e o primeiro a voltar de Nova York com uma mala recheada com 5 mil dólares. Para André Breton, Salvador Dalí morreu. Avida Dollars (anagrama perfeito) ocupou seu lugar.

Em 1936, Avida Dollars parte para Londres. Breton e Jacqueline Lambda o precederam em alguns dias: em 11 de junho, nas Galerias Burlington, foi aberta a primeira Exposição Internacional do Surrealismo. Breton fez o discurso de abertura. Em seguida, exigiu a retirada de uma obra de De Chirico sobre a qual estava pintada uma bandeira italiana, agora estandarte fascista. Enfim, deu lugar a Salvador Dalí. Este expõe algumas obras. Elas ficam ao lado das telas de Duchamp, Klee, Magritte, Man Ray, Miró, Picabia, Picasso e das esculturas de Arp, Brâncuşi, Calder e Giacometti. Artistas de prestígio que contribuem para o sucesso da manifestação, a primeira desse gênero na Grã-Bretanha. Contudo, o orador que mais impressiona o público britânico, menos por sua pintura que por sua produção, é Dalí. Quando chega sua vez, entra no palco vestido de mergulhador. Dois galgos o acompanham. Na mão, tem um taco de bilhar e uma espada coberta de joias. O programa compreende, entre outros, uma exposição sobre a paranoia, os fantasmas, o Mestre e seus discípulos. Dalí começa. Dez palavras saem do escafandro. Uma tosse estranha. Algumas imprecações. Pigarros. Até os cães se surpreendem. O escafandro, pesado e fechado, agita-se lamentavelmente. Afinal, o que está acontecendo? O orador esqueceu-se de prever orifícios para respirar. Está com falta de ar. Sufoca. Pragueja. Pede ajuda. As chaves de fenda não bastam para retirar o capacete. São necessários um martelo e uma chave inglesa para que o rosto do conferencista, vermelho como pimentão, aparecesse. Assim como em Nova York, Dalí causou furor. E escândalo. Então tudo vai bem.

O Artista e sua Musa ainda estão em Londres quando eclode a Guerra Civil Espanhola. Em um primeiríssimo momento, consta que Dalí teria aplaudido as vitórias comunistas e anarquistas. Até compreender que os êxitos das tropas franquistas iam provavelmente levá-las a vitória. Desde então, ficou na defensiva. Recusou-se apoiar os refugiados republicanos. Ao contrário de Picasso, que pintou *Guernica*, absteve-se de dar qualquer obra para o Pavilhão Espanhol durante a Exposição Internacional de 1937.

> De toda a Espanha martirizada subiu um cheiro de incenso, de carne de vigário queimada, de carne espiritual esquartejada, misturado ao odor poderoso do suor das massas fornicando entre elas e com a Morte. Os anarquistas viveram o sonho no qual nunca haviam acreditado. Eles entravam no cartório e faziam suas necessidade sobre a mesa.[1]

Como reconhece, a guerra civil não mudou em nada o curso ideal da vida do Grande Dalí. Este se contentou em refinar seu ponto de vista em função da progressão vitoriosa das tropas franquistas. "Através da guerra civil, iria se redescobrir a autêntica tradição católica própria à Espanha."[2] Tradição de que em pouco ele se tornou arauto, artista surrealista que virou monarquista, católico e franquista. Embora se pretendendo apolítico, considerava mesmo assim que o baixo era "o caos, a massa, a promiscuidade, a coletividade, a criança, o fundo comum de loucura obscura da humanidade, a anarquia [...] a esquerda"; e o alto, "a direita em que se situam a monarquia, a hierarquia, a Cúpula, a arquitetura e o Anjo".[3]

Todas as pontes com Breton e os seus só podiam ser cortadas em definitivo.

Com exceção de Paul Éluard, que estava em rota de colisão com o movimento e mais amarrado do que nunca à Gala adorada. Gala que, agora, rege a vida de seu Divino.

> Gala, em vez de me endurecer como a vida poderia ter feito, construiu-me uma concha de bernardo-eremita, de modo que em minhas relações externas eu passei por uma fortaleza, enquanto, por dentro, continuava a envelhecer no mole, no supermole.[4]

Ela não desgruda dele. Presença discreta e elegante a seu lado, vestida de Chanel enquanto ele brilha por todos os cantos, ela gere e organiza seus delírios com tanta minúcia quanto uma formiga atarefada. Quando eles estavam na pior, ela fazia o roteiro dos marchands e dos mecenas para vender Dalí. Ajudou-o a melhorar sua imagem. Posa para ele. Enquanto Dalí pinta, Gala lê para ele. Contribui a lhe dar um equilíbrio que ele não teria sem ela. Cuida das finanças. Incentiva-o a estar presente em todas as frentes ligadas à sua arte: decoração de lojas, de casas e castelos, criação de móveis, objetos, roupas e joias. Arquitetura, moda e alta-costura. Dalí está em todas. Ele inventa sapatos de molas para caminhar mais rápido; unhas-espelhos para se ver melhor; um telefone em formato de lagosta; um terno afrodisíaco com moscas e copos de licor; chapéus-tinteiro, chapéus-costeleta, chapéus-sapato para Elsa Schiaparelli...

Em seu rastro, Gala não tira os olhos dele. Ela é sua "médium". De acordo com o pintor, ela teve mesmo sobre sua obra uma influência não só decisiva como também formadora, porque, quando Dalí saiu das Belas-Artes, nada havia aprendido sobre as cores e as misturas. Era ela, afirma ele, que, em Paris, após visitar restauradores de quadros e copistas, dizia-lhe para acrescentar à sua paleta uma ou duas gotas desta ou daquela cor. Mais que tudo, foi ela que o aconselhou a misturar óleo ao âmbar líquido, sem queimar. “Algo providencial, que uso até hoje.”[5]

Antes, Dalí pintava com verniz de retoque. “Viam-se placas, pequenas divisões. Era como esmalte. Eu não podia ‘retomar’.”[6]

Também nesse campo, Gala lhe salvou a vida. Ela é sua inspiração, quase sua genitora e, sobretudo, sua conselheira contável.

Ela tem dez anos a mais do que Dalí e renunciou a tudo por ele. Em especial à sua filha Cécile, de quem mal cuida e cuja guarda a justiça, a pedido da mãe, confiou ao pai. Gala não tem qualquer espírito materno. Com frequência, com muita frequência, Paul Éluard escreve para lhe pedir que não esqueça a filha. Ela faz então o que tem que ser feito, muitas vezes menos. Nunca por muito tempo. Logo precisa voltar para o lado do seu Grandíssimo Homem. Este, é claro, não planeja nem por um segundo ter uma criança: não só experimenta uma repulsão física por elas, como também, e sobretudo, não quer pequenos Dalí: “Todos os filhos de gênio são cretinos”.[7]

Ele ama apenas sua Gala. Sempre proclamou que, se ele a traiu, foi unicamente com a mão direita. Não tocou em outras mulheres além dela (e nela bem pouco). Em compensação, nunca deixou de olhar. Dalí é um voyeur. Fazer amor, ele detesta. Salvo com Gala. E, se esta se entrega em outros lugares (com frequência com homens muito mais novos que ela), ele não vê inconveniente algum nisso. Sobretudo se puder admirar. Como aconteceu certo dia na casa de Breton, na Rue Fontaine, quando, cansados de um debate surrealista, Paul Éluard e ela encontraram-se sobre um divã. Do mesmo modo ali e acolá, ao sabor dos anos, das circunstâncias e dos parceiros escolhidos.

Durante dois anos, o poeta surrealista Henri Pastoureau compareceu aos saraus dalinianos da quarta-feira, dedicados às "investigações sexuais". Gala, única mulher do grupo, conduzia as sessões. Nunca havia passagem para o ato. Porém, falava-se de bumbum, pipi, caca, fantasmas, desejos com a maior naturalidade do mundo. Dalí era o primeiro. Mais tarde, ele vai pôr em cena verdadeiras orgias, dispondo os participantes segundo seu capricho, quer dizer, o de seu olho. Seus espetáculos eróticos serão ajustados de modo milimétrico, roupas, gestos, posturas e expressões tendo sido previamente estudados nos mínimos detalhes. O mestre de cerimônias não participará diretamente das brincadeiras, a não ser com a mão direita, como de costume, disseminando seus caprichos junto a seus discípulos com equilíbrio e parcimônia. Corpo e alma misturados. Porque Dalí considerava que estava "em estado de ereção intelectual permanente".[8]

O que não era dizer pouco.

Trópicos

> Não tenho dinheiro, nem recursos, nem esperanças. Sou o homem mais feliz do mundo.
>
> Henry Miller

Na Villa Seurat, a alguns metros da casa onde Pastoureau passava tão agradavelmente suas noites de quarta-feira, um casal também se entrega de corpo e alma. Na quarta, com certeza, mas também na quinta, na sexta, no fim de semana, na segunda e até na terça. Depois disso, Anaïs Nin deixa a cama, veste-se e retorna para o domicílio conjugal em Louveciennes.

Seu amante, por sua vez, levanta-se, põe um roupão, um casaco por cima, uma echarpe em volta do pescoço, um chapéu na cabeça, seus óculos redondos e senta-se diante da máquina de escrever oferecida por Anaïs. Pragueja, pois aprendeu a datilografar em Nova York e ainda não se acostumou ao teclado francês. Entretanto, não para de escrever. Quando não tem vontade, escreve mesmo assim: seu maior receio é perder o hábito. Os amigos que vem à Villa Seurat estão acostumados a ouvir o toque-toque das teclas batendo no rolo e ressoando de modo agradável na escadaria. Sabem que, quando reina o silêncio, Henry Miller está em outro lugar, provavelmente em um café de Montparnasse, onde, longa silhueta inclinada sobre a mesa, continua escrevendo.

Na maior parte do tempo, uma carta a Anaïs: envia-lhe em média três por dia. Pode ser também algo dirigido aos clientes dos bistrôs. Quando Miller estava na miséria absoluta, testou um método para se alimentar que deu resultados bastante bons. Redigiu doze vezes a mesma nota e a distribuiu a doze consumidores presentes no dia: "Gostaria que eu jantasse na sua casa uma vez por semana? Diga-me, qual dia seria melhor?".

Assim, ele sabia que comeria costeleta na segunda, linguiça com fritas na terça, e que seu anfitrião da quarta o levaria ao restaurante...

De vez em quando também acontecia de escrever as mais diversas prosas, sem preocupações específicas contanto que fossem nutritivas. Por 25 francos, um artigo contra a teoria einsteiniana descrevendo os movimentos dos corpos astrais, artigo assinado em um jornal de Nova York por um comerciante de pele que sonhava ver seu nome impresso. Por uma refeição diária com Quaker Oats, café, presunto e ovos, um tratado sobre as crianças enfermas na conta de um psicólogo surdo-mudo. Em troca da redação de um prospecto vangloriando os méritos do Sphinx, o bordel de luxo do Boulevard Edgar-Quinet, uma garrafa de champanhe e uma entrada grátis, além de uma comissão para cada novo cliente que o mencionasse... E, assim, de uma improvisação a uma espelunca, de uma boêmia a outra, até o encontro inesperado com a musa, a protetora, a amante e a melhor amiga do escritor. Anaïs Nin.

Quando desembarca em Paris pela primeira vez, em 1928, Henry Miller tem quase quarenta anos e muitas histórias vividas. Cria do Brooklyn, provou a universidade (dois meses), viveu, aos dezoito anos, com uma mulher quinze anos mais velha, casou-se uma primeira vez com uma moça cuja mãe ele seduziu, foi diretor de RH da Western Union, é o pai de uma filhinha que não vê e marido de June Edith Smith (a Mona/Mara de seus livros), antiga dançarina que conheceu em uma casa noturna da Broadway, por quem experimentou a paixão necessária para a escrita de sua obra. Ela é morena, linda, bissexual, tão livre quanto ele próprio. Luxúria e loucura de amor.

Eles regressam aos Estados Unidos, depois Miller vai de novo para a Europa. Decidiram que June ficaria em Nova York, onde seria sustentada por homens ricos, o que permitiria que os dois vivessem. Assim, durante longos meses, em Londres, em seguida em Clichy e em Paris, Miller vai se tornar um habitué dos caixas da American Express, que ouvirão esse homem magro, calvo, de olhar azul cintilante perguntar com forte sotaque ianque se uma ordem de pagamento não lhe caiu do céu.

Em 1931, um de seus incontáveis amigos lhe promete uma refeição magnífica e o arrasta a Louveciennes, à casa de um banqueiro norte-americano, Hugh Parker Guiler, e de sua mulher. Ela tem 28 anos, é morena, muito esbelta, o olhar aguçado, o coração vibrante. O encontro é fulgurante. Henry Miller conquista Anaïs Nin. E, de uma só vez, sua vida muda. Pois ela o apoia e o ajuda de todas as maneiras. A ele e a seus amigos. A ele e a June, que, passando por Paris, cai nos braços do marido depois nos de sua amada, de quem também se torna amante e enamorada, antes de retornar a Nova York e do divórcio, que não vai tardar.

Nessa época de sua vida, Miller deve tudo a Anaïs Nin. Não só o abrigo, o teto, mas também e sobretudo a edição de seu primeiro livro, *Trópico de Câncer*.

Em 1932, o manuscrito chega à sala de Jack Kahane, fundador da Obelisk Press. Essa editora especializara-se na publicação de obras rejeitadas pela censura anglo-americana. O editor lê. É subjugado. Nesse romance que narra as peregrinações de um escritor sem teto vivendo em Paris, descobre uma escrita direta, um estilo novo, uma incrível modernidade. "Magnífico, incrível, esse livro era bem mais do que uma obra-prima, ele marcava o início de uma nova era."[1]

Kahane telefona depressa a seu agente literário parisiense para lhe dizer que a Obelisk Press aceita a primeira obra desse autor desconhecido. Infelizmente, embora Kahane possa propor, ele não decide. E seu sócio recusa-se a editar uma obra que julga escandalosa e provavelmente não venderá. Daí uma troca de farpas severa entre o autor, que acusa o editor de não ter coragem de publicar um livro julgado muito polêmico, e este, que se defende como pode de uma censura pela qual não é responsável. Quando Henry Miller compreende enfim do que se trata, dirige-se a Anaïs Nin. Esta pede ajuda ao psicanalista Otto Rank e envia a Kahane os valores necessários para a impressão do livro. Transcorridos três anos da publicação, seiscentos exemplares de *Trópico de Câncer* terão sido vendidos...

Anaïs Nin ama os homens, as mulheres, o amor, sempre. Muito apegada a seu marido, jurou para si que nunca o deixaria e exigiu que Miller mantivesse a relação entre eles secreta, que nunca aparecesse em seus livros. Juramento cumprido.

Ela foi amante de seus dois analistas, René Allendy, fundador da Sociedade Francesa de Psicanálise, e Otto Rank, antigo discípulo de Freud. Em 1935, ela foi aos Estados Unidos a fim de ajudar este a abrir uma clínica em Nova York. Miller, louco de amor e de ciúme, fez por sua vez a viagem para contornar a situação.

Trouxe consigo Anaïs. Contudo, ela não quis se casar com ele. Ela deixou suas marcas na Villa Seurat, onde Henry vivia um caso secreto com sua vizinha, e traçou muitas outras, entre Louveciennes e *Nanankepichu*.

Nanankepichu é uma barcaça. Certo dia de setembro de 1936, Anaïs leu em um classificado: "Barcaça para alugar. *La Belle Aurore*. Quai du Pont-Royal". Ela correu para o endereço indicado, tomou o passadiço que dava para a cabine da embarcação, bateu à porta. Um homem a abriu e Anaïs logo o reconheceu: Michel Simon. "Seu rosto era cavo e deformado, mas tinha as mais belas mãos que já vi em um homem, finas, brancas, delicadas."[2]

Ela entra. Conhece o lugar. Michel Simon mandou construir uma espécie de cabana envidraçada acima do convés. Do estúdio, podem-se ver o Jardim das Tulherias e o Quai d'Orsay. Uma primeira cabine abriga o velho capitão, um barbudo de uma perna só, e uma segunda, um homem que faz o trabalho pesado e é o encarregado da manutenção. Cozinha, banheiro, quarto amplo. Michel Simon explica que havia alugado essa barcaça para viver com seus macacos, aos quais é mais apegado do que tudo. Emociona Anaïs Nin ao contar a história de uma fêmea de que muito gostava e que morrera de fome por não comer nada enquanto ele havia se ausentado para uma turnê no interior. Ele está deixando a barcaça porque ela não está apta à vida de seus animais.

Anaïs Nin assume seu posto de locatário. *La Belle Aurore* torna-se *Nanankepichu* e serve de estúdio para a moça. Ali ela recebe seus amantes, Gonzalo em primeiro lugar, às vezes a esposa deste, com quem também mantém uma relação. No 14º arrondissement, Villa Seurat, avistam-se as alturas do Parc Montsouris. Sob a barcaça, corre o Sena. A Espanha está em chamas, mas é tão longe! Não vamos falar de Moscou! O universo de Anaïs e de Henry não vai além da paisagem ao redor, isto é, deles mesmos prioritariamente. Ela censura o egoísmo dele, um lado dadá que a exaspera, uma falta absoluta de compreensão. Um tem ciúme do outro. Mas são pequenos contratempos em um mundo, no fim das contas, bastante tranquilo. Além disso, a escrita sempre torna a uni-los. Ela o ajudou a publicar *Trópico de Câncer*? Ele a incentiva a escrever seu *Diário* desde que ela renunciou ao gênero romanesco. Ele chega a enviar alguns formulários de assinatura aos amigos e conhecidos a fim de que eles paguem adiantado para obter os 54 volumes a serem lançados da obra em andamento. Recebem algumas respostas. Em particular, a ordem de pagamento de uma assinatura de André Maurois, que pede um favor especial: acima de tudo, que não lhe enviem todos os livros; ele não saberia onde colocá-los!

É através de Gonzalo, o amante de Anaïs, que um minúsculo raio do mundo exterior chega até eles. Gonzalo é de esquerda e o anuncia. Queria ir guerrear na Espanha, do que em pouco tempo sua bela protetora o dissuade. Ele sonha com uma prensa de impressão, que lhe permitiria reproduzir panfletos. Ela acha uma. Dois mil francos. Compra feita, ela se pergunta se vai dá-la a ele ou a Henry, que poderia, com a máquina, editar seus livros. Cara ou coroa. Gonzalo vence.

Anaïs e Henry vão ao cinema. Nós estamos em 1937. Ele não se importa nem um pouco com a política. Ela não gosta nem desgosta de nada: fascismo ou comunismo, o que é isso? Entretanto, algumas imagens que passam no telão – policiais espancando a classe operária – a comovem o suficiente para que observe de canto de cílio a causa dos comunistas. "Ela me pareceu como uma possibilidade de atenuar a injustiça, não de suprimi-la, pois a injustiça é inerente ao homem, ela não tem remédio, mas pode ser combatida."[3]

Como ela a combate?

Chorando.

Nanankepichu recebe certo dia a visita de um amigo que volta da Espanha. O relato que ele faz dos acontecimentos é tão terrível que Anaïs corre para se fechar no banheiro, onde solta uma série de soluços qualificados por ela própria de "histéricos". Depois disso, arregaçando suas mangas de seda, lança-se ao trabalho. De uma só vez, datilografa 24 envelopes dentro dos quais Gonzalo coloca um texto de propaganda a favor da República Espanhola. Em seguida, ousando, ela aventura-se em uma manifestação na qual escuta Malraux e a Pasionaria. Chega a se deparar com a antiga musa de Aragon, a bela Nancy Cunard – branca, emagrecida, sempre de braceletes e colares –, que escreve poemas sobre a Espanha que sangra.

Anaïs não vai tentar?

De modo algum. Essas coisas, afinal, não são para ela. A política, se refletirmos um pouco, é um negócio muito imediato para ela, "muito feio, muito repulsivo, muito mesquinho, muito falso".[4]

A experiência não passa de fogo de palha.

ALFA ROMEO

> Naquele tempo, eu estava em plena adolescência. Tinha apenas dezesseis anos e já não lembrava mais de minha infância.
>
> BLAISE CENDRARS

Henry Miller mal havia se acomodado na Villa Seurat quando um homem se arriscou pela rua em busca do autor de *Trópico de Câncer*. Um homem de nariz achatado, de traços grosseiros, um boné na cabeça, um cigarro no canto da boca, o olhar escrutador, uma manga do casaco dobrada no bolso. O homem de braço decepado. Blaise Cendrars.

Cendrars é um extraordinário aventureiro, um poeta notável e o rei dos tagarelas. A primeira vez que foi a Paris, Hemingway adorava sentar-se na Closerie des Lilas para ouvi-lo contar suas prodigiosas invenções. E também as histórias verdadeiras de suas diversas peregrinações. Elas são inúmeras, variadas e excepcionalmente ricas.

Na verdade, ele se chama Frédéric Sauser. Nasceu na Suíça, em 1887. Aos dezesseis anos, abandona a família e o país para visitar a Alemanha, em seguida a Rússia. Viaja pela Transiberiana, onde vende produtos de qualidade duvidosa, retorna a São Petersburgo, assiste, em cólera, à repressão de uma manifestação pela guarda do tsar.

De volta à Suíça, começa a estudar medicina, mas logo abandona, vai para Paris, volta à Rússia, embarca para Nova York, onde, entre os mais pobres, sobrevive como pode, do jeito que dá. Em 1912, no dia da Páscoa, entra em uma igreja onde ouve um excerto de *A criação*, de Haydn. Na noite seguinte, tomado de inspiração, escreve seu primeiro grande poema: "A páscoa em Nova York". Envia-o a Guillaume Apollinaire, por quem alimenta imensa admiração não só porque o poeta o impressiona, como também porque um homem sobre quem recaiu a suspeita de roubar *A Mona Lisa* do Louvre é necessariamente de grande valor.

De regresso à França, funda uma revista, *Les Hommes nouveaux*, cujo primeiro número ele paga vendendo as entradas de um espetáculo que organizou pessoalmente. A miséria, ainda e sempre. Ele ganha alguns francos escrevendo em revistas efêmeras e comprando depois revendendo edições originais. Dá seu jeito como dão todos os artistas que, nesse período pré-guerra, perambulam pelas ruas parisienses. Seus amigos se chamam Modigliani, Chagall, Léger, Archipenko, os Delaunay. Os lugares de encontro são a Rotonde, o Dôme, a Ruche, onde vivem Soutine e uma colônia de russos.

Certo dia de setembro de 1912, Cendrars descobre *O heresiarca e cia* na estante de uma livraria. Apanha a obra de Apollinaire e começa a leitura. Depois, menos maquinalmente do que por não ter recursos para comprá-lo, enfia o livro no bolso. Surpreendido pela polícia, é levado à delegacia. Dali escreve a Guillaume Apollinaire para pedir que intervenha a seu favor e, secundariamente, para que pague pelo livro roubado.

Ele deixa o xadrez antes de ter obtido uma resposta à sua missiva. Pouco depois, conhece enfim o poeta que admira. Apollinaire, então, é um deus vivo para todas as vanguardas. Ele defende os jovens poetas e os cubistas nas inúmeras revistas que lhe abrem suas colunas. É um pilar do Bateau-Lavoir, um monumento de cultura, um intelecto disputado tanto nos salões quanto nos ateliês e nos casebres. O eixo em torno do qual gira todo o mundo, de Picasso a Max Jacob, de Juan Gris a André Salmon, os marchands, os editores, os mecenas*...

Apollinaire leu "A Páscoa em Nova York". Sem dúvida ficou sensibilizado com a métrica livre e nova, com a descrição tão precisa, tão realista da modernidade do mundo. Ora, ele próprio publicou *Álcoois*, compilação de poesias compostas ao longo dos últimos anos, que começa com um

* Ver *Paris boêmia*, *op. cit.*

novo texto, "Zona". Ali também os versos são livres, e os temas, de uma modernidade impressionante. O que provoca a irritação de Blaise e uma questão até hoje não resolvida: Apollinaire se "inspirou" em Cendrars?... Assim como uma segunda imprecisão criada pelo poeta suíço: ele alegava ter sugerido o título *Álcoois* à coletânea que, de início, levava o título de *Aguardente* [Eau de vie].

Como escrevia Hemingway a respeito de Blaise, "nessa época, era muito mais interessante ouvi-lo contar mentiras do que escutar as histórias verdadeiras relatadas por outros..."[1]

Mentira ou verdade, enfim, o que importa? Sabe-se lá se não foi por jactância que Blaise afirmou ter servido de ghost-writer a Apollinaire para obras históricas e eróticas? Se acredita para valer que seu personagem de "Bikoff", camuflado em tronco de árvore em *La Main coupée*, influenciou Charles Chaplin em *Ombros, armas!*

Talvez esteja sonhando, mas tem o direito. Porque, quando tem início a Primeira Guerra Mundial, supostamente a última, o suíço Blaise Cendrars assina com o italiano Ricciotto Canudo um apelo à boa vontade de todos os refugiados então presentes na França – e há um grande número:

> Estrangeiros amigos da França, que durante a estadia na França aprenderam a amá-la e a estimá-la como uma segunda pátria, sentem a imperiosa necessidade de lhe oferecer seus braços.
> Intelectuais, estudantes, operários, homens saudáveis, de todo tipo – nascidos em outro país, morando aqui –, nós, que encontramos na França o alimento material, devemos nos agrupar em uma união sólida de vontades postas a serviço da grande França.

Ele alista-se na Legião Estrangeira.

Em 28 de setembro de 1915, no front de Champagne, uma granada lhe arranca a mão. Cendrars fica maneta. Escreve, todavia, *O ouro*, depois *Moravagine*. Viaja: à França, à Itália, ao Brasil. Como muitos outros, enriquece. Nos anos 20, andava a pé. Após uma década, quando visita pela primeira vez Henry Miller, vai de carro. Os vagabundos subiram na vida. Derain roda de Bugatti; Kisling, de Willys Knight; Picabia, de Delage; Foujita, de Ballot; e Man Ray, de Voisin. Já Cendrars escolheu um Alfa Romeo.

Ele acaba de ler *Trópico de Câncer* em inglês. Está fascinado. Tão logo termina o livro, vai atrás do autor. Villa Seurat, número 18, primeiro andar.

Henry Miller só precisa de quinze segundos para cair nos braços de Blaise Cendrars. Conhece sua lendária tagarelice. Leu seus romances, a começar por *Moravagine*, o primeiro livro que descobriu em francês. Os dois homens conversam a respeito de suas próprias obras, depois sobre aquilo que amam ou detestam. Naquele dia, nasce uma amizade que não se desmentirá jamais, uma solidariedade indestrutível entre escritores que não deixarão mais de prestar apoio e homenagens mútuos.

> Tenho a obrigação de cumprimentá-lo, meu caro Henry Miller, porque também eu perambulei pobre e trêmulo pelas ruas hostis de uma grande cidade do exterior, onde não conhecia uma viva alma e escrevi meu primeiro livro, falo de sua velha Nova York.[2]

Nesta primeira noite, Blaise Cendrars leva o novo amigo norte-americano em seu carro. Destino: Montmartre e os bares, a alegria, a festa, a bebedeira. Não será a última vez.

Outra feita, alguns meses depois, Blaise sai de um restaurante que oferece três especialidades: vinho de Anjou, salsichas e patê, servido em uma bacia de porcelana que o dono do bistrô coloca sobre a mesa, para que cada cliente retire sua própria porção.

Depois de ter bebido e comido muito, Cendrars sai do restaurante. Esbarra então com Henry Miller, que se arrasta em busca de um pouco de comida: faz dois ou três dias que não engole nada. No mesmo instante, Cendrars dá meia-volta, faz o amigo sentar à mesa e pede uma garrafa de

Anjou e a bacia de patê. "Então assisti a uma façanha que não imaginava possível. Metodicamente, como uma máquina de mastigar, porção após porção, Miller comeu toda a bacia de patê, talvez quatro quilos. Precisou tomar ao mesmo tempo quatro ou cinco litros de Anjou."[3]

Depois disso, andando a toda no Alfa Romeo do escritor-poeta, os dois homens recomeçaram o banquete para os lados de Montmartre.

Esse Alfa tem uma história.

Tem o seu papel a desempenhar na Guerra Civil Espanhola.

Por assim dizer.

Em setembro de 1936, o jornal *Gringoire* envia Blaise Cendrars à Espanha. *Gringoire* apoia Mussolini e Franco, os valores fundamentais da direita e da extrema direita, ou seja, o antissemitismo, o antiparlamentarismo e, claro, o antimarxismo. *Gringoire* foi o principal difamador do ministro do Interior de Léon Blum, Roger Salengro, injustamente acusado de ter desertado durante a Primeira Guerra Mundial e impelido ao suicídio pela calúnia sistemática do jornal. *Gringoire*, que se tornará mais célebre ainda durante a Ocupação, já demonstrou portanto toda a sua nobreza.

Como Cendrars foi embarcar nessa fria? Ainda mais quando a missão dada é tão clara quanto partidária: ele deve buscar do lado da fronteira franco-espanhola elementos que provem que a França entrega armas para a República. Assim, objetivamente, é inimigo de André Malraux e de todos os seus colegas que apoiam a Espanha atacada.

Ele parte mesmo assim. Embolsando um bom maço de notas, freta seu Alfa Romeo e dirige-se a Biarritz. A seguir, vai a Toulouse, Hendaye, percorre as estradas durante um bom mês, procurando os vestígios de dois vagões de ferrovia que supostamente contêm um estoque considerável de armas com destino à República. Ele investiga de modo vago. Distribui para todos os lados os cartões de visita que mandou fazer antes de partir: "Blaise Cendrars, correspondente de guerra civil". Faz algumas perguntas, conhece novos amigos, troca cigarros franceses por charutos espanhóis, para em excelentes restaurantes, descreve em detalhes a preparação de um maravilhoso *foie gras* ao molho de uvas, de um chucrute suculento... Traça retratos, pinta notáveis paisagens, sente grande prazer em dirigir seu carro. Descobre certo dia que os dois vagões encontram-se em Pau. Meia-volta com derrapagem controlada, curvas muito apertadas, aceleração e pé na tábua, Pau. A estação. Não há dois vagões, mas trezentos. Seria o caso de inspecioná-los um a um? De jeito nenhum! Porque aqueles que ele procura não estão ali, mas em Baiona.

Cendrars dá outra vez a partida cantando pneu, roda a cem por hora até Baiona. De novo, a estação. Os vagões estão ali. Contêm os tesouros que *Gringoire* busca.

Ou quase.

Trata-se apenas de alguns malotes contendo munições que datam do século passado.

Cendrars escreverá um longo artigo.

Que não será publicado.

Uma visita vespertina

A coisa a que tenho mais
apego é a minha arte.
André Gide

Villa Seurat, número 18, primeiro andar, sob a grande vidraça do estúdio, Miller acostumou-se ao teclado francês de sua máquina de escrever e redige a todo o gás. Terminou *Primavera negra* (dedicado a Anaïs Nin) e começou *Trópico de Capricórnio*, livro cuja inspiração é June. *Trópico de Câncer* é vendido por debaixo da mesa nos Estados Unidos, onde alguns raros livreiros corajosos ousam afrontar a proibição alfandegária que pesa sobre a obra (as vendas começarão depois da publicação do livro na França, em 1945). Entretanto, o fracasso comercial é rapidamente compensado pela notoriedade que a obra traz a seu autor. Em Paris, este recebe centenas de cartas às quais responde sempre, e sempre longamente. Ezra Pound, Aldous Huxley, Edmund Wilson, John Dos Passos, entre outros, demonstram admiração. Lawrence Durrell, que chegou da Grécia e logo estabelece com Henry Miller uma amizade indefectível, torna-se um habitué da Villa Seurat. Jack Kahane, o editor da Obelisk Press, propõe que os três novos mosqueteiros (como se chamam entre si), Anaïs Nin, Henry Miller e Lawrence Durrell, criem a "Coleção Villa Seurat", que publicaria suas obras. O projeto não vingará, mas a intenção existia...

Em uma tarde gelada do mês de dezembro de 1936, um visitante sobe a escada que leva ao estúdio do escritor. Como todos os outros, encontra os inúmeros avisos colocados com tachinhas na porta, ordenando que os intrusos sumam e que os amigos batam com força, sobretudo antes das onze da manhã.

George Orwell bate. Chega de Londres e vai para a Espanha. Só resta um dia em Paris. De manhã, cuidou de seus documentos. Tinha mais uma ou duas horas pela parte da tarde, e escolheu passá-las com esse autor que não conhece mas cujo primeiro livro publicado leu com admiração.

O encontro entre os dois homens é surrealista. Um vai para a linha de frente combater o fascismo enquanto o outro ignora o que é o fascismo, se existe um front em algum lugar, por que, como, por qual motivo... Para Miller, o engajamento é uma estupidez, e a liberdade, um negócio estritamente individual que não poderia ser defendido de maneira coletiva. Orwell pensa exatamente o contrário e por isso viaja à Espanha. Conversa de surdo e mudo que nada têm a se dizer, exceto no plano literário, em que se admiram de modo mútuo.

– O que vai fazer se a guerra chegar outra vez à França? – pergunta Orwell.

– Cairei fora. Irei para a Holanda ou mais longe.

A hora de partir se aproxima. Miller observa a roupa de seu visitante. Orwell usa um terno leve.

– Vai pegar um resfriado – observa o norte-americano.

Avança para um armário, abre e apanha uma jaqueta de veludo, que oferece ao inglês.

– Esta será minha participação na Guerra Civil Espanhola – diz ele.

Em seguida, enquanto o outro volta a descer a escada, Miller posta-se diante de sua máquina de escrever e envia uma carta apaixonada a Anaïs Nin.

"A esperança"

É agradável ser inteligente. Agradamos aos homens inteligentes.
CLARA MALRAUX

Apoiada na amurada do convés superior, Josette Glotis observa a roda de proa do navio rasgar o oceano. Quatro turbinas de 40 mil cavalos, mas nenhuma vibração. Onze metros de calado-d'água, 313 metros de comprimento, 28 mil toneladas de casco e de acastelagem, mas um carinho no mar. Mil e trezentas pessoas cuidando de quase 2 mil passageiros que embarcaram para uma fabulosa viagem, uma cidade aquática, um palácio espantoso, com teatro, cinema, sala de concerto, piscina, jardins de inverno em mármore branco, pista de dança, biblioteca e capela...

Um sonho.

Algumas damas cochilam sobre as espreguiçadeiras alinhadas em frente ao mar. Ao longe, bolinhas de pingue-pongue respondem ao assobio das raquetes. Pendurada no mastro traseiro, tremula uma enorme bandeira de 25 metros: o *blue riband* que consagra o *Normandie* como o navio mais rápido entre a velha Europa e a nova América (logo perderá o posto para o *Queen Mary*).

Antes de chegar ao convés superior, Josette passeou pelas entranhas desse maravilhoso monstro dos mares. Atravessou o salão da primeira classe, revestido por tapetes Aubusson, depois a sala de jantar, tão comprida quanto a Galeria de Espelhos do Palácio de Versalhes, adornada de esculturas, de placas de vidro nas quais cintilam dezenas de apliques luminosos. Em algum lugar, em um salão ou em um dos apartamentos privados – com terraço –, uma orquestra passa as notas de um quarteto para cordas.

A música perturbaria André Malraux?

Fechado nas profundezas de uma cabine, ele escreve. Não é o primeiro escritor a viajar no *Normandie*. Blaise Cendrars, que o precedeu, cobriu a viagem inaugural do navio, em 29 de maio de 1935, mas na sala das máquinas. Hemingway não deixará de ir e voltar entre o porto de Le Havre e a plataforma de Nova York construída especialmente para receber o maior navio do mundo. Aliás, assim como o escritor francês, suas idas e vindas serão ritmadas pelo mesmo motivo: ajudar a República.

Durante dois meses e meio, Malraux defendeu a causa espanhola em Nova York, Washington, Cambridge, Filadélfia, Los Angeles, San Francisco, Toronto e Montreal. No início, não gozava de boa reputação na América do Norte: em janeiro de 1937, o Congresso norte-americano decretara um embargo geral sobre os armamentos com destino à Espanha (o que não impedia a partida de voluntários nas Brigadas Internacionais). No entanto, como de costume, Malraux soube seduzir suas plateias. De reunião pública a jantar particular, de uma universidade a um estúdio de Hollywood, recolheu certa soma de dinheiro que espera entregar às autoridade republicanas.

Na sua cabine do *Normandie*, ele escreve. Em Nova York, começou a redação de *A esperança*, livro sobre a Guerra Civil Espanhola redigido a partir das anotações feitas nos campos de batalha. Assim como Hemingway fará em seguida – Dos Passos um pouco mais tarde, Orwell daqui a pouquíssimo tempo, e Koestler desde sua soltura –, ele deita no papel sua experiência de guerra.

Ele escreve durante toda a viagem. Quando tomam o trem, Josette e ele, na estação do porto de Le Havre, está imerso em seu romance. E também mais tarde, para grande desespero da moça, que ele abandona literalmente no Hôtel du Louvre para regressar à Rue du Bac a fim de se fechar em sua obra.

Lamentavelmente, eles não estão sozinhos. Clara está ali, fazendo sempre mais escândalos. Apesar dos subterfúgios dos amantes, Clara sabe da existência de Josette e que ela estava ao lado de seu marido em Nova York. Ela a avistou quando acompanhou André à plataforma. Sem dúvida, também ela tem uma relação com um homem. Mas será de fato a mesma coisa? Dá para comparar? Quem é afinal essa jovem sirigaita? Por que ele lhe dá as páginas de seu livro para datilografar?

Outra vez, o tom sobe. Consultam-se advogados. Todos distribuem o mesmo conselho: cuidado com a constatação de adultério.

Enquanto não sair o divórcio, Josette e André não podem viver juntos. Ela passa a morar com uma amiga. Ele vai da Rue du Bac à casa de sua amante. Assim durante dias, que se tornam semanas.

Em 4 de julho de 1937, André Malraux volta à Espanha para participar do II Congresso dos Escritores. A princípio, o evento deveria ocorrer em Madri, mas, como o governo havia se retirado para Valência, é nessa cidade que Juan Negrín, presidente do Conselho espanhol, recebe os congressistas que descem de Rolls-Royce emprestados – quando não confiscados. São uma centena de convidados, representando 28 países. Tristan Tzara está presente, bem como Jef Last, Gustav Regler, Ludwig Renn, Anna Seghers, Bertolt Brecht, Ilya Ehrenburg, Aleksei Tolstói, Pablo Neruda, Antonio Machado, Alberti, Bergamín... Malraux trouxe ao presidente Azaña o fruto de sua colheita norte-americana. Na tribuna, defende não só a República, como também André Gide, que se tornou pestilento desde a publicação de seu *De volta da URSS* e é atacado sobretudo por Aragon e Bergamín.

De Valência, os congressistas vão a Madri, a seguir a Barcelona e, por fim, retornam a Paris para a cerimônia de encerramento. Malraux está outra vez à sua mesa. Escreve. Ao longo do verão, aluga um chalé nos Pirineus e termina a primeira versão do romance. Em seguida, troca Josette por Clara.

O tempo de uma leitura.

Marido e mulher reencontram-se em um hotel de Toulon. Cada um se afastou do companheiro a fim de reatar antigas cumplicidades, antes de tudo literárias. André deseja pedir àquela que o acompanhou por tanto tempo, em particular na Espanha, que leia seu manuscrito. Clara está encantada. Não é uma bela revanche contra aquela a quem chamou com desprezo de "a moça interiorana"? Aquela de quem aquele que ainda é seu marido teria se queixado, murmurando que lhe parecia impossível passar sua vida "com uma mulher que não tem nenhum interesse pelas ideias".

Um ponto para Clara, que lhe escreve, antes de começar a leitura da primeira versão de *A esperança*. Precisa de uma noite. No dia seguinte, dá seu veredicto.

– Não é Malraux.

Ela reconhece o "vigor" do texto, sua "intensidade". Porém, lamenta certa "negligência na composição", "exageros de pitoresco", um excesso de personagens. "O livro, tal como me fora apresentado naquela noite de agosto de 1937, era um testemunho sobre a Guerra Civil Espanhola vista por um comunista ortodoxo."[1]

Durante quatro dias, perambulando pelas ruas de Toulon, eles debateram com violência, cada um defendendo seu ponto de vista. André apoia os comunistas enquanto Clara se considera próxima dos anarquistas. Ela o censura por ter mudado de lado desde os tempos heroicos nos quais eles faziam passar aviões e pilotos por cima da fronteira. Ele objeta que se considera agora do lado da eficácia. Sem os russos, a República estaria morta há muito tempo.

Como muitos outros, Malraux defende com vigor essa tese. O que lhe vale algumas trocas de farpa com certos amigos. E rompimentos mais dolorosos. Definitivos.

Também disso ele fala com Clara. Pela última vez. Haja vista que, quando se despedem, depois de um último cálice de rosé de Provence, ambos sabem que acabam de viver seu último dia juntos.

O Velho

Devemos reconhecer um dos nossos
em cada revolucionário ameaçado.
André Malraux

Em Paris, André Gide aparece nas portas do Théâtre de l'Œuvre. Acaba de assistir à pré-estreia de *Os cavaleiros da távola redonda*, peça em três atos de Jean Cocteau, dirigida pelo autor. Porém, a elegância do público e o caráter mundano da manifestação fazem-no fugir. Chama um táxi e logo volta para o Vaneau.

No momento, a companhia de Malraux encanta-o muito mais do que a de Cocteau. Os dois homens têm cumplicidade em inúmeros domínios. Ambos estão aflitos pela queda do ministério de Léon Blum e pelo revés da Frente Popular. São solidários quanto à questão espanhola (sem que ninguém saiba, Gide envia quantias consideráveis para ajudar as mulheres e as crianças da Espanha). O mais novo fala com frequência sobre a obra que está escrevendo, o que entusiasma o mais velho. Como conselho, Gide recomenda a Malraux que, depois da Espanha, não se exalte por uma nova causa. Ao que o outro responde: "Então o senhor não entendeu que uma das razões que me retinham na Espanha era o desejo de fugir de casa!".[1]

Só existe entre eles um ponto de discórdia: a URSS. Graças a Victor Serge, Gide sabe muito bem do que são feitos os processos stalinistas. Nada ignora das pressões que sofreram diversos escritores soviéticos (em especial Pasternak) para desprezar publicamente o autor da obra *De volta da URSS*. Livro com o qual, segundo os líderes comunistas franceses, Gide alcançou enormes somas de dinheiro... Contudo, se aborda essas questões com Malraux, este se fecha. Ele nada disse sobre os conflitos de Barcelona em maio. Tampouco sobre o extermínio dos membros do POUM. Ele tornou-se "stalinista integral".[2] Quando falam de Trotski, Malraux chama este de louco.

Porque, de seu exílio mexicano, o "Velho" lança violentos anátemas contra um romancista que no passado muito admirou – a ponto de escrever na *NRF* um artigo elogioso sobre *Os conquistadores* e de interceder, junto à editora norte-americana Simon & Schuster, para que a obra *A condição humana* fosse traduzida.

Antes da Guerra Civil Espanhola, o líder trotskista (com 55 anos em 1936) e o jovem escritor (vinte primaveras a menos) admiravam-se de modo incondicional. Em 1929, quando Trotski estava exilado em Alma-Ata, no Cazaquistão, Malraux, como vimos, queria criar uma expedição quase militar para libertá-lo. Fora preciso toda a animosidade de Gaston Gallimard para fazê-lo renunciar a esse projeto juvenil.

Em 1933, Trotski foi para a França. Vinha da Turquia, onde se refugiara depois de sua expulsão definitiva da URSS. Foi morar em Saint-Palais, perto de Royan, em uma casa isolada cujo endereço fora mantido em segredo. Militantes faziam a guarda. Dois pastores-alemães circulavam pelo jardim. O líder bolchevique devia ser protegido dos assassinos de Stalin, que podiam estar em busca das indiscrições provenientes da imprensa, das autoridades, ou até do Partido Comunista francês, cujos jornais (em particular *L'Humanité*) injuriavam esse "renegado", esse "agente desprezível"[3] odiado pelos stalinistas do mundo inteiro.

Os trotskistas franceses organizavam encontros entre os militantes e seu líder. Nenhum convidado, incluindo os médicos ou o cabeleireiro vindo de Paris, conheciam o lugar de seu destino. Malraux, como os outros, tampouco.

Ele foi a Saint-Palais em agosto de 1933 e encontrou-se com Trotski duas vezes. Conversaram sobre arte e política. Em seguida, Malraux retornou a Paris. Três meses depois, o Velho trocava Royan por Barbizon. Haviam alugado para ele uma casa no subúrbio, nos limites da floresta. Seus camaradas organizavam encontros secretos em Paris, em lugares seguros, ignorados pelas autoridades (o governo Daladier havia proibido Trotski de falar ou participar de reuniões políticas).

Em 30 de dezembro de 1933, Trotski mudou-se de Barbizon para Paris. Raspara a barbicha lendária, passara gel nos cabelos, usava um chapéu de feltro abaixado até a altura dos olhos e um terno completo dos mais respeitáveis. Sua mulher, Natalia, e dois guarda-costas o acompanhavam. O carro tomou a estrada de Milly-la-Forêt, andou rumo a Palaiseau, atravessou Antony, depois Fresnes, e chegou a Paris pelo sul. O motorista contornou a Avenue Denfert-Rochereau, avançou em direção ao Boulevard Saint-Michel, dobrou à esquerda antes do Jardim de Luxemburgo. Rue Auguste-Comte. Uma moça de óculos esperava na calçada. Estava vestida de preto. Correu ao encontro de Leon Trotski, estendeu-lhe a mão e disse: "Me chamo Simone Weil".

Ela o levou, ele e o séquito, até um quarto no sétimo andar. O doutor Weil aceitara que aquela dependência de seu apartamento fosse utilizada pelo líder bolchevique para encontrar interlocutores que não podia receber em Barbizon.

Trotski pediu que trouxessem mais uma poltrona para um de seus guarda-costas. Em seguida Simone e ele começaram a se alfinetar. Por que Kronstadt? Ainda se podia considerar o Estado soviético como um Estado operário? E qual era o papel do exército?... O tom subiu. A moça não aceitava se curvar diante do fundador do Exército Vermelho. Ele a chamou de individualista. De contrarrevolucionária. De espírito ilógico. Para ela, pouco importava. Fizera as perguntas que considerava fundamentais. Nem todas as respostas lhe pareceram satisfatórias.

Trotski ficou dois dias na Rue Auguste-Comte. E seis meses em Barbizon. Desconfiados pelos costumes estranhos daqueles moradores que saíam pouco mas recebiam muito, prováveis traficantes de armas, dinheiro falso ou mulheres, os habitantes dispararam o alerta. Chegaram os guardas, que chamaram o procurador da República de Melun, o qual organizou uma incursão legal, com comissário, escrivão, policiais a cavalo. A imprensa de direita interferiu, denunciando a presença de um perigoso terrorista em solo nacional. Albert Sarraut, ministro do Interior, anulou a autorização de permanência que havia beneficiado o líder bolchevique. Este ficou quase um ano na França, passando de um esconderijo a uma casa de amigos, de uma cidade a outra. Ele refugiou-se em seguida na Noruega e, em 16 de dezembro de 1936, partiu para o México, país em que morreria quatro anos depois, o crânio quebrado pela piqueta de Ramón Mercader, agente da GPU.

André Malraux, que se manifestara em 1934 contra a expulsão de Trotski do território nacional, estava em Nova York quando dos ataques de Lev Davidovich Bronstein. O Velho escreveu um artigo em que censurava sucessivamente seu ex-companheiro de ter contribuído para sufocar a revolução chinesa quando se encontrava na China (1926), de ter se tornado sólido partidário do stalinismo e de ter ido aos Estados Unidos menos para ajudar a revolução espanhola do que para defender o procurador de Stalin, Vyshinsky, responsável pelo assassinato legal orquestrado na URSS contra todos os amigos de Trotski. Enfim, comparando Gide a Malraux, o exilado afirmava que não se podiam contestar a independência, a perspicácia e a honestidade intelectual daquele, ao passo que este não passava de um herói barato.

A cólera do líder bolchevique borbulhava em dois caldeirões ferventes. O primeiro estava ligado a Moscou. Durante um dos inúmeros processos em que Vyshinsky fazia cabeças rolar, uma testemunha assegurara que havia encontrado Trotski em julho de 1933 em Paris e que este lhe ordenara conspirar contra a direção do Partido Comunista da URSS e até organizar operações de sabotagem pelo país. Ao que Trotski objetara publicamente que, nessa época, encontrava-se não em Paris, e sim em Saint-Palais, onde recebera a visita de André Malraux. Que podia confirmar.

Que nunca confirmará.

O segundo caldeirão era evidentemente o espanhol. Trotski não perdoava o silêncio de Malraux quanto aos acontecimentos de maio em Barcelona, a cruzada que fazia pelos quatro cantos do mundo sem jamais denunciar os crimes de Stalin, calando-se sobre o aniquilamento dos militantes do POUM e dos anarcossindicalistas nessa Espanha homicida. Assim, o velho líder bolchevique juntava-se a André Gide e às críticas que este fazia em relação a André Malraux, a seus olhos culpado por cegueira. Ao que, como muitos outros, Malraux respondia que, enquanto a URSS apoiasse a República Espanhola, não convinha fazer contra ela a menor crítica. Para ele, os processos de Moscou não rebaixariam o comunismo mais do que a Inquisição ferira a dignidade do cristianismo.

VI

Últimas fronteiras

General-Escritor

> A neve e a noite cobriam os mortos, os nossos e os deles, com uma mortalha de misericórdia.
>
> Gustav Regler

Em março de 1937, Franco decide manter a pressão ao redor de Madri mas desiste de tomar a cidade. Envia as tropas de Mola para atacar Bilbao e o País Basco. A divisão dos Flechas Negras, reforçada por oficiais italianos, com apoio dos aviões da Legião Condor e de navios espanhóis, lança uma ofensiva contra Biscaia. O cerco é decretado. Em junho, o governo republicano tenta aliviar o front basco atacando a cidade de Huesca.

A XIIª Brigada Internacional está na ponta da lança. Um escritor a comanda: o húngaro Máté Zalka, vulgo general Lukács. Outro escritor é o comissário político dela: Gustav Regler.

A brigada acaba de participar de uma batalha extenuante em Guadalajara. Ela lutou com bravura contra o corpo expedicionário italiano que, apoiado pelas tropas da África que combatem ao leste do rio Jarama, tentava estrangular Madri. Quarenta mil fascistas italianos na estrada da França. Mais a Legião Condor. O inimigo avança para Almadrones. Toma a cidade. Em seguida, Masegoso e Cogolludo. A XIª Brigada recua. A XIIª é chamada como reforço. Ela conta com seis batalhões, entre os quais o Garibaldi, composto por italianos. Gustav Regler cumpre sua missão: supervisiona os panfletos que os comissários italianos redigiram em Madri para lançá-los ao outro lado das linhas.

Os alemães da XIª Brigada endereçaram mensagens semelhantes aos soldados da Legião Condor:

> Trabalhadores alemães,
>
> Não combatam mais os trabalhadores espanhóis. Recusem-se a obedecer àqueles que mentem para vocês. Nossa causa é a da liberdade e do progresso. Vocês que foram traídos e enganados, unam-se a nós: estamos esperando por vocês. Então nossa vitória será sua vitória, a do povo espanhol e a do povo alemão fraternalmente unidos contra o fascismo monstruoso!

Regler cuida também da instalação dos alto-falantes, escondidos entre os galhos cobertos de neve. As mensagens estão prontas. Um italiano vai lê-las quando chegar a hora.

Os voluntários do Batalhão Garibaldi fazem frente às colunas blindadas de Mussolini. São apoiados pelos franceses e pelos belgas do Batalhão André-Marty. Fascistas e antifascistas combatem em solo estrangeiro. Carros de combate italianos, contra tanques russos. Em seu iate rumo à Líbia, o *Duce* segue com atenção os combates ao redor de Guadalajara. Por telegrama, encoraja suas tropas.

Regler e Lukács não são os únicos escritores a estar no campo de batalha. Alguns correspondentes de imprensa seguem os combates de binóculo. Entre eles, um jovem advogado antifascista desde cedo, que defendeu a causa nos grandes casos da época – Seznec em 1932, Stavisky em 1934... Philippe Lamour criou a revista *Plan*, na qual Giono, Cayatte, Le Corbusier e muitos outros escreveram sobre economia, cultura ou política. A fim de abrir os olhos dos franceses sobre o hitlerismo, mandou traduzir e publicar *Mein Kampf* pelas Nouvelles Éditions Latines. Por fim, escreveu um livro condenando a não intervenção do governo francês na Guerra Civil Espanhola. É amigo de Robert Capa, de Saint-Exupéry, do general Lister... Publica seus artigos no *Petit Journal*, em *Vu*, *Lu*, *L'Œuvre* e *L'Illustration*. Faz parte dessas almas generosas que vão e vêm entre Paris e Madri, a caneta apontada como uma arma para "contribuir para esclarecer uma opinião fraca, indiferente ou hostil".[1]

Philippe Lamour observa o movimento das tropas italianas. Os fascistas avançam para a cidade fortificada de Brihuega. Os garibaldinos escondem-se nos vinhedos. Esperam. As cúpulas negras dos alto-falantes cospem mensagens de adesão.

> Irmãos italianos! Este povo combate por sua liberdade. Deixem as linhas de seus inimigos, juntem-se a nós. Acolheremos vocês como irmãos, nós, os voluntários do Batalhão Garibaldi.

As balas explosivas atingem as casas. Mas os garibaldinos à volta de Regler estão comovidos às lágrimas. Os italianos dos dois campos combatem ao redor do Palácio de Ibarra, um castelo ocupado pelos fascistas. O assalto é lançado. A aviação republicana passa em rasantes, lançando panfletos que apelam aos mussolinianos para desertar e que prometem recompensa de cinquenta a cem pesetas mais um salvo-conduto àqueles que depuserem as armas. Gustav Regler dá ordem à infantaria para enrolar pedras com outros panfletos, esperar a noite para aproximar-se o máximo possível das trincheiras inimigas e lançar os projéteis para o outro lado. Entretanto, os garibaldinos revoltam-se: eles vieram para lutar contra o fascismo, não para tentar convencer os adeptos de Mussolini que estão enganados em combater. Regler insiste: ele é o responsável pela guerra ideológica. Manda redigir outros panfletos e ordena a multiplicação das mensagens lançadas por alto-falantes. Com o binóculo, observa as janelas do palácio. Avista uma bandeira vermelha. Em pouco, o fogo cessa. Alguns camisas negras saem do castelo. Todos imaginam que vão se render. Espanhóis avançam em sua direção. Um grito ecoa: "Viva o *Duce*!". Os brigadistas são dizimados a balas de metralhadora.

Os tiros recomeçam. Outros carros com alto-falantes passam próximos às linhas de frente. As mensagens contribuem para desmoralizar as tropas fascistas: uma dúzia de homens se rende.

À noite, os garibaldinos tomam o castelo. Os alto-falantes lançam as primeiras notas da "Bandeira vermelha". Os franceses cantam "La Jeune Garde", e os alemães, "Warszawianka". Todos entoam a "Internacional".

Os garibaldinos retomam Brihuega e rompem o cerco de Madri. Acima de tudo, provam ao mundo inteiro, e mais particularmente ao Comitê de Não Intervenção, que a Itália intervém maciçamente na Espanha. Atingem assim uma vitória tanto militar quanto diplomática. Por fim, contribuem para afrouxar a pressão em volta de Madri. O objetivo de Franco, agora, é Biscaia e o País Basco.

Enquanto a Legião Condor bombardeia o Norte, a XIIª Brigada Internacional, reorganizada, é enviada a Aragão. Desde a Batalha de Madri, as perdas foram severas. Os brigadistas foram substituídos por recrutas espanhóis mal treinados. O general Lukács comanda todos. Gustav Regler incentiva os combatentes.

Em 17 de junho, à noite, a XIIª Brigada chega nos limites de Huesca. Os brigadistas acampam nas partes altas da cidade, invisíveis. Regler discute com o médico da divisão, o doutor Heilbrun. Hemingway convidou ambos para Key West. Talvez eles façam uma visita no fim da guerra...

O comissário político parte com o general Lukács para uma missão de reconhecimento. Entram em um carro. No banco de trás, sentam-se o escritor húngaro e Batov, um conselheiro soviético. Nos da frente, o motorista e Gustav Regler. Passam em frente às linhas: a XIIª Brigada, os batalhões anarquistas... De repente, uma explosão. Uma granada atinge o carro em cheio, frontalmente. Gustav Regler sente uma queimadura fulgurante na região lombar. Suas mãos sangram, perfuradas por cacos de vidro. Ele vira com dificuldade o rosto para a esquerda. O motorista está morto. No banco de trás, Batov está imóvel, marionete deslocada inclinada para frente. Já Máté Zalka agoniza suavemente. É o fim.

Gustav Regler consegue sair do carro. Uma nova granada explode não distante. O escritor cai na relva.

Sua esposa, Marie-Louise, vai encontrá-lo dois meses depois em um hospital de Madri. Os médicos precisarão ainda de diversas semanas para pôr o escritor de pé. Gustav Regler deixará a Espanha em dezembro de 1937. Declarado inapto para o serviço militar, será enviado pelas autoridades republicanas aos Estados Unidos a fim de reunir os fundos necessários para o desenvolvimento dos serviços de saúde. Obterá a cidadania espanhola e retornará uma vez mais para a fronteira. Em janeiro de 1939, para presenciar a agonia da República.

Uma moça

Se eu morrer, deixe a janela aberta.
Federico García Lorca

30 de julho de 1937, Gare d'Austerlitz, oito horas da manhã. Empertigado na plataforma, Robert Capa observa a dianteira do trem que se aproxima. O repórter está vestido de preto. Chora. Não trouxe sua Leica. Alguns amigos estão ao seu redor. Eles vieram esperar Gerda Taro.

Após cobrir a abertura do II Congresso dos Escritores pela Defesa da Cultura, a moça retornou a Madri. Queria acompanhar para o *Ce soir*, o jornal dirigido por Aragon, uma ampla ofensiva republicana lançada em direção à cidade de Brunete, a nordeste de Madri: dois corpos de exército lançados em uma batalha decisiva visando a cortar o reabastecimento das tropas franquistas aglomeradas na Cidade Universitária e na Casa de Campo. Um ataque importantíssimo para tentar afrouxar a pressão em torno da capital.

Debaixo de um sol infernal, Gerda assistiu a essa batalha terrivelmente extenuante. Noventa mil soldados da República apoiados por blindados, a força aérea e uma bateria de canhões de campo, contra os mouros de Franco. Gerda, pequena silhueta viva e miudinha, espia escondida em uma trincheira, sua Rolleiflex em uma mão, uma pequena câmera emprestada por Capa na outra, um revólver na cintura. Causa admiração em seus colegas, mas também nos combatentes que, sem exceção, elogiam sua incrível coragem. Ela abandona a proteção dos parapeitos a fim de filmar os aviões que atiram dando rasantes. Ela ri sob as balas, correndo aqui e ali no campo de batalha, ao sabor dos assaltos, dos movimentos dos blindados, das ofensivas e dos recuos. Tornou-se a mascote do regimento. Tem o frescor de uma criança, é tão adorável quanto uma boneca.

Porém, friamente determinada: deseja que suas fotos provem ao mundo que a não intervenção é um mito e que as tropas alemãs e italianas apoiam solidamente os fascistas. Ela se recusa a obedecer às ordens dos oficiais do quartel-general que a mandam deixar o front. Com os olhos em seus dois visores, ela registra em seu negativo a explosão das bombas, o balé mortal dos aviões, os homens que caem diante das granadas e das balas de metralhadoras.

Os republicanos tomam Brunete. Controlam a cidade alguns dias. A Legião Condor é chamada para reforço. Os Messerschmitt alemães batem os Chato soviéticos. Os novos bombardeiros causam estragos nas fileiras das XVª, XIIª e XIIIª Brigadas Internacionais. Na manhã de 24 de julho, os franquistas reconquistam Brunete.

No dia 25, Gerda está na estrada de Madri. Ela deve enviar suas fotos e tem encontro marcado no dia seguinte com Capa, em Paris. Ela para um veículo. Dentro, feridos estão deitados no banco de trás. A moça sobe no estribo. O motorista dá a partida. Porém, em frente, aparece um tanque. O carro dá uma guinada para evitá-lo. O blindado bate na lateral do carro. Do lado do estribo.

Gerda é levada até um hospital de campanha norte-americano, onde é operada na mesma noite. Ela pede que avisem Capa e a redação de *Ce soir*. Ela morre no dia seguinte, ao amanhecer.

No dia 27, em Paris, Robert Capa fica sabendo da notícia em *L'Humanité*. Parte sem demora a Toulouse, a fim de resgatar o corpo de Gerda, que deve ser trazido por via aérea. Depois, tendo o catafalco sido enfim levado até Perpignan e dali a Paris, retorna de trem.

Por isso ele aguarda na Gare d'Austerlitz, às oito horas da manhã de 30 julho. Espera o caixão florido de Gerda Taro. Haja vista que, ao longo de toda a viagem, em Valência, em Madri, os amigos e os admiradores da moça colocaram centenas de flores ao redor dela.

Gerda será enterrada no cemitério Père-Lachaise em 1º de agosto. No dia em que completaria 26 anos. Milhares de pessoas acompanharão o cortejo fúnebre. Na primeira fila: Louis Aragon. A seu lado: Robert Capa. Depois do enterro, este fugirá para Amsterdã para chorar na solidão o falecimento de seu grande amor.

Entretanto, voltará à Espanha.

Teruel

> Agora faz um ano que combato por aquilo em que acredito. Se formos vencedores aqui, seremos vencedores em todos os lugares.
>
> Ernest Hemingway

Neste mês de julho de 1937, enquanto Gustav Regler é tratado em Madri e Robert Capa chora por Gerda Taro, Ernest Hemingway está na Casa Branca. Apresentado a Eleanor Roosevelt por Martha Gellhorn, mostra ao casal presidencial o filme de Joris Ivens, *The Spanish Earth*, escrito e narrado por ele. O objetivo da operação consiste em fazer com que o governo norte-americano reconsidere o princípio da não intervenção. Ele repete a ação em Hollywood, onde, como Malraux antes dele, Hemingway recolhe fundos para a causa republicana. E também em Nova York, no Carnegie Hall, onde ele defende o engajamento dos escritores contra o fascismo.

Em setembro, na companhia de Martha, ele está de volta à Espanha.

Em Madri, o front estabilizou-se. Os habitantes acostumaram-se a caminhar nas ruas intransitáveis, esburacadas pelas granadas, repletas de escombros. Grande número de imóveis está arruinado. Faltam janelas. As portas foram arrancadas. Todavia, os cinemas, protegidos por sacos de areia empilhados diante das entradas, estão lotados, os bares, abarrotados, todos os comércios, abertos.

Melhor do que qualquer outro correspondente de guerra, Hemingway aprendeu a passar de uma rua a outra protegendo-se dos tiros: percebeu os ângulos menos perigosos e os mais bem protegidos das balas. Arrastando Martha atrás de si, vai alegremente do hotel Florida ao Gaylord, templo dos russos onde se sente em casa. Tão logo o avistam, as sentinelas recebem sua saudação amigável como um *laissez--passer*. Ele entra sem salvo-conduto, atravessa o hall com toda a naturalidade, pega o elevador até os andares em que vai conversar com os camaradas soviéticos, sobretudo Koltsov, o correspondente do *Pravda*. Hemingway não mudou de ideia em relação ao comunismo, longe disso. Porém, como muitos outros, respeita a eficácia militar e organizacional dos russos. Aceitará até escrever um artigo para o *Pravda*.

Quando deixa o Gaylord, Hemingway se dirige para a Gran Via e entra no Chicote, um bar onde se reúnem os correspondentes de guerra e todas as celebridades de Madri. Ali não há mais cerveja nem uísque, mas imitações grosseiras fabricadas pelos espanhóis, que Hemingway utiliza também como pós-barba. O escritor causa admiração em todos pela capacidade de se embebedar. E também por sua coragem.

É sempre um dos primeiros a circular pelas linhas do front. Assim, encontra-se em Teruel em dezembro de 1937.

Para os republicanos, trata-se de ocupar essa cidade fortificada de 20 mil habitantes, que liga Aragão a Nova Castela. Para Franco, que acaba de conquistar a região de Astúrias e esperava ter sua revanche no front de Aragão, tomar Guadalajara e lançar uma ofensiva de peso sobre Madri é um golpe imprevisto. E, como os olhares do mundo inteiro logo estarão voltados para Teruel, se a cidade cair, será não só um revés militar, como também uma calamitosa humilhação.

Em 15 de dezembro, debaixo de neve, com a temperatura de vinte graus negativos, os republicanos lançam seu ataque. Hemingway desce de um carro, a alguns quilômetros do front. Muito longe. Ele aproxima-se dos postos avançados, cruzando por soldados da infantaria que carregam uma maca sobre a qual jaz um oficial morto. Os combates começaram. O escritor-repórter chega aos cumes expostos. Deitado na neve, com as balas de metralhadora assoviando ao seu redor, mostra a um jovem recruta como destravar a culatra de seu fuzil. Depois de verificar o fio da baioneta, os soldados da República à sua volta se lançam. Alguns caem. Outros correm. Hemingway olha ao redor em busca de uma pá que lhe permitisse abrir um buraco para se abrigar. Mais adiante, gritos de vitória acompanham a debandada do inimigo. Os tanques avançam. As granadas de mão explodem em um estalido seco. Os morteiros estremecem a terra. No fim do primeiro dia de combates, as tropas republicanas progrediram vários quilômetros. O tempo subitamente abrandou. No céu, os aviões fascistas bombardeiam. Os caças republicanos aparecem, dessa vez vitoriosos. Hemingway acompanha os combates de binóculo. Mais longe, avista um caminhão que para em campo aberto. A caçamba se abre. Meninotes saltam para o chão. Eles levam malotes cheios de explosivo: são os dinamitistas. Cobertos pelos tiros das metralhadoras, correm para as encostas de Teruel. Desaparecem. Hemingway vira-se para um coronel. "E se nós os seguíssemos na cidade?", pergunta.[1]

Ele corre para a estrada. Está entre os primeiros a entrar em Teruel. Um comandante de companhia jaz na via. Hemingway ergue-o e coloca-o no acostamento.

> Na cidade, toda a população nos abraçou, nos ofereceu vinho, nos perguntou se não conhecíamos seu irmão, seu tio ou seu primo de Barcelona.[2]

Após ter cercado Teruel, os republicanos tomaram a cidade.

Hemingway parte de novo para Barcelona. Passa o Natal com Martha. Em seguida, em janeiro, junta-se à sua mulher, Pauline, em Paris. E embarca para Nova York.

Em 29 de dezembro, Franco lança uma contraofensiva feroz sobre Teruel. Em janeiro, enquanto guerreiam em edifícios públicos, nas casas e nos subterrâneos, os civis são evacuados. Faz um frio glacial. Os homens estão a ponto de morrer no gelo. O combustível congela nos motores dos tanques e dos caminhões. Agora é a vez de os republicanos serem cercados pelos fascistas. Estes são apoiados pelos italianos e pelos alemães da Legião Condor. As Brigadas

Internacionais, que até então se mantiveram a distância, são chamadas em auxílio. Entretanto, elas não conseguem conter a linha de frente.

Em fevereiro, os fascistas retomam Teruel. Os republicanos abandonaram 30 mil homens na batalha: 15 mil mortos e o mesmo número de prisioneiros.

Em Paris, André Malraux publicou *A esperança*. Em Key West, Hemingway reúne as anotações que constituirão a fonte de seu próximo livro: *Por quem os sinos dobram.*

Sierra de Teruel

Para que serve a revolução se não conseguir tornar os homens melhores?

André Malraux

Eles se esbarram no hotel Florida, eles que não se estimam. Trata-se de um ciúme entre escritores? Hemingway havia elogiado *A condição humana*, mas não aprecia *A esperança*. Pensa que Malraux fraquejou ao deixar o barco espanhol muito cedo. Esquece que ele próprio chegou muito tarde? Seja como for, um participou do começo da guerra ao passo que o outro recuará com os últimos. E ambos escreveram um livro e rodaram um filme.

No começo de 1938, as autoridades republicanas pedem que Malraux realize uma obra cinematográfica a partir de sua experiência espanhola. Trata-se para o governo de alertar o mundo inteiro sobre o equívoco que constitui a não intervenção. Antes mesmo da encomenda, é provável que Malraux já tivesse pensado em fazer um filme.

Em sua mente, ele não deve ser uma adaptação de seu livro, embora deva retomar certos elementos essenciais. O roteiro girará em torno da aviação republicana, mas não unicamente. Claro, será realizado na Espanha.

Em algumas semanas, Malraux escreve uma primeira versão do script. Josette Glotis recopia-o em sete exemplares. Max Aub, dramaturgo espanhol, faz a tradução para seu idioma. Em seguida, o escritor então roteirista forma sua equipe. O fiel Corniglion-Molinier, companheiro de sempre, cuidará da produção (ele fez suas aulas nesse campo com *Família exótica*, de Marcel Carné), auxiliado por Roland Tual, surrealista com familiaridade com o cinema. O governo espanhol contribuirá também com o financiamento. Além disso, emprestará os estúdios de Barcelona e concederá todas as facilidades necessárias. Gaston Gallimard, solicitado com insistência, acaba entreabrindo a carteira. Louis Page será diretor de fotografia. Denis Marion desempenhará as funções de assistente. Darius Milhaud fará a música.

Em abril e maio, Malraux busca as locações na Espanha. Escolhe os cenários, recruta os técnicos, faz a audição dos atores. Max Aub, fiel assistente, não desgruda dele. Clara ficou em Paris, e Josette foi à Alsácia para ser cortejada por Max Ophüls, que roda *Werther*. Quando regressa a Paris, um telegrama a aguarda: Malraux irá buscá-la em Perpignan.

Ela corre para lá.

Eles retornam a Barcelona. Hospedam-se no Ritz. Na capital da Catalunha, não há mais manteiga, nem açúcar, nem leite. O chá está repugnante, assim como o café. Segundo Josette, às vezes eles comem gato. Mas tudo bem.

Já Hemingway chegou dos Estados Unidos. Entretanto, não está mais em Madri, nem em Barcelona. Dentro de um carro conduzido por motorista, roda em direção ao front do Ebro. Como todos os observadores presentes na Espanha à época, ele sabe que o destino da República depende dessa batalha, pois, desde que Franco ocupou a região de Astúrias e o País Basco, a situação está terrível para o governo. Este não só perdeu uma zona mineira economicamente essencial, como também, a partir de agora, deve fazer frente a um exército que ocupa dois terços do país. A partir de Teruel, reconquistada em fevereiro, as tropas fascistas reagruparam-se e lançaram um ataque de peso contra Aragão. Em caso de vitória, chegarão até Tortosa ou Valência, de Portugal ao Mediterrâneo, e cortarão a República em dois.

Desde março, às margens do rio Ebro, 200 mil fascistas medem força contra 100 mil republicanos. Cada lado cavou suas trincheiras. Cada um espera escondido nos juncos.

Os nacionalistas atacam no dia 9 de março. Estão em maior número e mais bem equipados que seus adversários. Só precisam de alguns dias para romper o front. Progridem inexoravelmente ao longo da margem direita do rio. Avançam para Belchite. Tomam a cidade. Depois Caspe e, mais ao norte, Zaragoza. Entram em Pina, Fraga e Reus. Hemingway manda o motorista parar o carro a fim de que possa observar o movimento de um monoplano armado com oito metralhadoras que desce em sua direção. O avião volta a subir. Larga sua carga de bombas sobre a cidade de Reus, na qual o repórter-escritor entra apenas alguns minutos após a explosão. Descobre casas arruinadas, canos d'água partidos, cavalos feridos que ninguém quer sacrificar, estimando que ainda possam servir.

Hemingway toca para a cidade catalã de Falset. Cruza com refugiados, mulheres, crianças, velhos, amontoados em charretes abarrotadas de colchões, utensílios de cozinha, cobertas, sacos de trigo e objetos variados. "Uma velha guiava uma, chorando e soluçando enquanto agitava um chicote. Foi a única mulher que vi chorar em toda a jornada."[1]

Depois o carro deve reduzir a velocidade para deixar passar militares, de início desarmados, e em seguida caminhões, equipamentos, soldados da artilharia com fuzis, canhões, blindados... Aparecem na sequência combatentes norte-americanos das Brigadas Internacionais que Hemingway conhece, homens que moram em Nova York e Chicago e garantem ao escritor que, daquele lado, o exército da República resiste no Ebro. Por fim, surge um rebanho de carneiros tocado por pastores que os acompanham e tentam arrastá-los ao acostamento para deixar passar os tanques...

Naquele dia, 3 de abril de 1938, Hemingway pede ao motorista que vire à direita para tomar o caminho Tarragona-Barcelona.

Doze dias depois, perto de Tortosa, o escritor observa quinze Heinkel alemães e bombardeiros italianos protegidos por caças Messerschmitt atacarem uma companhia de infantaria. Os fascistas estão a apenas alguns quilômetros do Mediterrâneo. Avançam implacavelmente rumo ao mar. André Marty, apelidado de o Carniceiro de Albacete, dá a ordem de executar os voluntários das Brigadas Internacionais que tentam fugir ou apenas bater em retirada. No entanto, a batalha está perdida. A debandada é geral. Em 15 de abril, às quatro horas da manhã, Hemingway está outra vez andando sob a lua da Catalunha. Prossegue seu trabalho de repórter. Cruza com refugiados e soldados. Para, interroga-os. Ele os precede até Tortosa, na foz do Ebro, onde espera cruzar o rio para seguir até Barcelona. Contudo, a força aérea destruiu a ponte.

O motorista dá meia-volta, vai cortando por entre dezenas de caminhões que retrocedem, atravessa enfim uma ponte improvisada construída com tábuas soltas.

Na mesma noite, as tropas franquistas, apoiadas pelos alemães e pelos italianos, alcançam o mar. O pior aconteceu: a República está cortada em dois.

Enquanto Ernest Hemingway volta de novo aos Estados Unidos, Klaus e Erika Mann chegam por sua vez ao front do Ebro. Durante todos os vinte quilômetros, seu carro é parado e os guardas da fiscalização observam Erika com suspeita: o que vem fazer uma dama tão bem-vestida no inferno espanhol?

Eles visitam Tortosa à noite. A cidade está totalmente destruída. Sob a tenda de comando, ouvem cantos revolucionários gravados por um ator berlinense que se encontra na Espanha, Ernst Busch. Antes de partir, encontram seu amigo, o escritor Ludwig Renn, na Espanha desde outubro de 1936. Renn tornou-se chefe de estado-maior da IXª Brigada Internacional. Foi ele que, graças ao apoio dos anarquistas em março de 1937, em Guadalajara, parou as tropas franquistas e mussolinianas, salvando assim Madri.

Os Mann passam algumas horas com ele. Depois Erika volta a Valência e embarca em um navio de guerra inglês. Já Klaus não é autorizado a subir a bordo. Retorna a Barcelona em um velho cargueiro, onde centenas de refugiados espanhóis morrem de fome, de sede e de calor.

A capital da Catalunha vive sob influência do Ebro. A batalha está perdida, mas o front se estabilizou. A cidade sobrevive na miséria, nas privações e no pavor dos bombardeios. Não há nada para comer. No hotel Majestic, onde Klaus Mann fica em um quarto, comem ervilhas e pão seco. A carne e as batatas são reservadas aos soldados. É preciso se acostumar. O escritor consola-se indo ao concerto. Falta tudo, mas a cultura persiste: toca-se a *Quinta sinfonia* de Beethoven...

No hotel Majestic, também o grande poeta espanhol Antonio Machado encontrou refúgio. Ele está velho, doente, mas desde a proclamação da República apoia o regime legalista. Gastou suas forças em discursos, artigos, manifestações. O governo fez com que trocasse Madri por Valência, depois o trouxe de volta a Barcelona, em março de 1938, pouco antes da divisão do território republicano em dois. Ele morará em seguida em uma casa próxima. Sabe que a República está perdida. Sabe que ele mesmo não tem muito tempo de vida.

Com frequência, no hall do hotel, esbarra com André Malraux. Do jeito que dá, a rodagem de *Sierra de Teruel* continua. O governo disponibilizou para a equipe os estúdios da cidade, alguns técnicos, em especial um engenheiro de som que André e Josette foram buscar no front do Ebro. Porém, a maior parte do material chega da França. Como a iluminação e a película. Graças aos inúmeros contatos que Corniglion-Molinier tem nos meios da aviação, os aviões da Aéropostale que fazem o trajeto Paris-Dakar pousam às vezes em Toulouse ou em Barcelona, onde um membro da equipe apanha o material enviado da França. Para lá também é reenviada a película, pois não se pode editá-la em Barcelona, por conta dos inúmeros alertas que, cada vez, provocam quedas de luz que se perpetuam. Tão logo soem as sirenes, a cidade mergulha na sombra. A eletricidade só é restabelecida uma hora depois do fim do alerta. Deve-se então deixar de filmar – ou parar de editar. Malraux, portanto, roda por intuição. Não pode ver as cenas já gravadas. Seu trabalho fundamenta-se muito na improvisação.

A decupagem é repensada todos os dias em função dos imprevistos da produção e, sobretudo, das circunstâncias.

Todas as manhãs, um carro deixa uma das três secretárias de Malraux em frente ao Ritz. Com uma máquina de escrever, a secretária datilografa as novas cenas ditadas pelo autor, substituindo outras, que se tornaram inutilizáveis. Em seguida ela vai ao hotel Majestic, onde está hospedado Max Aub. O dramaturgo traduz as novas cenas, muitas vezes rodadas no mesmo dia ou no seguinte. Também acontece, durante a gravação, de o diretor desligar as câmeras, pegar uma folha de papel e, outra vez roteirista, escrever uma sequência imprevista que acaba de lhe ocorrer.

Como todo o material militar de que dispõe o governo estivesse reservado para os assuntos de guerra, as cenas que previam tanques são suprimidas. A mesma orientação vale para os aviões, com exceção do único Potez que resta ao exército republicano e que Malraux está autorizado a filmar na decolagem e em voo. Esses planos serão integrados a outros, provenientes de documentários. De resto, é preciso se contentar com o que se tem, isto é, uma cabine de piloto de madeira cujos tabiques removíveis permitem às câmeras filmar com o recuo necessário, ou ainda fragmentos de carcaças destruídas que, reunidos, dão a ilusão de real. Certa vez, por sorte, a equipe teve direito a um velho Latécoère. Em vez das metralhadoras, são colocadas câmeras antes de o avião decolar. Perseguido pela força aérea fascista, escapa por um triz da destruição.

As cenas que se desenrolam em um terreno de aviação são filmadas nos aeroportos da cidade, entre dois bombardeios. À noite, de vez em quando gravam nas colinas de Montjuïc. Estas são atacadas todos os fins de tarde pela aviação italiana baseada em Mallorca. Como fazer, em tais condições, para ligar os projetores em um lugar ainda por cima submetido a blecautes?

Eles assumem o risco, eis tudo. Uma tomada bastará. Seja como for, não regravam muitas vezes, por conta da escassez de película.

De alpercatas e terno catalão, Malraux arranca os cabelos. Josette está presente, fazendo as vezes de continuísta.

Clara passa uma vez para tentar salvar o que resta de seu casamento. Tempo perdido. Porém, Josette desespera-se: ama André há cinco anos, conversam sobre divórcio há um ano e nada muda... Ele não responde. Está com a cabeça em outro lugar.

Leva sua equipe para a Sierra de Montserrat, onde deve rodar uma das cenas mais importantes do filme: a descida, com ajuda dos camponeses do vilarejo, de uma tripulação ferida após a queda de seu avião.

O exército forneceu a figuração: 2.500 recrutas que passam ali antes de partir para o front. O problema é que os figurantes devem dormir em um monastério que, como se descobre no último instante, está completamente ocupado por feridos. Deve-se, portanto, organizar um acampamento às pressas.

E tudo isso mantendo um olho no Ebro, que, no mês de julho, volta a incendiar.

O comando republicano, de fato, decidiu lançar uma ofensiva no rio com o objetivo de restabelecer as comunicações entre Barcelona e o resto do território que ainda pertence à República. O governo reorganizou a estrutura militar, chamou os últimos reservistas e criou o exército do Ebro. Este reúne 80 mil homens (entre os quais os sobreviventes das Brigadas Internacionais) sob comando majoritariamente comunista. Está equipado com baterias de artilharia e uma cobertura aérea sólida. Todos, de Juan Negrín ao soldado raso, sabem que a sorte da guerra será decidida no Ebro. Se as tropas republicanas conseguirem furar a linha de frente e reunir as duas partes do território, a situação pode ser salva. Se os fascistas contiverem o ataque, será ao preço de perdas tão severas que os contingentes da República provavelmente não poderão impedir a arremetida das tropas hispano-ítalo-alemãs contra Barcelona.

Se Barcelona ruir, a guerra está perdida.

Enquanto Malraux e sua equipe rodam *Sierra de Teruel*, a operação é preparada. Os engenheiros reuniram na margem oeste do Ebro todas as embarcações disponíveis, tonéis que formarão pontes improvisadas, jangadas construídas nas semanas anteriores, milhares de cabos... Em toda a extensão do front, isto é, 170 quilômetros, o material foi escondido com cuidado. Os homens chegaram na véspera do ataque, depois de uma marcha extenuante debaixo de um sol infernal. Em frente, para além dos 150 metros do rio, escondidos nos juncos, os fascistas estão de tocaia. Tanto no leste quanto no oeste, os grilos cantam nas oliveiras.

Na noite de 24 para 25 de julho de 1938, precedidas por comandos armados de punhais e granadas, as tropas atravessam. Ao sul, são repelidas. Ao norte, passam. Os republicanos constroem pontes metálicas sobre as quais andam caminhões e tanques. Aproveitando o efeito surpresa, conseguem formar cabeças de ponte e consolidá-las. Os soldados do exército do Ebro cavam trincheiras e fortificações escondidas nas rochas, atrás das árvores, nos trigais... Sabendo que agora nada mais têm a perder, os combatentes demonstram uma coragem excepcional. Eles avançam. A vitória, esperam, está na ponta do fuzil.

Contudo, em agosto, após avaliar as implicações da batalha em curso, Franco decide desguarnecer os outros fronts e reagrupar todas as suas forças no Ebro. Pede reforço a Hitler. Em pouco tempo, noite e dia, trezentos aviões de cores fascistas metralham e bombardeiam as pontes que os republicanos cada vez precisam reconstruir à custa de perdas severas. Por todo lado, as florestas queimam. Sob um calor tórrido, os barcos vão e vêm de uma margem à outra para resgatar os feridos e enviá-los aos hospitais da retaguarda. Os caças republicanos, sem os pilotos soviéticos (que, pouco a pouco, deixaram o país), não resistem aos assaltos dos alemães e dos italianos. Faltam armas. O reabastecimento tornou-se dos mais aleatórios em razão do embargo e, sobretudo, desde que o governo Daladier (que sucedeu Léon Blum no mês de abril) decidiu fechar a fronteira entre a França e a Espanha, despachando 30 mil soldados para vigiar os pontos de passagem.

Em agosto, as tropas da República recuam. Todavia, o comando do exército do Ebro havia proibido a retirada. As ordens são claras: quem fugir será considerado desertor e executado. Mesmo assim, seis semanas depois do início da ofensiva, os republicanos perderam o terreno conquistado em julho.

No fim de setembro, corre uma notícia dramática que prostra ainda mais as tropas envolvidas no front do Ebro: as Brigadas Internacionais deixam a Espanha.

Tal decisão, proposta pelo Comitê de Não Intervenção reunido em Londres, foi aceita pelo governo espanhol. Os acordos estipulam que os voluntários estrangeiros que se encontram na Espanha devem deixar o território. Todos os voluntários: de um lado, os brigadistas alistados pelo campo republicano; de outro, os italianos e os alemães, também considerados, estranha ironia, como não fazendo parte das tropas regulares – incluindo os soldados da Legião Condor. Farsa e cilada. A todos parece claro que a saída dos voluntários estrangeiros, se os acordos forem respeitados, beneficiará mais a República do que os fascistas: desde o princípio da guerra, as Brigadas Internacionais foram dizimadas, os melhores caíram; ao passo que, do outro lado, os soldados aguerridos de Hitler e de Mussolini constituem um apoio determinante para Franco (a quem o papa Pio XII acaba de se aliar).

O drama é que todos sabem também que nem os alemães nem os italianos partirão. E, de fato, Mussolini repatria alguns feridos para manter as aparências. Já Hitler discute com Franco a porcentagem que caberá à Alemanha sobre a exportação do minério espanhol... Não só nenhuma das duas potências retira sua artilharia, seus blindados ou sua força aérea, como enviam mais armamentos... Ao proporem essa medida, França e Inglaterra abandonaram a República Espanhola. Assim como, alguns dias mais tarde, em 29 de setembro de 1938, em Munique, vão abandonar a Tchecoslováquia.

As Brigadas Internacionais são dispensadas umas atrás das outras no front do Ebro. São desarmadas e reenviadas para a margem esquerda. Os voluntários estão em prantos.

Em cada vilarejo, são aclamados pelo povo. Avançam lentamente para Barcelona. A cidade prepara-se para celebrá-los, mas a data e o horário são mantidos cuidadosamente em segredo: um vazamento poderia provocar um bombardeio maciço. Em 28 de outubro, às 16h10 da tarde, caminhões equipados com alto-falantes atravessam a cidade a fim de informar à população que os brigadistas desfilarão dentro de vinte minutos. André Malraux está presente nessa cerimônia de adeus. Josette Clotis também, assim como toda a equipe do filme *Sierra de Teruel*. Robert Capa fotografa a guarda de honra, os voluntários alemães, os norte-americanos da brigada Abraham-Lincoln... Os discursos se sucedem, Negrín, a Pasionaria, Antonio Machado, enquanto as unidades desfilam, cada uma sob seu estandarte, homens saudáveis à frente, feridos e mutilados atrás. Os brigadistas estão uniformizados, mas sem armas. A cidade ostenta milhares de buquês de flores e bandeiras. Canta-se a "Internacional".

Nem todos os voluntários partem. Alguns decidem se realistar (como o escritor Ludwig Renn). Sabem que não há qualquer esperança para o combate, que a morte com certeza os espera no fim dessa longa estrada. Entretanto, no norte, há Hitler, que acaba de invadir o território dos sudetos. No centro, há a França, que traiu duas vezes. No leste, há Stalin, que, não conseguindo se entender com Paris e Londres, mostra inclinações condenáveis para com a Alemanha nazista. Para onde ir?

Os últimos brigadistas remetem fotos e coisas pessoais para as famílias. Depois, voltam a descer para o Ebro, onde o front, equilibrado durante algumas semanas, vai abaixo em novembro.

Em Paris, o advogado-escritor-jornalista Philippe Lamour prossegue seu combate contra o fascismo. Ele obtém um encontro com o estado-maior militar. Conta o que viu no front do Ebro: o ataque picado dos aviões alemães, que surgiam das colinas e metralhavam os barcos antes de dobrar, desaparecer e lançar novo ataque quase imediato. Prevê o que outros compreenderão tarde demais: os nazistas testam na Espanha um novo modo de combater.

Philippe Lamour é apresentado a "um homem de alta estatura, os elementos corporais disformes, um pomo de Adão proeminente, uma cabeça em formato de pera coberta por uma cabeleira rebelde": o coronel de Gaulle.[2] Este aperta a mão de seu interlocutor sem vê-lo, não se interessa por suas palavras e explica:

– Meu negócio são os tanques. Não os aviões.

Philippe Lamour bate em outras portas. Por fim, é recebido pelo general Gamelin, chefe de estado-maior da Defesa Nacional. Ele explica a estratégia dos aviadores alemães, que mergulham sobre seu alvo, provocando um pânico, paralisante, que facilita a saraivada de tiros de metralhadora seguida do aniquilamento do objetivo. Gamelin ouve. Vira-se para um de seus oficiais que presencia a conversa. Este declara que a Guerra Civil Espanhola não tem interesse algum do ponto de vista dos métodos estratégicos. Philippe Lamour é posto para fora. Amável, no entanto, Gamelin estende a mão e pergunta:

– Qual é sua patente no exército francês?

– Soldado de segunda classe – responde Lamour.

Ele sai. Como se recusassem a levar em conta a opinião do escritor, ele decide vestir outra vez a toga de advogado. Atuará contra Adolf Hitler, que acusa de contrafação a tradução francesa de *Mein Kampf*.

"O autor" exige a destruição da obra. Ele receberá as humildes desculpas por parte do governo francês, um franco por perdas e danos, e nada mais: acolhendo o arrazoado do sr. Lamour, o tribunal considerará que o uso do livro é útil para a edificação das consciências favoráveis ao Acordo de Munique...

Laure

Que me importa onde estou
Se sei onde vou
Posso saber onde vou
Sem conhecer onde estou?
Laure

Nessa mesma época, em 8 de novembro de 1938, para ser exato, Georges Bataille encontra-se em uma peça escura da casa de Saint-Germain-en-Laye, onde mora então. Está cercado de alguns amigos. Todos usam ternos claros e gravatas cor-de-rosa. Do outro lado da peça, duas mulheres de véu negro e crucifixo no peito soluçam baixinho. No meio dos dois grupos, sobre uma mesa, reina um caixão aberto no qual repousa uma mulher de 35 anos, morena, incrivelmente bela, os traços enfim relaxados.

Colette Peignot. Aquela que foi a amante dos três pilares de *La Critique sociale* e assinava seus textos com o pseudônimo de Laure.

Bataille esbarrou com ela pela primeira vez em 1931, enquanto jantava com sua mulher Sylvia na Brasserie Lipp. Laure dividia uma mesa em frente, com Boris Souvarine. Eles se reviram na casa deste, depois em outros lugares, não só no ambiente da *Critique sociale*, na qual Laure trabalha na secretaria de redação.

Bataille descobre uma mulher apaixonada, íntegra, extremamente exigente, de alma revolucionária. Oriunda de uma família rica, outrora criada na religião, ela rompeu com seu meio e com sua educação. Laure nunca faz concessão a nada. "Evitar contato com todo ser com quem não se sente nenhuma afinidade possível no que lhe toca no mais profundo e para com quem se tem obrigações de 'gentileza', de educação."[1]

A nada nem a ninguém. Certa noite janta na casa de sua cunhada, Suzanne, que adora e com quem mantém uma correspondência íntima e regular. Estão presentes diversos convidados. A conversa desvia para Léon Blum, então ignominiosamente caluniado por toda a imprensa de extrema direita, que recomenda ao longo das colunas fuzilar pelas costas "o *gentleyoutre*".*

Suzanne repete um boato amplamente disseminado por esses jornalecos: Blum na verdade se chamaria Karfunkel e cearia com aparelho de jantar de prata.

– De onde tirou essa informação? – pergunta Laure.

Sua cunhada gagueja.

Laure se levanta, deixa a mesa e desaparece.

Trinta minutos depois, toca o telefone. Suzanne atende. Seu interlocutor apresenta-se: sr. Bluwal, chefe de gabinete de Léon Blum.

– Parece que a senhora possui uma informação da máxima importância... O sr. Blum se chamaria Karfunkel e teria aparelho de jantar de prata?

Suzanne gagueja mais forte. Assim que desliga, ainda não faz ideia de que Laure nunca mais vai lhe dar a menor notícia.

Quando Bataille a conhece, ela já passou por muitas experiências. Aos 25 anos, encontrando-se em Berlim, viveu com um médico que a iniciou nas práticas sádicas que não são estranhas ao autor de *História do olho*. Depois, tendo aprendido russo em um instituto de línguas orientais, partiu para a União Soviética. Lá teve uma relação com o escritor Boris Pilniak, que conheceu por intermédio de Victor Serge. Na época, Pilniak não era mais o autor adulado de *O ano nu*, o representante da literatura soviética em viagem pelo vasto mundo. A publicação em Berlim de *Mogno*, obra proibida em Moscou, valera-lhe ataques das autoridades literárias e

---

* Insulto formado a partir de "gentleman" e "youtre". "Youtre" é uma das injúrias mais racistas da língua francesa para designar judeu. (N.T.)

políticas do país. Ainda mais porque, ao contrário de inúmeros de seus colegas, ele rebelara-se contra a prisão de seu amigo Victor Serge. Pilniak recusava-se a emigrar. Para se reabilitar, escreveu algumas obras louvando o regime. Seu trabalho era rigorosamente supervisionado. A seção cultural do Partido impusera-lhe a presença de um "colaborador" que relia as páginas de Pilniak assim que fossem redigidas. Este escritor devotado à causa propunha cortes e ajustes graças aos quais o manuscrito não tinha nenhuma chance de sair da linha. Esse duplo dedicado chamava-se Iejov. Devia suceder Yagoda à frente da GPU e ter o mesmo fim daquele a quem substituíra: uma bala na cabeça.

O testemunho de seu amante não estimulava Laure a vislumbrar o mundo soviético sob cores radiantes (Boris Pilniak foi enfim deportado para um campo de prisioneiros onde morreu em 1937). Ela insistiu, mesmo assim. Foi viver com camponeses pobres com quem dividiu a miséria. A experiência foi dura. Ela adoeceu. Seu irmão a trouxe às pressas para a França. Dessa viagem, Laure devia conservar a visão da coletivização forçada que fez milhões de vítimas em um país que ela denunciaria em pouco tempo ao lado de Boris Souvarine (e antes dos surrealistas) na *Critique sociale*.

Em 1934, quando retorna da casa de Masson, em Tossa del Mar, Bataille deixa Sylvia por Laure. Esta se separa de Souvarine em circunstâncias penosas. Acusa seu ex-companheiro de tê-la subjugado por uma autoridade excessiva e de não provocar mais nela o desejo sexual que Bataille desperta. Muito fragilizada, passa alguns meses em uma clínica em Saint-Mandé. Cercada pelos dois homens que a amam, por seu irmão e sua grande amiga Simone Weil, ela luta contra a depressão e tenta manter Souvarine afastado. Este se consome: "Não vejo mais perspectiva de salvação nem para ela, nem para mim; estamos condenados a levar, cada um à sua maneira, uma existência que não é nem vida nem morte, ela em razão de seu desequilíbrio orgânico, eu pela solidariedade íntima que me une a ela".[2] Ela lhe remete cartas dilacerantes, como uma mãe a um filho que se deveria consolar. Ele se obstina. Um pouco mais tarde, ela acaba por romper de modo mais violento com ele. A partir desse dia, e até o fim de sua vida, Souvarine alimentará um ódio inextinguível por seu ex-amigo, que se tornou um rival, alvo de todo seu desprezo.

Bataille imaginava que Laure fosse forte e determinada? Ela não é senão "fragilidade, desvario". Essa mulher que ostenta uma liberdade de costumes chocante para a época, que se oferece a homens de passagem, no trem ou na rua, é também uma amante apaixonada e uma grande idealista. "A beleza de Laure só aparecia àqueles que a decifravam. Nunca ninguém me pareceu como ela intratável e pura, nem mais decididamente 'soberana' [...] Ela era visivelmente a pureza, o orgulho mesmo."[3]

Entretanto, ela sofre de tuberculose. Talvez a doença explique o exagero de sua personalidade, as rupturas que a marcam de modo tão profundo?

No outono de 1938, um ataque a prostra na cama, a mesma que divide há quatro anos com Georges Bataille. A doença avança a uma velocidade vertiginosa – e mortal. Bataille decide alertar a família de Laure. Sua mãe e sua irmã chegam. Presenciam a agonia, sentadas à direita de Laure. Bataille e alguns de seus amigos ficam do outro lado. Os dois grupos não se dirigem a palavra. As duas mulheres esperam que a moribunda faça um gesto que a reconduza ao seio católico. Em 7 de novembro, Laure morre sem ter feito o sinal da cruz tão esperado por umas, temido pelos outros.

No dia seguinte, a mãe manda um emissário falar com Bataille. Ele aceitaria que um padre viesse à cabeceira da finada?

– Não – responde o escritor. – Nenhum religioso vai pôr os pés na minha casa.

A mãe não se transtorna. Como sua filha e Bataille não fossem casados, ninguém pode impedi-la de organizar uma missa depois do enterro.

– Se ela fizer isso – responde Bataille ao enviado especial –, eu mato o padre.

Assim, neste dia 8 de novembro, reencontram-se para o sepultamento. Enquanto os encarregados dos serviços funerários se apressam ao redor do caixão, os dois grupos não falam uma palavra. Bataille dá um passo à frente. Aproxima-se dessa mulher excepcional cujas convicções finais ele não admitiria que fossem traídas. Põe junto a ela um texto de William Blake que ela pedira para ler pouco tempo antes de morrer: *O casamento do céu e do inferno*. Em seguida retorna ao grupo de seus amigos. O silêncio, então, é terrificante.

Um murmúrio de repente rasga o silêncio. A mãe pede ao intermediário para se aproximar. Erguendo o véu que esconde suas lágrimas, faz uma pergunta. O emissário aproxima-se de Bataille. Inclina-se até seu ouvido e cochicha:

– A mãe de Laure gostaria de abraçá-lo.

Amém.

Laure escrevia. Antes de morrer, havia queimado os textos que não queria ver publicados. Um ano depois de seu falecimento, contra a posição da família – sobretudo de seu irmão Charles –, Georges Bataille, Michel Leiris e Jérôme Peignot (o sobrinho de Laure) publicarão fora do circuito comercial os poemas e os breves escritos em prosa deixados por ela. A compilação se chamará *Les Écrits de Laure* e terá tiragem de duzentos exemplares.

Vaivém espanhol

O dia estava tão lindo que parecia ridículo
que alguém pudesse morrer.
Ernest Hemingway

5 de novembro de 1938.

Uma barca balança perigosamente no Ebro, que se tornou arriscado por uma subida brutal do nível da água: no norte, os fascistas abriram as barragens a fim de afogar os combatentes republicanos que recuam. A barca é mantida por uma corda amarrada na margem oposta. De repente, a corda arrebenta. A embarcação parte à deriva. Sacudida por uma corrente impetuosa, gira temerariamente rumo a pedaços de ferragem, restos de uma ponte bombardeada pelos aviões franquistas. A bordo, um remador e um punhado de repórteres. Eles retornam do front, onde o comando reenviou-os para a retaguarda: é perigoso demais.

O remador é um camponês debilitado, sem dúvida há muito mal alimentado. Luta em vão contra a corrente. Um dos repórteres apanha os remos, mergulha-o na água e, remando com força, restabelece a trajetória da barca, que atraca milagrosamente na orla. Sob os aplausos de seus companheiros de quem acaba de salvar a vida, Ernest Hemingway coloca o pé no chão. Robert Capa arma de novo sua Leica e o segue. Partem correndo para se proteger nos juncos.

Hemingway voltou para a Espanha em agosto. Estava presente no país quando, em 30 de outubro, ao amanhecer, os fascistas lançaram uma contraofensiva maciça no front do Ebro. Foi nessa ocasião que Capa o encontrou.

Algumas horas antes, eles atravessaram o rio juntos. O comando do Batalhão Commune-de-Paris os acompanhava. Como todas as pontes haviam sido destruídas, subiram em uma embarcação conduzida por quatro remadores. Hemingway pagou-os em cigarros. Eles regressaram a Mora de Ebro, cidade em ruínas que Capa fotografou demoradamente. Em seguida deram meia-volta. Estão entre os últimos a ter atravessado o Ebro. Agora, Hemingway parte para Barcelona enquanto Capa se une às tropas republicanas no Segre, um afluente do rio.

O fotógrafo ainda não se recuperou da morte de Gerda. Não se perdoa por ter conduzido a moça ao caminho que a levou à morte. Contudo, após noites de bebedeiras consoladoras, uma viagem a Amsterdã, outra a Nova York e uma terceira à China, está melhor. Teve outras histórias. Em Nova York, ajudado por seu amigo Kertész (que então vive nessa cidade), elaborou um livro reunindo as fotos de Gerda e as suas, tiradas na Espanha. A obra é dedicada à fotógrafa cujos retratos ele mostra a quem pede afirmando que ela é... que ela era sua mulher. Não vai esquecê-la jamais.

Em Nova York, acertou um contrato com a revista *Life*, que lhe paga adiantado por fotos que ele só enviará mais tarde. Assim, Capa foi à China cobrir a Guerra Sino--Japonesa com Joris Ivens. Permaneceu lá de janeiro a setembro de 1938. Tão logo regressou à França, partiu uma vez mais para a Espanha, onde permanecerá um breve período durante a Batalha de Teruel. Havia passado o réveillon com Hemingway pouco antes de este voltar aos Estados Unidos.

No Segre, fotografa os soldados da República correndo em um terreno bombardeado, saltando de um bloco de pedra para um abrigo natural, trazendo seus camaradas feridos. Com o olho pregado no visor de sua Leica, registra no negativo cliques inesquecíveis que a *Life* publicará em duas páginas inteiras. Com o trabalho encerrado, torna a partir para a França.

Também Hemingway vai embora. Ele deixou Martha no hotel Majestic de Barcelona. Regressa aos Estados Unidos, onde é esperado por sua mulher, Pauline. No entanto, antes de cruzar a fronteira, passa um dia com os voluntários norte-americanos da Brigada Lincoln que, como ele, voltam ao seu país.

Durante quinze anos, Hemingway não recolocará os pés na Espanha. Continuará à sua maneira, que é a mesma de André Malraux, o combate que travou *in loco* no decurso de longos meses: em 1940, publicará seu livro sobre a Guerra Civil Espanhola, *Por quem os sinos dobram*, que vendeu 500 mil exemplares no primeiro ano e foi dedicado a Martha Gellhorn, sua terceira esposa.

Em 23 de dezembro, os fascistas lançam sua última ofensiva contra o norte do país. Em Barcelona, André Malraux prossegue rodando *Sierra de Teruel*. No decorrer das semanas, as condições de trabalho tornaram-se mais que difíceis: extenuantes. Na cidade, não há mais quase nada para comer. O reabastecimento, que então só pode vir do exterior, tornou-se impossível em razão da barreira organizada pelos navios franquistas. Quando um barco consegue furar o bloqueio dos navios de guerra, é bombardeado pelos aviões. Por isso, a fome impera. A equipe do filme alimenta-se graças às provisões que os amigos íntimos conseguem trazer da França.

Mais dramático ainda: depois da queda do Ebro, os franquistas avançam ao longo da costa. Eles bombardearam Tarragona. Aproximam-se de Barcelona. Como terminar o filme?

Os desertores pululam nas estradas da Catalunha. Nos portos, tentam desesperadamente subir a bordo de embarcações superlotadas – que, de todo modo, serão metralhadas pelos caças inimigos. Uma só questão se impõe: como chegar à França? O próprio governo recua para o norte, de cidade em cidade. O ministro do Interior foi visto, de arma na mão, tentando coordenar a circulação na principal estrada que leva à França. As ruas de Barcelona, repletas de imundícies, ensurdecidas pelas explosões próximas, entulhadas de um milhão de refugiados, escoam para todo lado uma onda de terror e de desespero. Lojas vazias são quebradas. As pessoas controlam os aviões que patrulham no céu. Buscam os focos de fumaça preta, sinais de incêndios que se aproximam...

Em 10 de janeiro, no hall do hotel Majestic, Malraux esbarra com Capa, que chega da França. Martha também está ali, aterrorizada pelos bombardeios. Capa fica ao lado dela, em seu quarto, para tranquilizá-la. Em seguida, com a Leica a tiracolo, corre para as estradas da Catalunha. Fotografa os refugiados que fogem diante dos franquistas.

A coluna Yagüe marcha para Tarragona. Em 14 de janeiro, toma a cidade. O caminho para Barcelona está aberto. Capa retorna ao hotel Majestic. Deixa a capital da Catalunha na noite de 25 de janeiro, no momento em que os fascistas alcançam as cercanias da cidade. Chega à Embaixada dos Estados Unidos em Caldetas, onde os últimos norte-americanos presentes na Espanha esperam embarcar no cruzador *Omaha*. *Life* conseguiu que Capa fosse com eles. Todavia, o fotógrafo se recusa. Une-se aos refugiados e os acompanha. Parece que toda a Catalunha recua em direção ao norte, e mais todos aqueles que já haviam fugido da Andaluzia, e mais todos aqueles que já haviam fugido da Estremadura, e mais todos aqueles que, desde o desabrochar da guerra, haviam fugido dos territórios que caíram nas mãos do inimigo, e mais Antonio Machado, que foge de seu país para nunca mais voltar.

Carros oficiais passam pela estrada, rumo a Perthus. Em alguns estão armazenadas obras de Goya, de Velázquez ou de Ticiano, que já haviam trocado o Museu do Prado por Figueras e que o governo envia a Genebra. Seguem caminhões ofegantes, sobrecarregados pelo excesso de seus ocupantes. Em um deles, Josette Clotis se aperta contra André Malraux. Este está sentado atrás da caçamba, ao lado de outros viajantes. A seus pés jazem uma caixa e algumas sacolas de papel que levam os últimos rolos do filme produzido. A rodagem não terminou. Apenas dois terços do roteiro foram gravados. Vão terminar o indispensável, as sequências e as cenas complementares, em Villefranche-de-Rouergue. Ele será montado nos estúdios de Joinville. Toda a banda sonora será refeita. Vão ser adicionados cartazes explicativos que compensarão as ausências.

O filme ficará pronto na primavera de 1939. Os membros do governo espanhol em exílio irão vê-lo, e o lançamento está previsto para 15 de setembro de 1939. Contudo, por intervenção do novo embaixador da França em Madri, *Sierra de Teruel* vai ser proibido pelo governo Daladier. Durante a guerra, uma cópia será milagrosamente salva. O filme será lançado em 1945 com o título *L'Espoir* [*A esperança*] e receberá o prêmio Louis-Delluc.

O embaixador da França na Espanha, que pedira a proibição do filme, era um marechal francês. Chamava-se Philippe Pétain.

Guerras

Agora que uma guerra acabava, tive a impressão de sentir passar no vento o cheiro de cadáver das próximas hecatombes.

Gustav Regler

Gustav Regler volta dos Estados Unidos. Também ele pregou a boa palavra republicana para obter fundos. Também ele circulou de cidade em cidade, de microfone em microfone. Também ele pensou que era tarde demais, que a situação estava perdida. Então voltou à Europa. Quando ficou sabendo da queda de Barcelona, encontrava-se em Paris. Tomou o trem para Perpignan: queria rever uma última vez os homens de sua brigada.

As notícias eram péssimas. Em 1º de fevereiro, em Figueras – última cidade catalã antes da fronteira –, em um castelo afastado, o primeiro-ministro, dr. Negrín, reunira cerca de sessenta deputados das Cortes Gerais. Sentados ao redor de uma mesa coberta com a bandeira da República, os representantes do povo concordaram em pedir à França e à Inglaterra que intercedessem junto ao general Franco. O governo aceitava negociar com os fascistas contanto que as represálias cessassem. Franco recusara.

Em 5 de fevereiro, o presidente da República e o primeiro-ministro deixavam a Espanha (Negrín retornará). Por uma estranha série de coincidências, seu carro acabou bloqueado por um veículo em pane parado no meio da pista. O dr. Negrín desceu, arregaçou as mangas e, apoiando-se na carroceria, tentou debalde liberar a rua. Os dois principais personagens do Estado pegaram suas malas e seguiram a estrada da fronteira no meio de uma coorte de refugiados.

Quando Gustav Regler chega ao Grande Hotel de Perpignan, a França enfim havia aceitado abrir suas fronteiras a fim de "acolher" os espanhóis que fogem de seu país. Em um primeiro momento, o governo recusara; depois, admitira os civis e os feridos; por fim, respeitando a condição de que fossem desarmados ao entrar no território nacional, consentiu em deixar passar os soldados. Entre eles, Regler espera reencontrar seus amigos, os camaradas que não revê desde sua internação no hospital.

Em Perpignan, reencontra Matthews, correspondente do *New York Times*, que o leva de carro até a fronteira. Eles chegam à entrada da ponte internacional, obstruída à direita e à esquerda tanto pela guarda quanto por soldados senegaleses. No meio, em uma onda contínua, digna mas derrotada, corre a maré dos refugiados. São centenas, milhares, mulheres, crianças, velhos, famílias inteiras fugindo do terror que se abate sobre as cidades conquistadas pelos fascistas. Caminham há dias e noites, esgotados, esfomeados, muitas vezes nada tendo comido além de leite em pó, raízes, frutas podres. Uma velha camponesa vigia uma galinha e dois pintos envoltos em um xale dobrado. Uma menininha procura sua boneca, chorando. Uma mulher carrega seu rebento morto nos braços. Um homem atravessa com um pequeno abraçado nele: o senhor Ibáñez e seu filho, Paco. Há por ali alguns habitantes de Portbou com quem Regler cruzara outrora, que deixaram os porões que os protegiam dos bombardeios, crianças de barriga inchada pela fome, que avançam com os outros, na esperança de uma paz salvadora. Suas roupas estão encharcadas pela chuva, pela neve e pela lama. Nas mãos fechadas, alguns apanharam um torrão de terra espanhola, que os guardas jogam fora na fiscalização dos documentos e das bagagens. Os soldados devem se desfazer de suas armas. Eles as soltam depois de fazer um carinho na coronha.

> Já sabíamos que, para além dos Pirineus, esperavam-nos campos de concentração, preparados por aqueles mesmos que, pela nefasta política de não intervenção, ajudaram a estrangular a República Espanhola.[1]

Em um último rompante de revolta, no derradeiro momento, alguns brigadistas dão meia-volta. Regressam para a batalha, pois Madri não depôs as armas. No coração da Espanha, ainda se guerreia. Além do mais, deve-se cobrir a retirada. Um milhão de pessoas caminha nos Pirineus.

No pé da ponte internacional, o prefeito de Perpignan discute com um general. A alguns passos, rodeado por um grupo de jornalistas, surge Louis Aragon. Regler o detesta. Considera-o um pedante.

> Ao passar diante de um guarda, ele lançou-lhe um olhar venenoso, muito insistente: a expressão do desprezo, tal como se ensina em *A arte do ator em doze lições*, depois voltou para seu carro. Uma voltinha e tchau... como as marionetes [da cantiga francesa].[2]

Regler, por sua vez, entra no carro de Matthews. Eles seguem os refugiados, levados para campos, em Gurs, Argelès, Vernet, Saint-Cyprien ou Barcarès. Muitos são colocados nas praias, fechados em perímetros quadrados por arame farpado, vigiados por soldados armados no alto de postos de sentinela. Milhares de homens dormindo na areia, sem poder beber, nem comer, nem se lavar.

Policiais param o carro de Matthews. Regler desce e continua sozinho. Um caminhão o leva até as montanhas. Lá reencontra seus camaradas. André Marty também está presente, com sua guarda pessoal. Ajuste de contas? Seja como for, é tarde demais.

Em Collioure, o poeta espanhol Machado agoniza entre os seus. Em 22 de fevereiro, oficiais internados do exército republicano fecham seu corpo em um caixão coberto por uma bandeira com as cores da República Espanhola.

Em 10 de fevereiro, as tropas franquistas cercam toda a fronteira.

Em 27 de fevereiro, a França e a Grã-Bretanha reconhecem Franco.

Madri cai em 28 de março.
Em 1º de abril, os fascistas difundem um comunicado:

Hoje, depois de desarmar e aprisionar o Exército Vermelho, as tropas nacionais atingiram seu último objetivo. A guerra acabou.

A Guerra Civil Espanhola.
A outra está para começar.

NOTAS

VOO NOTURNO

1. Antoine de Saint-Exupéry, *Un sens à la vie*, Paris: Gallimard, 1956.

O GRUPO OUTUBRO

1. Citado por Marcel Duhamel, *Raconte pas ta vie*, Paris: Mercure de France, 1972.
2. Relatado por Marcel Duhamel, *op. cit.*

A ALMA ERRANTE

1. André Breton, *L'amour fou*, Paris: Gallimard, 1976.
2. André Breton, *Nadja*, tradução de Ivo Barroso. São Paulo: Cosac Naify, 2007. p. 13.
3. André Breton, *Nadja*, *op. cit.*, p. 86.
4. André Breton, *Nadja*, *op. cit.*, p. 144.
5. André Breton, *L'amour fou*, *op. cit.*

A BOFETADA

1. Ilya Ehrenburg, Les surréalistes, in: *Vus par un écrivain d'URSS*, Paris: Gallimard, 1934.

A TRAIÇÃO DE KHARKOV

1. André Thirion, *Révolutionnaires sans révolution*, Paris: Le Pré--aux-Clercs, 1988.
2. Paul Éluard, *Certificat,* La Pléiade, Paris: Gallimard, 1984.
3. André Thirion, *Révolutionnaires sans révolution*, *op. cit.*
4. Paul Éluard, *Lettres à Gala*, Paris: Gallimard, 1996.

A MORTE DIFÍCIL

1. Eugène Dabit, *Journal intime*, Paris: Gallimard, 1989.
2. Romain Rolland e Máximo Gorki, *Correspondance*, Paris: Albin Michel, 1991.
3. Romain Rolland e Máximo Gorki, *Correspondance*, *op. cit.*
4. Victor Serge, *Mémoires d'un révolutionnaire*, Paris: Seuil, 1951.

Entrada de um gênio

1. Salvador Dalí, prefácio a René Crevel, *La Mort difficile,* Paris: Pauvert, 1985.
2. Salvador Dalí, *Journal d'un génie*, Paris: La Table Ronde, 1964.

O divino Dalí

1. Salvador Dalí, *La vie secrète de Salvador Dali,* Paris: Le club français du livre, 1954.
2. Salvador Dalí, *La vie secrète de Salvador Dali*, *op. cit.*
3. Salvador Dalí, *La vie secrète de Salvador Dali*, *op. cit.*
4. Salvador Dalí, *La vie secrète de Salvador Dali*, *op. cit.*
5. Salvador Dalí, *Journal d'un génie*, *op. cit.*
6. Luis Buñuel, *Mon dernier soupir*, Paris: Robert Laffont, 1982.
7. Salvador Dalí, *La vie secrète de Salvador Dali*, *op. cit.*
8. Salvador Dalí, *La vie secrète de Salvador Dali*, *op. cit.*
9. Salvador Dalí, *La vie secrète de Salvador Dali*, *op. cit.*
10. Henri-François Rey, *Dali dans son labyrinthe*, Paris: Grasset, 1974.
11. Salvador Dalí, *Journal d'un génie*, *op. cit.*
12. Salvador Dalí, *La vie secrète de Salvador Dali*, *op. cit.*
13. Henri-François Rey, *Dali dans son labyrinthe*, *op. cit.*
14. Henri-François Rey, *Dali dans son labyrinthe*, *op. cit.*

Gala

1. Paul Éluard, *Lettres à Gala*, Paris: Gallimard, 1996.

Amor à primeira vista

1. Salvador Dalí, *Journal d'un génie*, *op. cit.*
2. Salvador Dalí, *La vie secrète de Salvador Dali*, *op. cit.*
3. Salvador Dalí, *La vie secrète de Salvador Dali*, *op. cit.*
4. Paul Éluard, *Lettres à Gala*, *op. cit.*

O grande homem e a Pequena Senhora

1. Jean Lambert, *Gide familier*, Lyon: Presses Universitaires de Lyon, 2000.
2. Roger Martin du Gard, *Notes sur André Gide*, Paris: Gallimard, 1951.
3. Léon Pierre-Quint, *André Gide*, Paris: Stock, 1952.
4. Clara Malraux, *La fin et le commencement*, Paris: Grasset, 1976.
5. Citado por Jean-Jacques Brochier, *L'Aventure des surréalistes*, Paris: Stock, 1977.

6. De Paul Claudel a André Gide, 1908, in: Paul Claudel – André Gide, *Correspondance,* 2000.
7. De Paul Claudel a André Gide, 1913, in: Paul Claudel – André Gide, *Correspondance, op. cit.*
8. André Gide, *Os porões do Vaticano*, tradução de Mario Laranjeira, São Paulo: Estação Liberdade, 2009 e Paul Claudel – André Gide, *Correspondance*, nota estabelecida por Robert Mallet, *op. cit.*
9. De Paul Claudel a André Gide, 1914, in: Paul Claudel – André Gide, *Correspondance, op. cit.*
10. De Paul Claudel a André Gide, in: Paul Claudel – André Gide, *Correspondance, op. cit.*
11. De Paul Claudel a André Gide, in: Paul Claudel – André Gide, *Correspondance, op. cit.*

MUDAR O MUNDO...

1. André Gide, carta a Jean Schlumberger, in: *Littérature engagée,* Paris: Gallimard, 1950.
2. André Gide, *Journal*, 27 de julho de 1931, Paris: Gallimard, La Pléiade, 1977.
3. André Gide, in: *La Nouvelle Revue Française*, outubro de 1932.
4. Jean Schlumberger, *Notes sur la vie littéraire 1902-1968*, Paris: Gallimard, 1999.
5. Clara Malraux, *La fin et le commencement*, Paris: Grasset, 1976. *op. cit.*
6. Jean Lacouture, *Malraux, une vie dans le siècle*, Paris: Seuil, 1973.

A POLÍTICA E A ARTE

1. André Gide, *Journal*, *op. cit.*
2. Salvador Dalí, *Journal d'un génie*, *op. cit.*
3. Jean Schlumberger, *Notes sur la vie littéraire 1902-1968*, *op. cit.*
4. Vítězslav Nezval, *Rue Gît-le-Cœur*. La Tour d'Aigues: Ed. de l'Aube, 1991.

A POESIA INFELIZ

1. Rilke – Pasternak – Tsvetaeva: *Correspondance à trois*, Paris: Gallimard, 1983.
2. Rilke – Pasternak – Tsvetaeva: *Correspondance à trois*, *op. cit.*
3. Rilke – Pasternak – Tsvetaeva: *Correspondance à trois*, *op. cit.*
4. Rilke – Pasternak – Tsvetaeva: *Correspondance à trois*, *op. cit.*

Batalhas

1. De acordo com Michel Surya, *Georges Bataille, la mort à l'œuvre*, Paris: Gallimard, 1992.
2. Georges Bataille, *Le Surréalisme au jour le jour*, in: *Œuvres complètes*, tomo VIII, Paris: Gallimard, 1976.
3. André Breton, *Second manifeste du surréalisme*, Paris: Gallimard, 1973.
4. In: Bernard-Henri Lévy, *Les Aventures de la liberté*, Paris: Grasset, 1991.

O bar do hotel Pont-Royal

1. Antoine de Saint-Exupéry, *Terre des hommes*, Paris: Gallimard, 1939.

Kafka & Cia.

1. Julien Green, *Journal*, Paris: Gallimard, 1975.
2. Pierre Herbart, *La ligne de force*, Paris: Gallimard, 1958.
3. Pierre Herbart, *En URSS*, Paris: Gallimard, 1937.
4. Roger Martin du Gard, *Notes sur André Gide*, *op. cit.*
5. Cahiers André Gide, *Les Cahiers de la Petite Dame*, tomo II, Paris: Gallimard, 1974.

Datcha

1. Cahiers André Gide, *Les Cahiers de la Petite Dame*, tomo II, *op. cit.*
2. Louis Aragon, *La mise à mort*, Paris: Gallimard, 1965.
3. Louis Aragon, *La mise à mort*, *op. cit.*
4. André Gide, discurso pronunciado na Praça Vermelha em Moscou para os funerais de Máximo Gorki, in: *Retour de l'URSS*, Paris: Gallimard, 1993.
5. Vitali Chentalinski, *La parole ressuscitée*, Paris: Robert Laffont, 1993.
6. Victor Serge, *Mémoires d'un révolutionnaire*, Paris: Seuil, 1951.
7. Louis Aragon, *La mise à mort*, *op. cit.*

Uma viagem muito organizada

1. Pierre Herbart, *En URSS*, Paris: Gallimard, 1937.
2. Pierre Herbart, *En URSS*, *op. cit.*
3. Louis Guilloux, *Carnets*, Paris: Gallimard, 1978.
4. Louis Guilloux, *Carnets*, *op. cit.*
5. Louis Guilloux, *Carnets*, *op. cit.*

6. Eugène Dabit, *Journal intime*, Paris: Gallimard, 1989.
7. Eugène Dabit, *Journal intime*, *op. cit.*
8. Pierre Herbart, *En URSS*, *op. cit.*

Passando pelo Reichstag

1. Manès Sperber, *Le pont inachevé*, Paris: Calmann-Lévy, 1977.
2. Manès Sperber, *Le pont inachevé*, *op. cit.*
3. Gustav Regler, *Le glaive et le fourreau*, Paris: Plon, 1958.

Pilhagem

1. Clara Malraux, *Nos vingt ans*, Paris: Grasset, 1992.
2. Clara Malraux, *Nos vingt ans*, *op. cit.*

No pasarán!

1. Luis Buñuel, *Mon dernier soupir*, Paris: Robert Laffont, 1982.
2. Jacques Delperrie de Bayac, *Les brigades internationales*, Paris: Fayard, 1968.

Olé!

1. Salvador Dalí, *Journal d'un génie*, *op. cit.*

Pena do Comintern

1. Arthur Koestler, *Hiéroglyphes*, Paris: Robert Laffont, 1994.

Gerda e Robert

1. Conforme *Le Monde* de 24 de junho de 2001.

Place des Victoires

1. *Les Cahiers de la Petite Dame*, *op. cit.*

De volta da URSS

1. *Les Cahiers de la Petite Dame*, tomo II, *op. cit.*
2. André Gide, *Journal*, 3 de setembro de 1936, *op. cit.*
3. Citado por Jean Schlumberger, *Notes sur la vie littéraire 1902-1968*, *op. cit.*
4. André Gide, *Retour de l'URSS*, *op. cit.*
5. André Gide, *Retour de l'URSS*, *op. cit.*
6. Louis-Ferdinand Céline, *Mea Culpa*, Paris: Denoël et Steele, 1937.
7. Louis-Ferdinand Céline, *Mea Culpa*, *op. cit.*
8. André Gide, *Journal*, *op. cit.*

O alcácer

1. Números citados por Pierre Broué, *Staline et la révolution*, Paris: Fayard, 1993.

Vinganças

1. *L'Humanité* de 18 de janeiro de 1937.
2. Ilya Ehrenburg, *La nuit tombe*, Paris: Gallimard, 1966.
3. *Les Cahiers de la Petite Dame*, tomo II, *op. cit.*

É apenas um até breve

1. André Malraux, *L'Espoir*, Paris: Gallimard, La Pléiade, 1996.
2. André Malraux, *L'Espoir*, *op. cit.*
3. *Les Cahiers de la Petite Dame*, tomo II, *op. cit.*

A bela de Sevilha

1. Arthur Koestler: *L'écriture invisible*, Paris: Robert Laffont, 1994.

Corra, camarada, o Velho Mundo está atrás de ti!

1. George Orwell, *Catalogne libre*, Paris: Gallimard, 1955.

Nobreza e subversão

1. Salvador Dalí, prefácio a René Crevel, *La Mort difficile,* Paris: Pauvert, 1985.

O belo e a guerra

1. Pierre Dupuy, *Hemingway et l'Espagne,* Paris: La Renaissance du livre, 2001.
2. James R. Mellow, *Hemingway,* Mônaco: Éditions du Rocher, 1995.
3. Ernest Hemingway, *Por quem os sinos dobram*, Rio de Janeiro : Bertrand, 2014.
4. John Dos Passos, *Aventures d'un jeune homme*, Paris: Gallimard, 1957.
5. John Dos Passos, *Aventures d'un jeune homme*, *op. cit.*
6. John Dos Passos, *Aventures d'un jeune homme*, *op. cit.*

Penas e fuzis

1. Bernard-Henri Lévy, *Les Aventures de la liberté*, *op. cit.*
2. Bernard-Henri Lévy, *Les Aventures de la liberté*, *op. cit.*

Os amores do sr. Picasso

1. Citado por Pierre Cabanne, *Le siècle de Picasso*, Paris: Gallimard, 1992.

A raiva de pintar

1. Françoise Gilot, *Vivre avec Picasso*, Paris: Calmann-Lévy, 1991.

Santa Simone

1. Pierre Klossowski, in Bernard-Henri Lévy, *op. cit.*
2. Georges Bataille, *Le bleu du ciel*, Paris: Pauvert, 1979.

Processos

1. Henri-François Rey, *Dali dans son labyrinthe*, *op. cit.*
2. Salvador Dalí, *La vie secrète de Salvador Dali*, *op. cit.*
3. Salvador Dalí, *La vie secrète de Salvador Dali*, *op. cit.*
4. Citado por Meredith Etherington-Smith, *Dali*, Paris: l'Archipel, 1992.
5. Salvador Dalí, *Journal d'un génie*, *op. cit.*
6. Georges Hugnet, *Pleins et déliés*, Paris: Guy Authier, 1972.
7. Salvador Dalí, *Journal d'un génie*, *op. cit.*
8. Salvador Dalí, *Journal d'un génie*, *op. cit.*
9. Salvador Dalí, *Journal d'un génie*, *op. cit.*

Os saraus de quarta-feira

1. Salvador Dalí, *Journal d'un génie*, *op. cit.*
2. Salvador Dalí, *Journal d'un génie*, *op. cit.*
3. Salvador Dalí, *La vie secrète de Salvador Dali*, *op. cit.*
4. Salvador Dalí, *La vie secrète de Salvador Dali*, *op. cit.*
5. Henri-François Rey, *Dali dans son labyrinthe*, *op. cit.*
6. Henri-François Rey, *Dali dans son labyrinthe*, *op. cit.*
7. Louis Pauwels. *Dali m'a dit*. Paris: Carrère, 1989.
8. Salvador Dalí, *Journal d'un génie*, *op. cit.*

Trópicos

1. Maurice Girodias, *Une journée sur la terre*, Paris: La Différence, 1990.
2. Anaïs Nin, *Journal*, Paris: Stock, 1970.
3. Anaïs Nin, *Journal*, *op. cit.*
4. Anaïs Nin, *Journal*, *op. cit.*

Alfa Romeo

1. Ernest Hemingway, *Paris est une fête*, Paris: Gallimard, 1964.
2. Artigo escrito por Blaise Cendrars sobre *Trópico de Câncer* na revista *Orbes*, citado por Miriam Cendrars, in: *Blaise Cendrars*, Paris: Balland, 1984.
3. Na revista *Europe*, *Blaise Cendrars*, 1976.

"A esperança"

1. Clara Malraux, *La fin et le commencement*, *op. cit.*

O Velho

1. *Les Cahiers de la Petite Dame*, *op. cit.*
2. *Les Cahiers de la Petite Dame*, *op. cit.*
3. Pierre Broué, *Trotsky*, Paris: Fayard, 1988.

General-escritor

1. Philippe Lamour, *Le cadran solaire*, Paris: Robert Laffont, 1980.

Teruel

1. Ernest Hemingway, *En ligne*, Paris: Gallimard, 1970.
2. Ernest Hemingway, *En ligne*, *op. cit.*

Sierra de Teruel

1. Ernest Hemingway, *En ligne*, *op. cit.*
2. Philippe Lamour, *Le cadran solaire*, *op. cit.*

Laure

1. *Écrits de Laure*, texto estabelecido por J. Peignot e o coletivo Change (ed.), Paris: Pauvert, 1977.
2. Laure, *Une rupture*, Paris: Éditions des Cendres, 1999.
3. Georges Bataille, *Vie de Laure*, Paris: Pauvert, 1977.

Guerras

1. Depoimento de Elie Rappoport, combatente do Batalhão Dimitrov, citado por David Diamant, in: *Combattants juifs dans l'armée républicaine espagnole*, Paris: Éditions Renouveau, 1979.
2. Gustav Regler, *Le glaive et le fourreau*, *op. cit.*

Bibliografia

Alexandrian, Sarane. *Max Ernst*. Paris: Somogy, 1992.

Amossy, Ruth. *Dali ou le Filon de la paranoïa*. Paris: PUF, 1995.

Aragon, Louis. *La Mise à mort*. Paris: Gallimard, 1965.

Aron, Raymond. *Mémoires*. Paris: Julliard, 1983.

Assouline, Pierre. *Simenon*. Paris: Julliard, 1992.

______. *Le Fleuve Combelle*. Paris: Calmann-Lévy, 1997.

______. *Cartier-Bresson*: L'œil du siècle. Paris: Plon, 1999.

Auclair, Marcelle. *Enfances et mort de Garcia Lorca*. Paris: Seuil, 1968.

Bataille, Georges. Le Surréalisme au jour le jour. In: *Œuvres complètes*. Tomo VIII. Paris: Gallimard, 1976.

______. *Le Bleu du ciel*. Pauvert: Paris, 1979.

______. *Vie de Laure*. Pauvert: Paris, 1977.

______. *Écrits de Laure*. Pauvert: Paris, 1985.

Beauvoir, Simone de. *La Force de l'âge*. Paris: Gallimard, 1960.

Belamich, André. *Lorca*. Paris: Gallimard, 1983.

Benaïm, Laurence. *Marie Laure de Noailles*. Paris: Grasset, 2001.

Berl, Emmanuel. *Interrogatoire par Patrick Modiano*. Paris: Gallimard, 1976.

Bernanos, Georges. *Les Grands Cimetières sous la lune*. Paris: Plon, 1938.

Bona, Dominique. *Gala Dali*. Paris: Flammarion, 1995.

Bonal, Gérard. *Les Renaud-Barrault*. Paris: Seuil, 2000.

Bothorel, Jean. *Bernanos:* Le Mal pensant. Paris: Grasset, 1998.

______. *Louise ou la Vie de Louise de Vilmorin*. Paris: Grasset, 1993.

Brasillach, Robert. *Notre avant-guerre*. Paris: Godefroy de Bouillon, 1998.

BRASSAÏ. *Conversations avec Picasso*. Paris: Gallimard, 1997.

BRETON, André. *Entretiens avec André Parinaud*. Paris: Gallimard, 1969.

______. *Manifestes du surréalisme*. Pauvert: Paris, 1979.

______. *L'Amour fou*. Paris: Gallimard, 1976.

______. *Nadja*. Tradução de Ivo Barroso. São Paulo: Cosac Naify, 2007.

BROCHIER, Jean-Jacques. *L'Aventure des surréalistes*. Paris: Stock, 1977.

BROUÉ, Pierre. *Trotsky*. Paris: Fayard, 1988.

______. *Staline et la révolution, le cas espagnol*. Paris: Fayard, 1993.

BUÑUEL, Luis. *Mon dernier soupir.* Paris: Robert Laffont, 1982.

CABANNE, Pierre. *Le Siècle de Picasso*. Paris: Gallimard, 1992.

CARASSOU, Michet. *René Crevel*. Paris: Fayard, 1997.

CATE, Curtis. *Antoine de Saint-Exupéry*. Paris: Grasset, 1994.

CAZENAVE, Michel. *André Malraux*. Paris: Balland, 1985.

CÉLINE, Louis-Ferdinand. *Mea culpa*. Paris: Denoël et Steele, 1937.

CENDRARS, Blaise, *Œuvres complètes*. Paris: Denoël, 1952.

CENDRARS, Miriam. *Blaise Cendrars*. Paris: Balland, 1984.

CHANTAL, Suzanne. *Le Cœur battant*. Paris: Grasset, 1976.

CHAPSAL, Madeleine. *Les Écrivains en personne*. Paris: U.G.E., 1973.

CHARENSOL, Georges. *D'une rive à l'autre*. Paris: Mercure de France, 1973.

CHENTALINSKI, Vitali. *La Parole ressuscitée*. Paris: Robert Laffont, 1993.

CLAUDEL, Paul; GIDE, André. *Correspondance*. Paris: Gallimard, 1949.

COURRIÈRE, Yves. *Jacques Prévert*. Paris: Gallimard, 2000.

______. *Lazareff*. Paris: Gallimard, 1995.

CRICK, Bernard. *George Orwell*. Paris: Balland, 1982.

DABIT, Eugène. *Journal intime*. Paris: Gallimard, 1989.

______. *L'Hôtel du Nord*. Paris: Gallimard, 1929.

DAIX, Pierre. *Dictionnaire Picasso*. Paris: Robert Laffont, 1995.

______. *La Vie de peintre de Pablo Picasso*. Paris: Seuil, 1977.

______. *Aragon*. Paris: Flammarion, 1994.

______. *Picasso créateur*. Paris: Seuil 1987.

DALÍ, Salvador. Préface à René Crevel. In: *La Mort difficile*. Pauvert: Paris, 1985.

______. *La Vie secrète de Salvador Dali*. Paris: Le club français du livre, 1954.

______. *Journal d'un génie*. Paris: La Table Ronde, 1964.

DELPERRIE DE BAYAC, Jacques. *Les Brigades internationales*. Paris: Fayard, 1968.

DERAIS, François; RAMBAUD, Henri. *L'Envers du Journal de Gide*. Paris: Le nouveau portique, 1942.

DESANTI, Dominique. *Robert Desnos*: Le Roman d'une vie. Paris: Mercure de France, 1999.

______. *Drieu la Rochelle*: Du dandy au nazi. Paris: Flammarion, 1978.

DESNOS, Robert. *Écrits sur les peintres*. Paris: Flammarion, 1984.

DIAMANT, David. *Combattants juifs dans l'armée républicaine espagnole*. Paris: Éditions Renouveau, 1979.

DOS PASSOS, John. *Aventures d'un jeune homme*. Paris: Gallimard, 1957.

DRIEU, la Rochelle. *Gilles*. Paris: Gallimard, 1939.

DROZ, Jacques. *Histoire de l'antifascisme en Europe, 1923-1939*. Paris: La Découverte, 2001.

DUHAMEL, Marcel. *Raconte pas ta vie*. Paris: Mercure de France, 1972.

DUPUY, Pierre. *Hemingway et l'Espagne*. Bruxelas: La renaissance du livre, 2001.

EHRENBOURG, Ilya. *Duhamel, Gide... vus par un écrivain d'URSS*. Paris: Gallimard, 1934.

______. La nuit tombe. Paris: Gallimard, 1966.

ÉLUARD, Paul. Certificat. In: *Pléiade*. Paris: Gallimard, 1984.

______. *Lettres à Gala*. Paris: Gallimard, 1996.

ETHERINGTON-SMITH, Meredith. *Dali*. Paris: L'archipel, 1992.

FAURÉ, Michel. *Le Groupe Octobre*. Paris: Christian Bourgois, 1977.

FRANK, Nino. *Montmartre*. Paris: Calmann-Lévy, 1956.

GÂTEAU, Jean-Charles. *Paul Éluard*. Paris: Robert Laffont, 1988.

GERBER, François. *Saint-Exupéry*. Paris: Denoël, 2000.

GIBSON, Ian. *Lorca-Dali, un amour impossible*. Montreal: Stanké, 2001.

______. *La Mort de Garcia Lorca*. Paris: Ruedo Ibérico, 1974.

GIDE, André. *Retour de l'URSS*. Paris: Gallimard, 1936.

______. *Retouches à mon retour de l'URSS*. Paris: Gallimard, 1937.

______. *Littérature engagée*. Paris: Gallimard, 1950.

______. *Journal*. Paris: Gallimard, Pléiade, 1997.

______. *Os porões do Vaticano*. Tradução de Mario Laranjeira. São Paulo: Estação Liberdade, 2009.

GILOT, Françoise. *Vivre avec Picasso*. Paris: Calmann-Lévy, 1991.

GIRODIAS, Maurice. *Une journée sur la terre*. Paris: La différence, 1990.

GISCLON, Jean. *Des avions et des hommes*. Paris: France Empire, 1969.

______. *La Désillusion, Espagne 36*. Paris: France Empire, 1986.

GODARD, Henri. *L'Amitié André Malraux*. Paris: Gallimard, 2001.

GORKI – ROLLAND. *Correspondance*. Paris: Albin Michel, 1991.

GORKIN, Julián. *Les Communistes contre la révolution espagnole*. Paris: Belfond, 1978.

GRACQ, Julien. *André Breton*. Paris: José Corti, 1989.

GREEN, Julien. *Journal*. Paris: Gallimard, 1975.

GRISONI, Dominique; HERTZOG, Gilles. *Les Brigades de la mer*. Paris: Grasset, 1979.

GUILLOUX, Louis. *Carnets*. Paris: Gallimard, 1978.
HEMINGWAY, Ernest. *En ligne*. Paris: Gallimard, 1970.
______. *Pour qui sonne le glas*. Paris: Gallimard, 1961.
______. *Paris é uma festa*. Rio de Janeiro: Bertrand, 2006.
______. *La Cinquième Colonne*. Paris: Gallimard, 1972.
HERBART, Pierre. *La Ligne de force*. Paris: Gallimard, 1958.
______. *En URSS*. Paris: Gallimard, 1937.
______. *À la recherche d'André Gide*. Paris: Gallimard, 2000.
______. Histoires confidentielles. Paris: Grasset, 1989.
HOTCHNER, Aaron Edward. *Papa Hemingway*. Paris: Mercure de France, 1966.
HUGNET, Georges. *Pleins et déliés*. Paris: Guy Authier, 1972.
HUGO, Jean. *Le Regard de la mémoire*. Arles: Actes Sud, 1994.
JEANSON, Henri. *Soixante-dix ans d'adolescence*. Paris: Stock, 1971.
JONG, Erica. *Henry Miller ou le Diable en liberté*. Paris: Grasset, 1993.
KEMPF, Roger. *Avec André Gide*. Paris: Grasset, 2000.
KERSHAW, Alex. *Robert Capa*. Paris: JC Lattés, 2003.
KOESTLER, Arthur. *Œuvres autobiographiques*. Paris: Robert Laffont, 1994.
______. *L'Ecriture invisible*. Paris: Robert Laffont, 1994.
______. *Hiéroglyphes*. Paris: Robert Laffont, 1994.
LACOUTURE, Jean. *Malraux, une vie dans le siècle*. Paris: Seuil, 1973.
______. *Mauriac*. Paris: Seuil, 1980.
LAMBERT, Jean. *Gide familier*. Lyon: Presses Universitaires de Lyon, 2000.
LAMOUR, Philippe. *Le Cadran solaire*. Paris: Robert Laffont, 1980.
LAURE. *Une rupture*. Paris: Éditions des Cendres, 1999.
LÉAUTAUD, Paul. *Journal littéraire*. Paris: Mercure de France, 1961.
LEPAPE, Pierre. *Gide le messager*. Paris: Seuil, 1997.
LÉVY, Bernard-Henri. *Les Aventures de la liberté*. Paris: Grasset, 1991.
LORD, James. *Giacometti*. Paris: Nil, 1997.

LOTTMAN, Herbert. *La Rive gauche*. Paris: Seuil, 1981.

LYOTARD, Jean-François. *Signé Malraux*. Paris: Grasset, 1996.

MALAQUAIS, Jean. *Le Nommé Louis Aragon ou le Patriote professionnel*. Paris: Spartacus, 1947.

MALRAUX, André. *Les Marronniers de Boulogne*. Paris: Ramsay, 1989.

______. *Œuvres complètes*. Paris: Gallimard, Pléiade, 1996.

MALRAUX, Clara. *La Fin et le Commencement*. Paris: Grasset, 1976.

______. *Nos vingt ans*. Paris: Grasset, 1992.

MANN, Klaus. *André Gide et la crise de la pensée moderne*. Paris: Grasset, 1999.

______. *Journal des années brunes*: 1931-1936. Paris: Grasset, 1996.

______. *Journal, les années d'exil*: 1937-1949. Paris: Grasset, 1998.

MANN, Erika et Klaus. *Fuir pour vivre.* Paris: Autrement, 1997.

MARCOU, Lily. *Elsa Triolet*. Paris: Plon, 1994.

MARTIN DU GARD, Maurice. *Les Mémorables*. Paris: Gallimard, 1999.

MARTIN DU GARD, Roger. *Notes sur André Gide*. Paris: Gallimard, 1951.

MAURIAC, François. *Mémoires politiques*. Paris: Grasset, 1967.

MELLOW, James R. *Hemingway.* Mônaco: Éditions du Rocher, 1995.

MILLER, Henry. *Trópico de câncer*. Rio de Janeiro: José Olympio, 2008.

MÜNZENBERG, Willi. *Un homme contre* (Colóquio). Paris: Le temps des cerises, 1993.

NADEAU, Maurice, *Histoire du surréalisme*. Paris: Seuil, 1964.

______. *Grâces leur soient rendues*. Paris: Albin Michel, 1990.

NEZVAL, Vítězslav. *Rue Gît-le-Cœur*. La Tour d'Aigues: Ed. de l'Aube, 1991.

NIN, Anaïs. *Journal*. Paris: Stock, 1970.
______; MILLER, Henry. *Correspondance passionnée*. Paris: Stock, 1989.
NOTHOMB, Paul. *La Rançon*. Paris: Phébus, 2001.
______. *Malraux en Espagne*. Paris: Phébus, 1999.
ORWELL, George. *Catalogne libre*. Paris: Gallimard, 1955.
PALMIER, Jean-Michel. *Weimar en exil*. Paris: Payot, 1988.
PASTOUREAU, Henri. *Ma vie surréaliste*. Paris: Maurice Nadeau, 1992.
PAUWELS, Louis. *Dali m'a dit*. Paris: Carrère, 1989.
PAYNE, Robert. *Malraux*. Paris: Buchet/Chastel, 1973.
PÉAN, Pierre. *Vies et morts de Jean Moulin*. Paris: Fayard, 1998.
PEIGNOT, Jérôme e o coletivo Change (ed.). *Les Ecrits de Laure*. Paris: Pauvert, 1977.
PENROSE, Roland. *Picasso*. Paris: Flammarion, 1982.
PÉTREMENT, Simone. *La Vie de Simone Weil*. Paris: Fayard, 1973.
PIERRE-QUINT, Léon. *André Gide*. Paris: Stock, 1952.
PLANIOL, Françoise. *La Coupole*. Paris: Denoël, 1986.
POLIZZOTTI, Mark. *André Breton*. Paris: Gallimard, 1999.
PRÉVERT, Jacques; POZNER, Alain. *Hebdromadaires*. Paris: Gallimard, 1982.
PUGET, Henry. *Dali:* l'œil de la folie. Nîmes: Lacour, 1996.
RAYMOND, Jean. *Éluard*. Paris: Seuil, 1995.
REGLER, Gustav. *Le Glaive et le Fourreau*. Paris: Plon, 1958.
REY, Henri-François. *Dali dans son labyrinthe*. Paris: Grasset, 1974.
REYNAUD PALIGOT, Carole. *Parcours politique des surréalistes*. Paris: CNRS Éditions, 2001.
RILKE – PASTERNAK – TSVETAYEVA. *Correspondance à trois*. Paris: Gallimard, 1983.
ROLLAND, Romain; GORKI, Máximo. *Correspondance*. Paris: Albin Michel, 1991.
ROUDINESCO, Elisabeth. *Jacques Lacan*. Paris: Fayard, 1993.
ROY, Claude. *Moi je*. Paris: Gallimard, 1969.
SABARTÉS, Jaime. *Picasso*. Paris: École des lettres, 1996.

SAINT-EXUPÉRY, Antoine de. *Un sens à la vie*. Paris: Gallimard, 1956.
______. *Terre des hommes*. Paris: Gallimard, 1939.
______. *Lettres à sa mère*. Paris: Gallimard, 1984.
______. *Courrier Sud*. Paris: Gallimard, 1998.
SAINT-EXUPÉRY, Consuelo de. *Mémoire de la rose*. Paris: Plon, 2000.
SAINT-JEAN, Robert. *Journal d'un journaliste*. Paris: Grasset, 1974.
SCHLUMBERGER, Jean. *Notes sur la vie littéraire, 1902-1968*. Paris: Gallimard, 1999.
SERGE, Victor. *Mémoires d'un révolutionnaire*. Paris: Seuil, 1951.
______. *S'il est minuit dans le siècle*. Paris: Grasset, 1939.
SPERBER, Manès. *Le Pont inachevé*. Paris: Calmann-Lévy, 1977.
______. *Porteurs d'eau*. Paris: Calmann-Lévy, 1976.
STARASELSKI, Valère. *Aragon*. Paris: L'Harmattan, 1995.
SURYA, Michel. *Georges Bataille, la mort à l'œuvre*. Paris: Gallimard, 1992.
THIRION, André. *Révolutionnaires sans révolution*. Paris: Le Pré-aux-Clercs, 1988.
______. *Révisions déchirantes*. Paris: Le Pré-aux-Clercs, 1996.
THOMAS, Hugh. *La Guerre d'Espagne*. Paris: Robert Laffont, 1985.
THORNBERRY, Robert S. *André Malraux et l'Espagne*. Genebra: Librairie Droz, 1975.
TODD, Olivier. *Malraux*. Paris: Gallimard, 2001,
TROYAT, Henri. *Marina Tsvetaeva*. Paris: Grasset, 2001.
VINOCK, Michel. *Le Siècle des intellectuels*. Paris: Seuil, 1997.
VITOUX, Frédéric. *Céline*. Paris: Grasset, 1988.
WEBSTER, Paul. *Saint-Exupéry*. Paris: Éditions du Félin, 2000.
WHELAN, Richard. *Capa*. Paris: Mazarine, 1985.
WITFA-MONTROBERT, Jeanne. *La Lanterne magique*. Paris: Calmann-Lévy, 1980.

IMPRESSÃO:

GRÁFICA EDITORA Pallotti IMAGEM DE QUALIDADE

Santa Maria - RS - Fone/Fax: (55) 3220.4500

www.pallotti.com.br